法学专业必修课、选修课系列教材

法学论文写作教程

彭中礼　著

中国教育出版传媒集团

高等教育出版社·北京

图书在版编目（CIP）数据

法学论文写作教程 / 彭中礼著 . -- 北京：高等教
育出版社，2024.9（2025.3 重印）
ISBN 978-7-04-061649-1

Ⅰ.①法… Ⅱ.①彭… Ⅲ.①法学－论文－写作－教
材 Ⅳ.① H152.2

中国国家版本馆 CIP 数据核字（2024）第 029821 号

Faxue Lunwen Xiezuo Jiaocheng

| 策划编辑 | 周轶男 | 责任编辑 | 周轶男 | 闫润玉 | 封面设计 | 杨立新 | 版式设计 | 徐艳妮 |
| 责任校对 | 高　歌 | 责任印制 | 高　峰 |

出版发行	高等教育出版社	网　　址	http://www.hep.edu.cn
社　　址	北京市西城区德外大街 4 号		http://www.hep.com.cn
邮政编码	100120	网上订购	http://www.hepmall.com.cn
印　　刷	北京新华印刷有限公司		http://www.hepmall.com
开　　本	787 mm×1092 mm　1/16		http://www.hepmall.cn
印　　张	14.5		
字　　数	280千字	版　　次	2024 年 9 月第 1 版
购书热线	010-58581118	印　　次	2025 年 3 月第 2 次印刷
咨询电话	400-810-0598	定　　价	39.00 元

作者简介

彭中礼，法学博士，法学博士后，教授，博士生导师，中南大学法学院副院长，国家社科基金重大项目首席专家，国家"万人计划"青年拔尖人才，中南大学未来法治研究中心主任。兼任湖南省法学会法学理论研究会会长，中国法学会法理学研究会常务理事，中国法学会网络与信息法学研究会常务理事，湖南省法学法律专家库专家，湖南省政府立法咨询专家，湖南省人民检察院专家咨询委员会委员，湖南省法官遴选委员会委员。长期从事法理学和法哲学的研究与教学工作，在《中国社会科学》《法学研究》《中国法学》《法律科学》《法学》《现代法学》《政法论坛》《法制与社会发展》等期刊发表学术论文 120 篇，其中有多篇论文被中国人民大学复印报刊资料《法理学、法史学》《诉讼法学、司法制度》和《高等学校文科学术文摘》《党政干部参考》全文转载和摘编。出版独著 4 部，合著 5 部。

目　录

第七章

法学论文的开头结尾

第八章

法学论文的批判性思维

第九章

法学论文的论证方式

第十章

法学论文的研究方法

结　语

做想写敢写能写的法律人

导 论
法学论文写作的意义

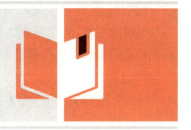

当今时代,学术论文既是全球文化交流的主要形式,也是促进科学研究、提高文化生产力发展水平的重要途径。当前,世界百年未有之大变局加速演进,综合国力竞争日益激烈,其中,学术竞争是综合国力竞争的重要组成部分。有学者在谈到学术论文写作的目的、意义时,转引了日本学者川上正光在《科学与独创》一书中的话:"一国之兴亡、盛衰、存续,内政、外交和整个学术领域,具有独创性与预见性是极为重要的";"大学最大的使命是创造出学问、技术,培养出具有创造力的人"。[①]学术论文是"创造出学问、技术"的重要载体。所以,新时代的大学生要不断提升学术能力和放眼世界的格局,从学术发展与人类文明进步的角度看待学术论文写作。

从个人来看,当代社会,知识已经成为一种重要资本而倍受重视和关注。一个人所掌握的知识的深度和广度,决定其学术地位乃至社会地位的高低。学术论文不仅是评价知识分子学术水平的重要依据,而且是他们进入高级知识分子行列和科学殿堂的"敲门砖"。[②]因此,我们要在对学术论文进行深入了解的基础上,熟练掌握学术论文写作的基础知识与技巧,在为个人发展奠定基础的同时,也为人类文明作出应有的贡献。

但是,社会实践会告诉我们,有知识未必有能力,或者说知识并不等于能力。我们学习知识,不仅要熟悉知识,还要学会运用知识、传承知识。论文写作就是知识运用的重要表征。论文写作,能够提升学习能力、知识总结能力,解决新问题,发现新规律,创造新事物。谈到法学论文写作的意义,可以从以下层面进行思考。

一、综合学习:法学论文写作的能力培养指向

掌握基础知识是学习的目标,而能力的培养则是学习的关键。学者金耀基认为:

---

① [日]加藤与五郎:《科学与独创》,何天贵译,科学出版社1981年版,第1页。
② 参见李正元:《学术论文写作概论》,中国地质大学出版社2010年版,第1页。

"当今大学之道应是将止于至善和止于至真同时作为终极目标,应培养知识与德性兼美的人才,有专业知识又有通识的全方位人才,既有全球眼光又对民族文化有所认识的现代中国人。"①法学论文写作本身是对能力的一种培养。法学论文写作即通过选定一个明确的主题,先学习别人写了什么,知道和领悟了一些什么,同时也看到别人虽然写了什么但也存在某些不足,再进行论文写作以弥补这些不足。

(一)法律知识的检索能力

当今是"知识爆炸"的时代,凭借个人的力量不可能获取全部知识。由于个人的能力、体力、年龄等多方面因素,人的一生所能够习得的知识十分有限。

1. 知识检索

知识检索是为了适应知识组织的发展趋势,从而解决信息检索机制效率低下的弊端而提出的一种新的检索理念。知识检索是指在知识组织的基础上,从知识库中检索出知识的过程,是一种基于知识组织体系,能够实现知识关联和概念语义检索的智能化的检索方式。②知识检索有两个特点:一是以知识组织体系为基础,而知识组织体系的形成又是以一定的语义模型作为基础和支撑的。可以说,知识组织体系是前提,而知识检索则是所要达到的目的。二是元数据发挥着重要作用。元数据在知识组织体系中的地位非常重要,它是语义基础,在元数据的基础上能够对资源进行较好的语义标注,从而使得资源具有更高的运用价值。知识组织体系、元数据、语义标注,这些都是知识检索的关键词和重要标签,也是掌握知识检索的入门钥匙。③在现代社会,知识检索作为一种能力,是弥补个人知识短板和眼界短板的重要进路,也是个人在某个领域实现纵深研究的必然要求。

2. 案例检索

我国案例检索系统主要有:(1)各级人民法院的类案系统,具体包括:最高人民法院于2018年正式上线运行的"类案智能推送系统";贵州省、北京市、安徽省和重庆市等地方的高级人民法院也有自己的类案系统,但均未向社会公开。此外,中国裁判文书网已经公开发布了相当数量的裁判文书,既是中国司法裁判公开的标识,也是学术研究的宝藏。(2)向社会公开的带有类案推送性质的网站,如北大法宝、OpenLaw、把手案例、无讼案例等。这些网站的优点是便于查询,缺点是部分网站的裁判文书数量较少。

---

① 金耀基:《从大学教育谈通识教育》,载熊思东等编:《通识教育与大学:中国的探索》,科学出版社2010年版,第10页。
② 参见马文峰、杜小勇:《知识检索研究》,载《情报理论与实践》2006年第2期。
③ 参见王孝飞:《基于文本书档的知识检索》,载《科技经济导刊》2019年第1期。

3. 法律法规检索

在我国,可以进行法律法规检索的网站包括中国人大网,中央人民政府(国务院)网站,最高人民法院、最高人民检察院网站,国务院各部、委网站,各省、市人大及政府网站等。此外,也有一些综合性网站,如北大法宝、国家法律法规数据库、司法部网站等。

(二)法律知识的总结能力

论文写作本身就是对知识的总结与提炼,体现为以下三个方面:

第一,通过论文写作总结知识。基于知识分工的需要,无论是在本科学习阶段,还是在研究生学习阶段,老师们在授课时一般是从某一门课程的角度来阐述知识,甚至是以专题的形式来传递知识。所以,从被动学习的角度来看,老师们所传授的知识基本上是零碎的。零碎的知识仅仅是知识的表现形式,需要学习者在必要的时候进行总结,论文写作就是进行知识总结的一种方式。比如,我们写"大数据时代特定群体的权益保护"的论文,既要能够将有关特定群体研究的一般知识与大数据时代科学技术进步带给人们的各种困境结合起来进行研究,还要能够从法学的角度探索解决大数据带给人们的诸多问题,将社会知识和法律知识乃至于管理学知识综合起来,就形成了问题解决的知识场。

第二,通过论文写作促进知识系统化。实现知识的系统化,要求学习者能够把所有知识串联起来,发现并解决问题,实现认识的规律性。

第三,通过论文写作促进知识专业化。论文的问题概括、标题凝练乃至术语表达,都体现了论文的专业特色。

(三)法律知识的应用能力

第一,从学科性质来看,法学是一门实践的学科,它源于人类的社会实践,又要回归社会实践。法学的实践性特征要求法律必须得到应用。

第二,从学习目的来看,法律知识的学习,让我们的行为服从于规则治理,让我们在思考问题时具备法治思维,让我们在行为做事时具备法治方式。

第三,从实践过程来看,法律知识的应用不仅在于司法实践,也在于表达自己的观点。法学论文写作并非是一种"虚构",而是对事实问题的模拟解决,甚至能为现实问题提供解决方案。显然的例证是,在民事案件和刑事案件中,律师的代理词或者辩护词、法官的裁判理由,本质上都是法学论文的体现。代理词、辩护词和裁判文书都是事实问题与法律问题的结合,是法律在具体案件中的适用,法学论文写作本质上是法律问题在具体事实领域的应用。无论是写案件分析论文、立法论文、司法论文，抑或是法理学的论文，都要结合法律、所学知识来写，可能用到法律理念、法律价值，也可能用到司法论证、法律推理等。没有写过法学论文的人，无法体会到真正地写一篇法学论文对法律应用能力提升的潜在价值。

二、问题解决：法学论文写作的社会实践指向

任何社会，无论制度优劣与否，无论治理能力强大与否，问题总会存在。可以说，社会发展的过程，就是问题不断解决的过程。人们在不断解决问题的过程中，弥补法律漏洞，实现制度优化，进而推进法律进步和社会发展。然而，并非人人都是立法者，立法也并非随时可以进行，这就需要通过一定的立法建议或者其他形式的学术研究来发现、论证、阐释问题。法学论文写作是发现、解决问题，促进立法进步和理论更新的重要途径。对于论文的写作者而言，要将问题的发现能力视为推动社会进步的驱动力，秉持制度创新情怀，参与法治中国建设，实现法治发展与法治创新的统一。

（一）发现问题的能力

问题是论文写作的前提，也是论文写作的基本对象，没有发现问题就不需要写论文，也不可能写出好的论文。所以，论文写作的过程既是发现问题的过程，也是锻炼发现问题的能力的过程。通过论文写作提升问题发现能力，是法学专业的实践性的内在要求。

第一，问题意识的内涵指向。《现代汉语词典》归纳了"问题"作为名词的四种含义：一是要求回答或解释的题目；二是须要研究讨论并加以解决的矛盾、疑难；三是指关键，重要之点；四是指事故或麻烦。[①]有学者指出，问题就是矛盾，它表征着影响或困扰人们实践（思想或行动的）指向的意识状态；是指人们在实践活动中感到或发现应当解决而暂时没有条件，或因疏忽而未解决的矛盾，问题是知与不知的对立统一。[②]也有学者指出，"问题"（problem或question）一词的原义包含言语文本和事实经验两个指向不同而又相互关联的层面，前者指需要思考、回答、讨论、解释的题目和语句，后者指需要讨论或处置的疑难事项。[③]基于此，有学者认为，问题意识能否最终达成，依赖

① 参见中国社会科学院语言研究所词典编辑室编：《现代汉语词典》（第7版），商务印书馆2016年版，第1375—1376页。

② 参见鞠德峰：《论马克思主义哲学的问题意识》，载《理论学刊》2002年第6期。

③ 参见何明：《问题意识与意识问题——人文社会科学问题的特征、来源与应答》，载《学术月刊》2008年第10期。

于主体是否具有旺盛的求知欲、好奇心以及顽强的创新意志。狭义的问题意识概念主要是针对动力要素而言的，是指主体怀有探索情境真实问题的强烈欲望。[1]综合上述论述，本书认为，认识问题意识一定要理解问题是什么。论文写作过程中的问题，是指基于现有事实，难以与现有理论或者规范形成必然逻辑联系的矛盾；问题意识，是指研究主体对于问题的敏感度，即当问题已经客观存在，研究主体是否能够将问题明确地提炼出来。

第二，问题是怎么来的。问题一般有三种，即理论之间的问题、实践之间的问题以及理论与实践之间的问题，大多数问题是理论问题与实践问题的混同。发现问题就是要能够找准问题的来源。比如，实践中某些村规民约规定了对违反者的特定惩罚（如贵州苗寨地区存在的对盗窃者罚"三个一百二"，即120斤肉、120斤酒和120斤米）。这就带来了我们所要思考的与法律相关的问题：这些村规民约合法吗？ 如何看待村规民约的惩罚？ 它们实际上起到了什么作用？ 法律应当如何看待村规民约？ 这些问题是在日常生活中发生的，但是如果对生活实践不理解或者不熟悉就难以发现这些问题。此外，一些问题背后包含了比较丰富的理论问题。比如，法理学上讲"法的本质"，学术史上对于法的本质有过讨论。细心的同学就会问："老师，法律规则有授权性规则和义务性规则，如果说义务性规则体现了法的本质具有阶级性的话，比较容易理解；如何理解授权性规则也具有阶级性呢？"再如，法理学上的说法是法是由统治阶级制定的规则，那么国际法上的统治阶级是哪个阶级？

第三，如何快速地发现问题。问题无处不在，发现了一个好的问题，论文写作就有了成功的基础。不停地追问"为什么"是快速发现问题的根本方法。习惯于老师教什么，就做什么，就得到什么，只能获得"死"知识，难以获得"活"的运用。法律知识之所以是"活"的知识，是因为它们需要通过具体个案来适用。

比如，在"于欢案"中，我们可以在了解案情的基础上进行思考，追问于欢的行为是否构成正当防卫，追问法院对于欢行为的认定是否正确，追问法院对正当防卫的认定为何如此谨慎，追问如何实现正当防卫的合理运用进而保护人权、实现法治。当然，论文写作与法官、检察官、律师办案有所差别，后者一般只就事论事，即只讨论事实问题和法律问题；论文写作则一般要基于事实问题和法律问题有所升华，能够体现作者的深度思考，所以更需要有法理深度。

第四，如何有效区分问题的真伪。在法学研究中，所谓问题，并非天然主动呈现，也并非发现的问题都是真问题。要能够根据中国的语境以及法律运行的现实需要来寻找真问题。真问题是指所寻找、提炼的问题是确实存在的，不存在任何粉饰或者修改，解决这个问题对于法律实践具有确定性的理论意义和实践意义；而伪问题是指表

① 参见房寿高、吴星：《到底什么是问题意识》，载《上海教育科研》2006年第1期。

面上看起来是个问题，但实际上该问题的存在是基于个人想象，对于法律实践没有清晰的价值。读本科时，我曾向一位老师提出过一个问题：世界上存在完美的法治吗？这位老师回答：不可能存在完美的法治。现在想来，这个问题看起来是个问题，但实际上是个伪问题，一是因为提出者当时没有确立真正的问题意识，二是这个问题本身难以通过理论或者实践来回答。我们在思考论文写作时，会经常碰到类似问题。

有些问题表面上看可能是真问题，却经不起实践的检验。有一次，一个学生在写毕业论文时，同时报了几个选题，分别是"案例指导制度的判例法转化""存留养亲的现代适用""人工智能主体的法律人格问题研究"。我告诉他，"案例指导制度的判例法转化"这个题目确实很好，有理论意义和实践意义，但是题目有些大；"存留养亲的现代适用"这个题目看起来是个真问题，实际上在当代意义不大，可以归入伪问题之列，因为存留养亲作为中国历史的产物，对于没有社保制度、养老制度的古代具有实际意义，又能与儒家文化紧密结合，符合时代潮流，但是在当代随着社保制度的完善，这个制度的意义就难以凸显；而"人工智能主体的法律人格问题研究"这个题目相对前沿，只是实践意义暂时还体现不出来，不过学术研讨应当具备一定未雨绸缪的能力，为未来可能出现的问题寻找答案。

（二）聚焦问题的能力

发现了问题并不等于发现了真问题，更不等于发现了核心问题。法官或者律师经常会发现许多错综复杂的案件线索，这意味着，在法律案件当中，虽然可能会发现诸多问题，但如何聚焦核心问题，才是关键。法学论文写作的过程，就是学习、研究问题的过程。

第一，要能够在诸多问题中聚焦中心问题、重大问题。细枝末节的问题无助于问题的解决，也不应成为学术论文写作关注的焦点。比如，有研究者以"假数据的法理解构"为题撰写了一篇两万余字的论文。但该研究者在写作时，仅在分析了假数据的文化意义、法律特性和假数据的各种成因之后，就进入结语阶段。显然该文只分析了成因而没有提出对策。该研究者看到了假数据这一现实问题，但对于这个现实问题背后到底隐含什么样的中心问题、重大问题，则没有进行针对性的分析。应当在厘定假数据概念的基础上，聚焦假数据的社会危害，分析假数据带来社会危害的成因，然后提出法律上的对策建议。

第二，要能够在诸多问题中通过聚焦找到实质问题。例如，帮助信息网络犯罪活动罪（简称"帮信罪"）在司法实践中被过多适用，原因是法院没有进行必要的司法克制。表面上看，帮信罪滥用似乎是法院的事，实则需要结合我国的司法体制进行分析，甚至还要深入立法背景去寻找原因。

第三,要能够找到可以法律化的焦点问题。法学学术论文写作,一定要聚焦可以法律化的问题,否则就偏离了中心。虽然有人说,法律作为多元化的规范方式之一,对于社会关系的规制十分有限,但是,只要我们勇于探索,亦能够寻找到与法律相关的逻辑理路。当然还要注意,法律化聚焦不是唯一聚焦,还需要多维度来思考社会问题。知道法律是基本常识,而知道如何运用法律、如何将问题法律化则是运用法律的能力。从法学学科角度而言,要善于将现实呈现的问题法律化,即站在法律的立场考虑如何看待、解决相关问题。

(三)解决问题的能力

聚焦问题的目的是能够有效地解决问题。可以说,发现什么问题就应当解决什么问题;发现什么问题突出,就应当重点解决,这是学术论文写作始终应当坚守的原则。

1. 要有解决问题的思路

法学论文写作,需要培养理清思路的能力。例如,分析一个法律问题,如果主体之间的关系模糊,客体也不清晰,那么就无法进行分析;但是,一旦法律关系清晰明了,对法律性质的分析就会相对精准。

我们在日常生活中经常说"思路要清晰",即要对问题的实质有明确的判断,并能够形成一套合理的说辞。比如,讲到概念,一定要知道概念的内涵、特征以及外延等;讲到某一问题的逻辑,可能需要谈及这一问题的历史逻辑、现实逻辑以及理论逻辑;讲到法律方法,就应当立即想到解释方法、利益衡量方法、法律发现方法等;讲到价值,就要想到公平正义、自由秩序等。这些进一步展开的思路就是论文写作的基础。

2. 要有解决问题的对策和方法

对于人文社会科学作品特别是法学作品而言,切忌提出普遍性的问题解决方法,即"万金油"方法,从而尽可能地保证学术论文的严肃性、品性和水准。所以,当谈及解决问题的对策时,一定不能简单略过,应进行充分的分析论证,尽可能地使问题的解决方法具有创新性。比如,在我国司法改革过程中,针对地方存在的行政干预司法的现象,有很多学者提出要实现司法系统的垂直管理,后又提出"省级统管"的建议。这个方法目前正在实施。实际上,从当前的司法实践来看,还是存在一些不尽如人意的地方。比如自从"省级统管"法院系统后,县(区、市)法院以及地级市法院的"一把手"就很难从本土产生了,几乎都是从上级法院"空降"下派,这样就导致地方法院的法官几乎没有"上升"空间。这种现象的产生,恐怕是很多学者所没有预料到的。所以,学术论文写作首先应求真求实,然后求创新。当然,过于真实但又平淡无奇的问题,肯定无关乎创新,也就不适合论文写作。

3. 要有解决问题的知识

任何学术论文的写作，对作者都提出了学识的要求。"熟读唐诗三百首，不会作诗也会吟。""工欲善其事，必先利其器。"必要的知识储备是实现论文写作的前提和基础。世界上不存在天生就会写论文的大学者，相反，那些真正的大学者无不是皓首穷经、焚膏继晷才学富五车。王国维在《人间词话》中论述治学必经过三重境界："昨夜西风凋碧树，独上高楼，望尽天涯路"，此第一境也；"衣带渐宽终不悔，为伊消得人憔悴"，此第二境也；"众里寻他千百度，蓦然回首，那人却在灯火阑珊处"，此第三境也。

学术论文写作，也应当经过这三重境界。第一重境界是对我们学习基础知识时的一种心态描述。时序在变，物象在变，世事在变，心态也在变，但是不变的是知识。所以，初学写论文者，最好先看看前沿学术期刊上的论文。我对博士生的要求一般是：一年级第一学期必须先阅读百篇以上的优秀论文，以《中国社会科学》《法学研究》《中国法学》等法学学术期刊上的论文为主，结合自己的研究方向，精读细读。这个过程肯定是一个痛苦的过程，却也是一个精雕细琢的过程。没有这个过程，不足以说清楚、弄明白论文是什么。第二重境界是要树立一种目标，有一种雄心，即写好论文的雄心。板凳要坐十年冷，写论文亦是如此。第三重境界是经过千山万水后的喜悦，是成功后的快乐。正如王国维所说："今夫人积年月之研究而一旦豁然悟宇宙、人生之真理，或以胸中惝恍不可捉摸之意境一旦表诸文字、绘画、雕刻之上，此固彼天赋之能力之发展，而此时之快乐，决非南面王之所能易者也。"[1]所以，通过积累知识再创造知识，是精神上的最高享受，值得我们为之努力。

三、知识创新：法学论文写作的现代价值指向

党的二十大指出，"创新才能把握时代、引领时代"。创新首先体现在知识层面，习近平总书记指出："创新是哲学社会科学发展的永恒主题，也是社会发展、实践深化、历史前进对哲学社会科学的必然要求。"[2]

（一）知识创新的基本含义

"知识创新"一词的广泛使用，缘于知识经济时代知识带来的社会全方位的变革。当今社会，知识创新的内涵也在不断丰富和完善。

首先，从概念来看，知识创新，是指知识汇聚、知识传承、知识创造、知识应用和知

---

① 王国维：《人间词话》，上海古籍出版社1998年版，第6页。
② 习近平：《在哲学社会科学工作座谈会上的讲话》（2016年5月17日），人民出版社2016年版，第20页。

识传播活动。[①]具体来说,知识创新是指主体依靠现有资源和工具,对如何更好地认识世界和改造世界提出一整套想法,并被认可或经过了实践检验。比如,原来是生吃食物,后来有人提出食物如果用火烤熟会更好吃、更有营养,这就是一种知识上的创新;再到后来,发展出了各种各样的烹饪知识,这也是一种知识创新。知识一经提出,他人再继续跟随就不是创新,而是认可。

其次,从实践来看,人类社会的知识创新不仅体现在学识上,也体现在学识与社会管理相结合的过程当中。人类有确切文字记载有关社会管理和法学知识的思考集中体现在柏拉图的《理想国》当中。柏拉图描绘了一个组织形式良好的社会的应有状态,提出了如何实现对国家的有效管理。虽然柏拉图的思想已经不再新鲜,但是在当时来说确实是开天辟地的。无论是其后的亚里士多德,还是今天的法学家们,都是从柏拉图开始法学的思想叙事。虽然我们今天要实现法学思想的创新很难,但是我们的思考仍在持续。正因为有了人类社会亘古持续的思考,才有了知识的不断进步。

当然,很多知识往往是混杂在一起的,难以区分其是理论面向的还是应用面向的。但是,在法学研究当中,这种区分往往更容易一些。如果是对法学中的某个概念进行研究,往往是理论分析;如果是对策性的研究,往往是应用型的;如果是先有理论分析,后有对策研究,则可以认为是综合型的。

(二)知识创新的法学体现

一是法学研究的主题创新。法学研究的主题创新,集中体现为所研究的选题的问题意识是否存在。无论是学术论文,还是学位论文,抑或是各种课题的申报,都特别强调选题的新颖度。法学研究具有较高的主观性,其创新性以及学术意义集中体现于选题。

如果对某一选题研究的人太多,所能够写的问题实在有限,那么论文写作的空间就有限。比如,虽然青少年犯罪是一个很重要的社会问题,但是对于论文写作来说不是一个好的选题。主要原因在于研究者众多,研究成果众多,几乎难以有创新。

选题是论文的"眼睛",是体现论文内容的"窗户"。有些论文题目一看就具有吸引力。比如,针对当下"饭圈"呈现出频繁投诉与举报、非理性消费、数据造假以及组织性的行为失范现象,有学者的论文标题为"论'饭圈'的法律规制"[②],就是一个很新颖的主题。善于从现实生活中发现问题,就容易实现法学研究的主题创新。

二是法学研究的内容创新。研究内容是法学研究创新的主要着力点。同一个主题可以有不同的研究内容,甚至相同的研究内容也可能契合不同的主题。但是,无论

---

① 参见马海泉、樊秀娣:《知识创新能力:大学的核心价值》,载《中国高校科技》2019年第5期。
② 参见李媛:《论"饭圈"的法律规制》,载《现代法学》2022年第1期。

是主题还是内容,一定要有创新性。新颖的主题,可以明显看出其创新性,而内容创新则需要作者通过论证表达出来。

研究内容从整体上呈现研究目标,其形成取决于主题,更取决于作者对主题的理解程度。比如《民法典》通过之后,其时代意义、社会意义等引起广泛讨论。陈金钊教授在2021年第1期《中国法学》杂志上发表的《民法典意义的法理诠释》一文充分体现了研究内容的创新性:

例0-1:《民法典意义的法理诠释》提纲

一、民法典意义认知的内外视角
(一)民法典认知的不同视角
(二)内部视角的民法典意义
(三)外部视角的民法典意义
二、民法典意义的本体论诠释
(一)作为体系存在的民法典
(二)理解是民法典的生存方式
(三)民法典意义的解释
三、民法典意义的方法论建构
(一)意义获取的自主方法
(二)封闭运用的法律方法
(三)开放运用的法源方法

这篇文章研究内容之新,在于用法理的方式说清楚了《民法典》编纂的意义,这些意义虽然蕴藏于现实生活中,但人们往往难以觉察。

研究内容的创新可以体现为以下几个方面:(1)填补研究空白。对前人未探索的领域进行研究,当然属于填补空白。比如,在物理学当中,牛顿定律的发现就属于填补空白;在法学当中,纯粹法学理论的提出也属于填补空白。但是初学者切忌随意说自己的研究是填补空白,一方面是文献综述可能不到位,没发现相关研究;另一方面是对此领域可能理解、领会不够。(2)拓展研究领域。某些研究领域研究成果不多,将其纳入法学领域,就属于拓展研究。比如,对老年人权益保障的法律问题研究,就属于拓展研究,但这绝对不算是填补空白的研究,因为研究老年人权益保障一般会使用已有的研究理论和方法。(3)修补研究漏洞。有些学术理论影响巨大,但是依然存在某些漏洞,通过修补这些漏洞来完善这些理论,也属于研究内容的创新。

三是法学研究的方法创新。任何学科的形成,必定有特有的研究方法。学术论文的撰写,不拘泥于某一种研究方法。所以,社会科学研究需要特定的方法论,它的核心是方法选择的价值、规范和标准问题,它涉及什么问题是值得研究的、理论根据是什么、资料获取的原则是什么、如何进行解释、如何确定众多具体方法的评价体系等。[①]在具体的学术研究中,研究方法的创新不是创建一种新的研究方法,而是将问题与方法结合起来。比如研究农民工的权益保障问题,有人从宪法及法律问题出发,研究农民工权益的法教义学问题;也有人从实际出发,研究农民工权益保障的实现问题;还有人从应然角度出发,研究农民工权益保障的应当性问题。同一学术研究方向,如果采用不同的研究方法,就会有新的发现,方法创新的优越性就体现了出来。比如2021年国家社科基金年度项目公布的立项课题中,有一个课题名称是"以危险方法危害公共安全罪认定规则实证研究",在这个课题中,实证研究作为方法体现在了题目中,这个选题的价值就通过研究方法得以彰显。

《清华法学》期刊曾经刊登过一篇论文——《论刑事诉讼的象征性立法及其后果——基于303万判决书大数据的自然语义挖掘》。一般的实证研究,能够寻找到几千份、上万份样本已经很不错了,而该文运用了303万份裁判文书,这种大数据分析一改实证研究小样本分析的样态。按照该文作者的话说,他们的研究团队开发了专用工具进行大数据实证研究,"这种研究的特点有三个方面:其一,工具是专门开发的,可以分段、分词检索,并识别检索词的语义(并非关键词匹配)、提升检索精确度;其二,所有数据都通过计算机自动、批量提取;其三,全样本分析,不再做抽样"[②]。

四是法学研究的观点创新。学术思想是系统化、体系化的观点,而学术观点则是学术理论的直接呈现。一般来说,现代社会要实现学术思想的创新难度非常高,但实现观点创新则是学术论文的基本要求。一篇学术论文如果连一个创新观点都没有,其存在价值就是存疑的。法学论文的观点创新,直接表现为写作者有与众不同的看法和见解。

五是法学研究的角度创新。这种类型的法学研究主要是强调在什么视域下、在什么背景下、在什么时代等前提,以示研究者的视角与众不同。在2021年国家社科基金年度项目公布的立项课题中,有较多的课题名称都有这个特点,比如"'大一统'视域下封建国家地方监察权配置演变研究""数字经济时代法务会计监控领导干部财产制度建构研究""紧急状态下克减人权的标准与实践研究""市域社会治理中设区市地方立法回应研究"等。这些选题名称如果没有这样的研究视角,就显得比较陈旧,但是限定了这些视角之后,其理论价值和实践价值就得以凸显。

借鉴希姆斯在《法学研究的创新性》一文中的分类,可将研究的角度分成如下

[①] 参见林聚任、刘玉安主编:《社会科学研究方法》,山东人民出版社2008年版,第25页。

[②] 王禄生:《论刑事诉讼的象征性立法及其后果——基于303万判决书大数据的自然语义挖掘》,载《清华法学》2018年第6期。

四类[①]：

（1）对微观法律问题的分析。对微观法律问题的分析是指对具体的法律问题的分析。比如，对具体的法条或者司法判决的分析。

（2）对宏观法律问题的分析。对宏观法律问题的分析涉及法律的一般性概念、问题和原则，并不主要涉及具体的法律问题。尽管如此，将微观例证纳入对宏观法律问题的分析，以免其过于抽象，是颇有助益的。

（3）规范的法学研究。最传统的法学研究类似于解释学，因为它试图理解立法者通过具体的法律条文表达的意思等，需要通过规范分析来找寻。

（4）跨学科研究。将"非法学的"知识、方法等运用到法学研究当中，能够为特定主题提供一种较为全面的视角。这些知识和方法不会落入只关注"一块拼图"而无视其他重要和相互关联的问题的陷阱。因为法学与其他学科之间的联系往往要比法学本身更少得到关注，所以更容易获得创新性成果。

课后思考与练习

❶ 写一篇 2 000 字左右的小文章，并说说自己的学术创新点。

❷ 去图书馆查阅法学论文，推荐一篇你认为创新性很强的论文，跟同学们一起分享。

❸ 材料分析题：

材料分析题
讲解

高某和陈某系夫妻，他们选择以代孕方式生出一对龙凤胎。龙凤胎只用了丈夫高某的基因，没用妻子陈某的基因。孩子出生后，高某因急病去世。高某的父母起诉，要求监护权由陈某转归高某的父母。一审判决认为，由于代孕尚未被法律认可，则陈某因与龙凤胎无亲缘关系，所以不具有监护资格，遂将监护权判决给高某的父母。陈某不服，提起上诉。二审法官面对抚养能力存疑的 80 高龄祖父母，突破了概念法学所持的三段论理念，运用利益衡量和价值判断方法，以儿童最大利益原则为论据，扩张解释了"继父母子女"概念，认为孩子是高某的非婚生子女，判决让陈某以继母身份获得监护权。二审判决也认为代孕违法，孩子生母依然是孕母。但二审判决将亲权与监护权分离，认为在无法找到孕母的前提下，应当让有抚养能力的陈某获得监护权。

请聚焦该材料中的一个问题，提出学术观点。

---

① 这四种分类法借鉴、吸收了希姆斯的观点，参见［英］马蒂耶斯·M.希姆斯：《法学研究的创新性》，于庆生译，载《法制现代化研究》2014年卷，第193页。

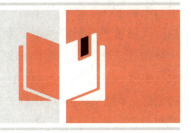

第一章
学术论文的概念阐释

谚云:"读十篇,不如做一篇。"古人对文章历来重视。曹丕曾说:"文章经国之大业,不朽之盛事。"作文是一件十分有意义的事情。当今世界,学术论文写作涉及的领域非常广泛,学术论文已经成为全球科研工作者工作能力的重要衡量标准。在2016年,我国就已经成为全世界学术论文发表数量最多的国家。2020年,我国产出卓越科技论文共计46.38万篇。

在我国,对学术论文写作有硬性要求的一般是科研人员,以及将要获得学位的学生。对于科研人员来说,进行学术论文写作是其工作的一部分。对于本科生和研究生(硕士研究生和博士研究生)而言,学位论文是学位授予的重要依据。对于本科生和研究生而言,他们已经达到了较高的学习层次,因而通过学术论文对其进行考核,是一种非常有意义的方法和形式。

一、学术论文的基本概念

(一)写作的概念及特点

既然是学术论文写作,就必须强调"写作"二字。何谓"写作"?最简单的理解就是通过记写活动来制作文字产品,这里的"记写"可以用笔,也可以用电脑或其他工具。①我们在日常生活中可能会经常碰到一种有意思的情形,有的人讲话时总是口若悬河、滔滔不绝,但是一旦让他们将自己讲的话用文字的形式表达出来,他们就会感到十分困难;有的人讲话的时候如鲠在喉,心里想的和所要表达的相去甚远。这种"我手"写不了"我心"的困境比比皆是。当然,本书所讲的学术论文写作属于写作的高级阶段,比一般的写作要求更高。我们可以从逻辑基础、外在形式、主要成果和思维过程

---

① 参见陶富源:《学术论文写作通鉴》,安徽大学出版社2005年版,第120页。

四个方面来理解写作，进而理解学术论文写作。

第一，从逻辑基础来看，写作必须以思考为前提，学术论文写作更是要以研究性思考为逻辑前提。研究并不是一个神秘的词语，也不一定非得是白发苍苍的大儒坐在书桌前冥思苦想。只要使用了恰当的方式方法，研究是每一个人都可以做的事情。研究一般始于一个问题，终于一个结论（观点），中间有一个科学的论证过程。没有思考，没有争辩，就不是研究。研究一定要探索事物的真相、本质和规律，能够实现一定程度的创造。而学术论文写作就是把研究的心得或者成果用文字表达出来，并通过一定形式和平台让他人了解甚至应用，从而对学术研究作出可能的贡献。

第二，从外在形式来看，写作强调"写"的过程。写作离不开写，即离不开文字运用，但写作又不等同于写。因为"写"可以是随意地乱写，而创作的"写"是一种讲究文字运用的规范性、技巧性的制作，是对相对完整意思的表达。①小朋友用笔在墙上乱写乱画是"写"，画家们在白纸上描绘五彩缤纷的世界也可以视为"写"，但写作的"写"不一样。写作要求我们通过流畅、通顺、逻辑清晰的语言把所思所想表达出来，具有创造性；不具有创造性的"写"不是写作，而是"抄写"，比如抄一遍朱自清的《背影》。

第三，从主要成果来看，写作会产出多种形式的成果。写作需要运用到语言文字，不同的语言文字组合会有不同形式的成果。诗人写作，形成了诗歌；词家写作，形成了词曲；作家写作，形成了散文小说，这些都是写作的成果形式。我国既有散文、唐诗、宋词、小说、对联等形式的文字作品，也有檄文、八股文、判词等形式的文字作品。从这个层面来说，学术论文写作是写作的一种形式，是文字组合的成果之一。

第四，从思维过程来看，写作是人类基于思维活动对文字（书面语言）的加工。写作建立在人脑对客观外界认知所展开的思维活动，及思维活动形成的语言活动之上，是当思维活动形成阶段性成果时，用书面语言进行的记录、表述和转化。简言之，写作是人脑的思维向书面语言的转化。由此看来，写作是一个动态的递变渐进过程。这个过程包括两个层次的转化。就思维活动而言，所实现的是第一个层次的转化，即由客观事物通过认知、评价向作者的认识（即作者的观念和情感）的转化；就文字表达活动而言，所实现的是第二个层次的转化，即作者的观念、情感向文字表达的转化。前一个转化所遵循的是"能动反映论"的原则，后一个转化所遵循的是"辩证表现论"的原则。由事物到认识，再由认识到表现，这是写作过程所必须完成的双重转化。第一次转化是形成文章的内容；第二次转化是使文章的内容获得相应的文字形态表现。②可以说，有什么样的思维活动以及有什么样的文字表达能力，就会产生相应的文章形式。所以，在写作过程中，思维和表达二者不可偏废。

---

① 参见陶富源：《学术论文写作通鉴》，安徽大学出版社2005年版，第120页。
② 参见陶富源：《学术论文写作通鉴》，安徽大学出版社2005年版，第121页。

（二）学术论文的概念界定

对于学术论文的概念，不同的学者有不同的描述。我们可以先罗列一下已有学者们的观点，然后综合分析，再进行总结。

有学者指出，学术论文是一种特殊的写作体裁。它要求作者围绕一个主题，收集并分析相关资料与文献，然后将个人的领悟、对现象的观察以及研究所得结果与相关文献整合起来。那么学术论文是如何整合这些信息的呢？简而言之，就是针对一个学术问题，将主要的以及次要的信息组织好，呈现出来，并且得到一个具有启发性的结论。[①]学术论文，实际上就是人们对社会科学和自然科学领域中的某些现象、某些问题或某些课题进行了比较系统的、深入的研究、考察和分析，以探讨其本质、特征及发展规律的理论文章。

有学者认为，学术论文专指在各个学科领域里对各种问题进行探讨、研究、整理、创新所取得的成果加以总结而写成的论文。学术论文既是对自然界、社会界的各种问题进行科学研究的书面总结，又是进行科学研究再认识再实践的手段，也是推广科学研究成果的工具。[②]

也有学者认为，学术论文是对某一学科领域中的问题进行探讨、研究，表述科学研究成果的文章。[③]

还有学者认为，学术论文是指某一学术课题通过科学实验、调查研究、实际观测、理论分析等而获得具有新的科学成果、创新见解和知识的科学记录，或是对某种已知原理的实际应用取得新进展的科学总结，用于学术会议上的宣读交流或讨论、在学术刊物上发表，或作其他用途的书面文件。[④]

虽然从语言表达层面来看，学者们对学术论文的界定多有不同，但是总体而言可以从以下几个维度进行总结：第一，从对象维度来看，都强调对特定的学术问题进行研究；第二，从主体维度来看，都强调对研究者个人感悟和判断的再加工；第三，从内容维度来看，都强调需要研究者自身的探索和总结；第四，从形式维度来看，都强调需要研究者形成有逻辑的文字。

总体来看，学术论文，是指研究者基于特定的学术问题，通过总结、归纳和综合他人的学术成果，运用特定的学术研究方法，提出独到的研究观点，并采用各种论据进行充分论证形成的有逻辑性的文章。

---

① 参见林幼菁编著：《大学生学术论文写作入门》，商务印书馆2020年版，第3页。
② 参见岳云堂等：《学术论文写作述评》，北京航空航天大学出版社1994年版，第3页。
③ 参见周淑敏编著：《学术论文写作》，中国建材工业出版社1997年版，第1页。
④ 参见朱永兴、李素芳：《学术论文撰写与发表》，浙江大学出版社2007年版，第4页。

（三）学术论文与其他文体的区别

从学术论文的概念界定来看，首先要将学术论文与其他文种进行区别。

1. 学术论文和说明文的差别

学术论文和说明文都属于论说文，都需要说明和说理，但是二者之间有显著区别。语文学家夏丏尊先生在《文章作法》这本书里提到，说明文的主要特点是："解说事物，剖析事理，阐明意象；以便使人得到关于事物、事理或意象的知识的文字，称为说明文。"说明文的主要特点即解说事物。比如，解说员在解说一场足球比赛时会介绍，某个队员之前在哪个队效力、有什么特点等。①法学教材中，"解说"普遍存在。比如，刑法学教材在介绍"危害国家安全罪"时，会从主体、客体、主观方面和客观方面进行解释。但是，对于学术论文而言，不仅要按照教材的逻辑陈述"危害国家安全罪"的构成要件，还要讨论犯罪构成中存在的问题、有什么特殊情况需要注意。所以，说明文只是平铺直叙地介绍"是什么"，而学术论文还要能够剖析"是什么"背后的"为什么"。

我们可以通过例1-1来对如何区分说明文和议论文进行总结：

例1-1：论文《论社会舆论与法院依法独立审判的关系》的提纲

一、问题的提出

二、舆论与民意

（一）舆论的概念

（二）民意的概念

三、媒介审判与法院依法独立审判

（一）法院依法独立审判

1. 内涵

2. 约束的对象

（二）社会舆论

1. 媒介审判与舆论监督

2. 社会舆论的形成机制

3. "沉默的螺旋"

4. 舆论的分类

5. 舆论的特点

（1）重道德轻法律

---

① 参见阎天编:《法意文心》,中国民主法制出版社2021年版,第88页。

（2）重实体轻程序

（3）重情绪轻理性

（4）重个别轻一般

（5）以故事代现实

（三）社会舆论与法院依法独立审判的关系

四、结语

例1-1中，且不论该文的问题意识以及题目是否可行，也不论该文的逻辑，从该文的结构就可以看出，这仅仅是一篇带有说明文性质的文章。在论文第三目的（一）（二）部分，作者分门别类地介绍两个概念，特别是在社会舆论部分，介绍了媒介审判与舆论监督、社会舆论的形成机制、"沉默的螺旋"、舆论的分类和舆论的特点，"说明"的性质尤为明显；而对于论文的核心部分"（三）社会舆论与法院依法独立审判的关系"，作者只草草地提及。可以说，这是一篇失败的论文。

学术论文与说明文的根本区别在于，学术论文必须包含观点和见解，且其关于观点和见解的说明和说理都应通过论证展开。换言之，学术论文必须对观点和见解进行论证，说明和说理是进行论证的方式。而说明文只需有简单介绍，不需要有论证和分析。比如，我们在介绍法律行为的概念时，仅直接指出它是指什么即可，这就是说明；而如果是学术论文写作，则应当强调如何看待法律行为这个概念，并进行分析和论证。

2. 学术论文和其他文种的差别

学术论文的特点在于"论"，既是论证，也是论辩和论争。而其他文种可能只是在表达写作者的看法和见解，且没有论证的详细过程。调研报告是研究者对某一情况、某一事件、某一经验或问题的调查，研究者对所了解到的现实情况进行筛选与解读，并提出相应对策。学术论文与调研报告的最大区别在于，学术论文应当"有辩有驳"，说理性和批判性强；而调研报告则主要基于事实、讨论问题、提出对策，描述性和实践性强。

总之，学术论文与其他文种的差别在于：第一，学术论文是对某一学科领域中的问题进行探讨、研究，表述科研成果的文章，而不仅仅是对某种科学理论的"照像"或阐述，更不是对某种学科理论的畅想。第二，学术论文有一定的厚度，内容相当繁复，它与一些即兴诗、散文、短评、随笔等也是截然不同的。第三，一般应用文篇幅短小，有的一篇几百字，多的也只有上千字，而学术论文，比如单篇学术论文，字数一般在一万字以上；学术专著则可达十万字以上。第四，学术论文同一般论说文在写作格式上也有不同的要求。①

---

① 参见周淑敏编著：《学术论文写作》，中国建材工业出版社1997年版，第2页。

二、学术论文的基本特点

通过对学术论文内涵的界定与外延的澄清,我们可以对学术论文的基本特征进行如下总结,即学术论文具有学术性、科学性、理论性、创新性等特征。

(一)学术性

学术论文,重在"论",核心在于"学术"。没有"学术",当然也就没有学术论文。[①]可以说,学术性是学术论文的生命和使命,缺乏了学术性,学术论文的目的和意义就会丧失。任继愈先生说:"学术文章,先有'学术',再谈'文章',因为文章的支柱是它的学术内容,而不是它的词藻、结构、章法。"[②]

学术,是指较为专门且有系统性的学问。学术性,就是把某些专业化的知识积累起来,使之系统化。学术可以是把某一学科领域的旧观点推翻,提出新见解;也可以是把一些分散的材料集中起来,用新观点、新方法加以理解、论证,得出新结论;在某些学科领域里,还可以是经过观察、思考、分析,陈述新观点、新主张,表达学术性的见解。[③]简言之,学术就是对理论的探索和探究。

法学论文的学术性,可以从三个方面呈现:

一是从专业来看,必须突出法学专业的学科特色,研究法律问题,体现法理思考。因为,"学科是专门知识的总汇,是专门知识条理化、规范化的表现形态。问题只有进入学科才能显示出它的意义"[④]。这并不是说,跨学科研究就不是学术,而是说学术论文要能够在特定的学术话语环境中运用约定俗成的概念、语句以及表述方式来阐述特定的观点,形成逻辑性强、有条理的理论表达。任何学科都有特定的概念和语言,[⑤]法学亦是如此。法学的学术研究必须用其概念和语言来表达,从而达到与学者们对话的

---

①③ 参见岳云堂等:《学术论文写作述评》,北京航空航天大学出版社1994年版,第4页。

② 任继愈:《谈学术文章的写作》,载《人民日报》1988年9月4日。

④ 曲家源:《什么是学术性》,载《编辑学刊》1993年第4期。

⑤ 曾经流行的一个关于日常生活话语与人类学的话语模式问题,特分享如下,以此说明任何学科都是有自身特色的,没有理解某一学科的特色,该学科的学术意味就难以呈现。

普通人:村里有个熟人,说……

人类学家:来自当地报道人的数据,称……

普通人:我每天的调查就是看村子里的人吃喝拉撒。

人类学家:笔者对族群的生活史进行了追踪调查。

普通人:听老头们吹牛。

人类学家:留守家庭的口述史研究。

普通人:听老太婆磨嘴皮子。

人类学家:女性主义视角下留守家庭的口述史研究。

普通人:查他祖宗三代的户口。

目的。下面举一个有意思的案例来说明法学专业的特色:

例1-2:对情书的法学话语解读

情书原文

我的甜心:

爱你一万年,为了你,我宁愿背叛我的父母和家庭;今生今世我只爱你一个人,我对你的海誓山盟,有天地为证,我会给你最大的幸福。

那天清晨我来到你的窗前,在心里默默地对你说:如果你也爱我,就请打开你的窗。后来你的窗真的开了。

我真的太幸福了,如果你和我生活在一起,我会为你当牛做马,包揽一切家务,如果你不答应,我会在我们相识的小河边悄悄结束自己的生命;当我的鲜血染红了小河,那是我对你爱的证明,如果我背叛了你,我愿接受任何惩罚,五雷轰顶,千刀万剐!

爱你的小辣椒,于无眠的雨夜

(接上页脚注)人类学家:亲属谱系研究。

普通人:逛庙会。

人类学家:民间信仰的体验式观察研究。

普通人:庙会里供着菩萨,请了道士念经。

人类学家:该地区的混合型民间信仰形式呈现出内佛外道的模式。

普通人:庙会请了电视台的人录像。

人类学家:公共话语介入下的民间宗教仪式的展演。

普通人:城中村开洗头房的老板改行跑出租了。

人类学家:城镇化视野下灰色收入群体的生计方式变迁研究。

普通人:快递费太贵,你还让我包邮,老子不卖了。

人类学家:当物流成本高于商品交易盈利时,商品交易失去意义,损害了市场主体的积极性。

普通人:两个村子看上去风俗差不多。

人类学家:笔者调研的A村和B村存在文化同构性。

普通人:小孩年年逛庙会,时间长了也就学会大人的那一套做事规矩了。

人类学家:该仪式在地方社会生活中发挥的代际濡化作用具有正面的价值。

普通人:俺们这个地方每家每户房子修得差不多。

人类学家:该地建筑布局呈现出鲜明的结构化特征。

普通人:家里那几个老头固执得要命,谁的劝也听不进。

人类学家:宗族社会文化中呈现出鲜明的封闭性和排他性。

普通人:刘老汉给我一大本回忆录,我的论文基本都是抄那回忆录的。

人类学家:笔者的田野调查过程中,报道人L先生提供了大量珍贵的口述史资料。

普通人:我老板的课题,今年要发够论文,只要题目沾边通通算数。

人类学家:本研究是×××重大攻关课题×××的子课题,得到了×××的支持,项目编号×××。

转引自《人类学家,你们还能不能好好说话了》,载洞想微信公众号,2016年6月30日。

① 转引自《一封经过法律人解读后的情书是这样的》,载北京杨文战律师的法律博客。

基于法学专业的解读：

（1）信首称呼：我的甜心

对象不明。发出邀约或承诺须针对特定的主体。

（2）爱你一万年

显然无法履行的义务，无效条款，但不影响其他条款的效力。

（3）为了你，我宁愿背叛我的父母和家庭；今生今世我只爱你一个人

违背社会的公序良俗，无效条款。尊老爱幼、赡养老人是中华民族的传统美德。

（4）我对你的海誓山盟，有天地为证

见证或公证应当选择有资质的律师、公证机关或其他有行为能力的主体。

（5）我会给你最大的幸福

约定不明。不同的主体对"幸福"的具体内涵理解不同。

（6）那天清晨我来到你的窗前，在心里默默地对你说：如果你也爱我，就请打开你的窗。后来你的窗真的开了。我真的太幸福了

重大误解。早晨开窗几乎是每天必然发生的事情。

（7）如果你和我生活在一起，我会为你当牛做马，包揽一切家务

显失公平，合同可撤销。家庭中夫妻的法律地位完全平等。当事人应当遵循公平原则确定各方的权利和义务。

（8）如果你不答应，我会在我们相识的小河边悄悄结束自己的生命；当我的鲜血染红了小河，那是我对你爱的证明

一方以威胁的手段订立合同，合同无效。

（9）如果我背叛了你，我愿接受任何惩罚，五雷轰顶，千刀万剐

这两种承担违约责任的形式违反法律的规定。

（10）信尾署名：爱你的小辣椒，于无眠的雨夜

没有标明本人有效身份证上的姓名和明确的时间，不符合书证的形式要件。

例1-2虽然带有笑话意味，却真实揭露了法学专业的特色：（1）有特定的话语体系，有比较专业的概念词汇；（2）非常严谨，不允许前后矛盾或者逻辑冲突；（3）严格限定情感的表达，一般不允许情感高于理性。所以，在写作论文时，基于法学概念的严谨性，表达应注意用专业术语，避免用语失当。

二是从内容来看，必须反映法学发展的基本规律。学术论文所反映的研究成果必须是真实的、成熟的，内容符合科学的规律和原理，不是主观臆想和杜撰出来的。学术论文所体现的研究方法的使用、实验的设计符合科学的原则，立论有足够的、可

靠的实验数据或观察现象支持,经得起生产和科学实践的检验。①同理,法学学术论文也必须符合法治原理和法治精神,能够经受住法治实践的检验。法学发展的基本规律奠定于社会生活基础之上,既要体现社会发展的需要,也要体现行为规制的可能性和可控性。特别是判断哪些行为应当受到规制、哪些行为不应当受到规制,要考虑人类社会的基本道德或者其他社会事实的需要。比如,人类社会中,绝大多数社会都会禁止杀人、盗窃、强奸等行为,这就是基本规律的体现。但是,对于某些行为,法律是不能干涉的,这也体现了法学的基本规律。例如,笔者曾参加某个地方组织的立法论证会,与农村的人居环境治理有关。该地方性立法中有条文提出"家禽必须圈养",以维护良好的农村人居环境。笔者对该条提出了不同看法,理由是:当前农村社会的家禽有圈养的(居住环境较为拥挤的地区),也有放养的(居住环境较为宽松的地区,比如家后面就有山坡或者大块空地的)。如果强制性要求家禽必须圈养,则违背了法治的原则,因为与农民的日常行为不符,故建议该条改为"鼓励家禽圈养"。我们在写法学论文时,要注意到法学发展的基本规律或者法治的一般原则,切忌犯基本常识错误。

三是从要求来看,必须要有批判性和反思性。学术论文写作是对理论的思考、探究,是研究者对问题的解释和解决所作出的学术努力,是一个艰苦的创作过程。因此,学术论文必须充分体现研究者的深思熟虑,要求研究者能够充分"占有"前人的学术观点,然后进行批判性承继。法学学科本身就强调批判性思维,研究者进行法学论文写作必须秉持批判性思维,不断反思制度和现状,为创造更理想的法治作出努力。比如,例1-3中,作者通过对判决书中的裁判理由部分进行分析,指出裁判理由的不足,这就是学术论文反思性的体现:

> **例1-3:《诚信原则修正功能的个案运用——以最高人民法院"华诚案"判决为分析对象》②一文中的反思**
>
> "华诚案"的判决理由中,法院仅阐述了实现原则的重要性,却没有阐述支持规则适用的实质理由,更没有说明为什么本案中实现原则的重要性打败了支持规则适用的实质理由与形式理由之和。质言之,法院仅列举了对自己想要的判决结果有利的因素,而没有列举不利因素,更没有进行必要的权衡。不适用规则的根本原因并不是支持实现原则的理由的存在,而是支持实现原则的理由"在权衡中胜出"。本案判决并没有揭示这个根本原因。

---

① 参见禤胜修:《学术论文基本特征的文本呈现》,载《科技传播》2021年第24期。
② 参见于飞:《诚信原则修正功能的个案运用——以最高人民法院"华诚案"判决为分析对象》,载《法学研究》2022年第2期。

（二）科学性

科学性是学术论文的本质要求。学术论文的科学性，要求作者在立论上要客观，不得带有随意性，不得带有任何个人偏见[①]，主要有如下几个方面：

第一，从论点来看，法学学术论文的学术观点应符合法学发展的客观规律。法学发展必须基于特定的时代与特定的社会生活方式，反映人民群众的现实需要与社会需要。在我国，从党的十一届三中全会提出的法制建设原十六字方针中的"有法可依"到党的十八大提出的法治建设新十六字方针中的"科学立法"的发展，丰富了科学立法的内涵，更加符合法治的基本需要。法学家们所构建的法律图景，必须符合实践需要，而不是凭空构建的理想图景。法学学术论文中的观点的科学性即对法学发展客观规律的揭示。

比如，有论文提及要通过立法禁止民间习俗，特别是禁止那些与现代法律相悖的习俗。这种提法就非常不科学。且不论民间习俗也有许多内容与现代法治相一致，单就民间习俗在传统社会中的作用而言，其在社会生活中的地位依然举足轻重，不应当对民间习俗持"一刀切"的态度。

第二，从论据来看，法学学术论文强调论证依据的真实客观。学术论文的科学性，要求论据有说服力、不得凭空捏造，作者要通过周密的观察、调查、实验、研究，尽可能多地获取材料，以最充分的事实、可靠的数据作为立论的依据。[②]法学学术论文亦需要运用客观真实的论据如法院裁判文书等，来反映核心观点，以体现作者主张和观点的可靠性。

👤 例1-4：通过裁判文书说明法律学说运用的实例

在司法实践中，法官引用法律学说的模式一般有三种：第一，直接指出学者的姓名，引用其观点。比如，在"王艮康等诉祁学平等生命权纠纷案"中，法院指出："我国台湾地区民法学者王泽鉴先生论述……"[③]第二，首先指出学者的职务和身份，然后指出其具体的观点。比如，在"北京拓思德科技有限公司诉深圳市诚煜创科科技有限公司不当得利纠纷案"中，法院指出："北京大学出版社2016年出版的，中国民法学研究会副会长、清华大学法学院教授崔建远先生著的《合同法》一书中概括了法定抵销的四个生效要件……"[④]第三，仅仅指出观点，而不提及学者的姓名。比如，在"陈某1与陈某2分家析产纠纷案"中，法院指出："2015年第18期的《人民司法（案例）》所载的《农村宅基地流转与违章建筑有限权利保护》一文也认为……"[⑤]

[①②] 参见周淑敏编著：《学术论文写作》，中国建材工业出版社1997年版，第17页。
[③] 江苏省沭阳县人民法院（2014）沭民初字第02530号民事判决书。
[④] 广东省深圳前海合作区人民法院（2016）粤0391民初609号民事判决书。
[⑤] 彭中礼：《司法裁判引证法律学说的功能研究——基于生效裁判文书的实证分析》，载《现代法学》2022年第1期。

第三，从论证来看，法学学术论文强调论证过程的逻辑严谨。学术论文的科学性，要求作者要经过周密的思考，要有严谨而富有逻辑的论证，这一点与一般议论文可以比较自由地展开议论不同。我们经常说，某某学者具有较强的逻辑思辨能力，这主要是指他具有较强的文字表达和口头表达能力。文字表达能力强，主要表现在文章的逻辑性强。文章的逻辑性强，主要表现在章节、段落之间都能先后衔接、叙述有序，且不矛盾和冲突。比如，前面讲到"司法应当专业化"，后面就不能强调"司法应当大众化"，否则就是观点逻辑不一致；如果标题是"论司法的专业化"，应当围绕"专业化"这一关键词展开论述，中间可以适当地与"大众化"作比较，但是不能通篇只谈或者大篇幅谈"大众化"，否则就容易形成文不对题，主题逻辑错位。总之，写作学术论文的过程就是作者思维能力得到锤炼与提高的过程。人是有理智、善思辨的，只要说得在理，就能令人口服心服，心悦诚服。真理如春风细雨，滋润心田。[①] 逻辑严谨的论证，应是系统的，而不是零碎的；是完整的，而不是片面的；是首尾一贯的，而不是前后矛盾的；是经过实践检验的，而不是主观臆造的。[②] 试看例1-5：

👤 例1-5：《谏逐客书》之论证逻辑规范

秦始皇欲逐客卿，身为客卿的李斯上书力谏，秦始皇改变初衷，并任李斯为廷尉，对秦统一中国起了较大的作用。这上书就是《谏逐客书》。这篇名作是李斯在被逐的路上写给秦王的。他把逐客放到是否能使秦国富强的高度上考察、立论，不但表明了他很有远见卓识，而且深知秦王心愿。逐客对秦王的统一大业不利，用这种利害关系来打动秦王，最有说服力，因为他知道统一正是秦始皇梦寐以求和头等关心的大事。果然，秦王接到李斯这篇上书后，不仅立即收回成命，追回李斯，还委以重任，让他担任了全国的最高司法官。《谏逐客书》这篇文章，在论证时，几乎全是摆事实讲道理，不发空议论。文章的说服力主要来自这里。历史上四位国君都因客卿之功得以强大，为什么现在要逐客？秦王喜爱的珍宝、美色、音乐皆可来自诸侯各国，对人才却要"非秦者去，为客者逐"，这种重物轻人的做法难道是成帝业者所应为的吗？接着才进入道理的阐发，正面指出"王者不却众庶"，反面指出如果却宾客以业诸侯，其结果必然如"藉寇兵而资盗粮"，秦国必将没有安宁的日子，在论证中，李斯始终正反并论，利害对举。正面强调纳客之利，反面推论逐客之害，反复论证，对比鲜明，让事理本身令秦王信服。

李斯之所以能够让秦始皇信服，从论证方式来说，就是实现了逻辑严谨的论证。法学在实践中的终极呈现就是"说服"，即要通过说服来实现纠纷解决，实现社会秩序

---

① 参见周淑敏编著：《学术论文写作》，中国建材工业出版社1997年版，第17页。
② 参见岳云堂等：《学术论文写作述评》，北京航空航天大学出版社1994年版，第6页。

稳定。因而,司法要能够实现"说服",行政也要能够做到"说服",法学论文更要有说服力。严谨的逻辑是实现"说服"的关键和核心。

总之,法学论文应当做到实事求是地分析问题,真实可靠地引用学术资料,学术结论符合客观规律,且学术观点能够自圆其说。唯有如此,法学论文的科学性才能够得到充分保证。

(三)理论性

理论是人类认识世界的高度总结,理论性是学术论文的具体要求。所谓理论性,是指学术论文在文风上具有一定的理论色彩,在文体上具有科学的理论体系,在结论上具有较高的理论价值。理论性是学术论文区别于调查报告、工作总结和工作报告等文体的重要标志,没有理论性的文章不能称其为学术论文。学术论文理论性的本质在于论理,即围绕论点,运用归纳、演绎、分析和综合等逻辑思维手段,以"论据"来论证"论点",进而建立起科学的理论体系,或得出合乎逻辑的正确结论,或提出切实可行的解决问题的办法。[①]

学术论文应具有一定的理论价值。这就要求作者不仅要对研究对象有全面的认识,还要通过论证、阐述,将自己的发现和认识提升到理论的高度。在论证、阐述的过程中,要广征博引,多方求证,全面阐述自己的观点。不论是纠正谬误,还是补缺引申,抑或是开拓创新,都应充满理论色彩。[②]法学学术论文是对法学学科规律性的挖掘和总结,也应当充分体现理论性要求,具体而言,可以从以下几个方面来呈现:

第一,法学学术论文要能揭示法学的一般原理。法学的一般原理基于对人类活动的高度概括和总结,充分反映了人类行为和社会发展的一般规律。"人类对社会规律的探索则经历了一个更为曲折复杂的过程……人所生活于其中的社会环境和社会制度从来都不是个人自己选择的结果,他/她被放置到这种环境中去,他/她的出生在很大程度上便决定了他/她今后可以选择的范围。人们对社会规则的探讨在很大程度上是一种事后的合理化,而不是一种事前的论证。而且,人们的社会生活方式因时、因地的不同而存在很大的差异,他/她们使用着不同的象征性符号、遵循着不同的仪式、以不同的方式进行交流、以不同的方式维护着不同的社会秩序。"[③]所以,当我们进行法学研究活动时,要从社会秩序的要求出发,洞察、总结行为规律,进而实现对法理论的揭示并促进法理论的发展。比如,有学者认为受贿罪保护的是与职务相关的法益,即职务行为的公正性。

[①] 参见李正元:《学术论文写作概论》,中国地质大学出版社2010年版,第8—9页。

[②] 参见袁晓燕编著:《科研学术论文写作概要》,国防科技大学出版社2007年版,第11页。

[③] 郑戈:《法学是一门社会科学吗?——试论"法律科学"的属性及其研究方法》,载《北大法律评论》1998年第1期。

而张明楷教授认为,斡旋受贿、利用影响力受贿罪保护的法益包括职务行为的公正性,具有明显的合理性,但不能据此认为普通受贿的保护法益也是职务行为的公正性。换言之,职务行为的公正性不是所有受贿犯罪共同的保护法益。在刑法分则规定了不同类型受贿犯罪的情况下,应当根据宪法的规定、刑法条文表述的构成要件内容以及受贿犯罪与相关犯罪的关系,分别阐释普通受贿、斡旋受贿与利用影响力受贿罪保护的法益。张明楷教授的这篇论文①从职务犯罪保护的法益到底是什么出发,明确提出不同类型受贿犯罪保护不同的法益,澄清了理论误解,为刑法的理论发展正本清源。

第二,法学学术论文要揭示法律进化的一般规律。从整体趋势来看,人类社会的法律总是在不断发展和变化,并显现出进步趋势。法律进化的主要因素是制度的变革,而导致制度变革的原因是法律意识的不断发展或者法理论的进步。法理论的进步,就显现在学者们撰写的学术论文当中。当法学学术论文揭示了制度发展和法律进步的规律时,不仅凸显出其理论价值,也彰显其实践价值。可以说,每一篇有所创见的论文,都在揭示法理论的基本原理,进而为展现法律进化的规律奠定基础。法律进化的规律只可发现,不可创造。法学论文对法律进化的规律越是作出符合客观真理的描述,越能展示法学的规范魅力。例如,2011年的"小悦悦事件"带给全社会一次强烈的心灵震撼,因为路人的冷漠而导致无辜的生命早早离世。为此,人们纷纷讨论,是否需要设立见死不救罪。为此,桑本谦教授提出他的疑问:"危机引发恐慌,也促使人们思考:如何才能避免悲剧重演?怎样才能化解疑虑,驱散冷漠,唤回爱心?道德跌倒了,法律是否可以将它扶起来?如果可以,如何设计法律对策?"桑本谦教授认为,可以设想的法律对策主要包括:设定关于利他主义救助的法律义务,对见危不救实施惩罚;为救助行为提供法律保护,包括减免救助人因疏忽大意而产生的赔偿责任,加重被救助人起诉救助人时的举证负担,以及惩罚被救助人的诬陷或讹诈行为;赋予救助人赔偿请求权,或由政府给予奖励。桑本谦教授分析指出,赋予救助人以求偿权不如由政府奖励救助行为;对救助行为提供法律保护优于为救助行为设定法律义务。②桑本谦教授的分析揭示了助人为乐与法律激励之间的规律性关系,有助于国家加强利他救助的立法。

第三,法学学术论文要能够对实践有指导意义。理论性还要与现实性结合起来,因为我们从事理论研究的目的不仅是发展理论,更重要的是用以指导实践,做到理论与实践相统一,这样的研究成果才有现实意义,才有生命力。许多学术论文之所以在评审时通不过,就是因为选题陈旧、滞后或太偏太窄,没有任何新的见解、新的思想、新的方法,缺乏针对性和现实意义。③当然,并不是说要求所有的论文都能够在实际

---

① 参见张明楷:《受贿犯罪的保护法益》,载《法学研究》2018年第1期。

② 参见桑本谦:《利他主义救助的法律干预》,载《中国社会科学》2012年第10期。

③ 参见李正元:《学术论文写作概论》,中国地质大学出版社2010年版,第9页。

生活中对法律实践活动有具体的指导意义（因为存在一个社会接受的过程），而是说在可以预见的（直接或者间接）层面上，能够对法律实践有指导意义。比如，在我国《民法典》颁布之前，有很多关于《民法典》的学术论文，对于《民法典》的立法工作起到了十分重要的推动作用。所以，在学术论文选题的时候，要特别注意选题的现实针对性或者理论针对性，而不能光靠"开脑洞"。有一次，有位本科学生跟我讨论论文选题，他先谈了自己对选题的看法："老师，现在人类已经登上了月球，并准备登陆火星；我很喜欢空间法，所以准备选'论域外空间的权利归属'作论文题目，为我国成为太空大国、强国作好理论准备。"我告诉他，这种超前的想法是很正确的。但是，这个选题可能面临几个重要的问题：一是域外空间权利能否由人类来确定？二是目前我们的技术在未来50年乃至100年能否完全实现登陆月球和火星？三是域外空间权利归属的研究成果，对于改变国际（宇宙）格局或者人类社会法律有现实指导意义吗？后来，他放弃了这个选题。也许，经过多年的发展，这个选题可能会成为人类社会必须解决的问题，但是至少目前难以看出该选题的实际价值，因而研究意义难以凸显。

（四）创新性

学术研究的生命就是创造，因而创新是学术论文的灵魂，是衡量学术论文水平高低的主要依据之一。学术论文的创新性，就是继承原有的，研究现代的，探索未知的，发现那些尚未被人们认识的客观规律。有价值的学术论文往往是探索某一学科领域中前人未提出过或没有解决的问题。步前人的后尘，承袭与重复别人的观点称不上学术研究。[①]法学论文的创新性，是指较于以往论文，新撰写的论文有新的突破，或者有了独到的见解，主要包括理论、观点、方法、材料、视角和选题等一个方面或多个方面的新进展。在现实生活中，有的学者著述等身，但在学术界影响甚微；有的学者一生只写了几篇学术论文，在学术界却具有十分重要的影响和地位。原因在于，前者虽然著述较多，却并无新意；后者虽然著述较少，却是创新之作。因此，"有新"或"无新"既是决定论文学术水平高低的重要标志，也是决定学者学术地位的重要标志。[②]

杂交水稻专家袁隆平院士，终其一生，也没有几篇学术论文，但是他对人类社会的贡献家喻户晓。2002年诺贝尔化学奖得主——田中耕一，在获得诺贝尔奖时只发表过一篇学术论文，而正是这篇学术论文使他获得了诺贝尔奖。1991年诺贝尔经济学奖得主科斯谈不上著作等身，但其学术成果在经济学界和法学界均影响巨大。科斯的代表性论著是《企业的性质》和《社会成本问题》。《企业的性质》被认为是新制度经济学的代表作；而《社会成本问题》则对法学界产生了巨大的影响，标志着"法与经济学"这

[①] 参见周淑敏编著：《学术论文写作》，中国建材工业出版社1997年版，第19—20页。

[②] 参见李正元：《学术论文写作概论》，中国地质大学出版社2010年版，第7—8页。

一学术流派的诞生。值得一提的是,科斯的这两篇代表性著述并非鸿篇巨制,都只有几万字。可见,创新是学术论文流传于世的核心,是学术论文获得长久生命力的根本保证。

学术论文的创新性,是学术论文与非学术论文的分水岭。有些文章,如果仅从阅读的角度去欣赏不失为一篇好文章,而从创新的视角去审视却是一篇平庸之作,达不到学术论文的创新性要求,也就不能在高水平学术刊物上公开发表。①

正如有学者所言:"科学来不得半点儿虚假,写论文不能据别人的研究成果为己有。而要创新,就要有自己的潜心研究,独辟蹊径,研究别人没有研究过的东西,或是深化前人的研究,或是对今人已研究的结论提出质疑,提出新的看法和认识,这样写出来的学术论文才会有真知灼见,即有新意,论文才会在评审时顺利通过,被报刊发表出来。"②

学术论文的创新性有三个层次:

第一,原创性是学术论文创新的最高层级。原创性一般要求学术论文能够填补某一个学科领域的空白,实现学术理论的创新。上文所说的科斯,在《社会成本问题》一文中创造性地提出了"科斯定理"(后人总结),从而开创了"法与经济学"这一新的学术流派。真正站在学术巅峰的大家,必然因其学术研究作出的原创性贡献,才可能获得认可。

第二,发展性是学术论文创新的基本要求。并非所有的学术论文都能够具有原创性贡献。但是,优秀的学术论文可以"站在巨人的肩膀上",对前人的思想、观点进行补充阐释并作出新的说明,或者弥补前人思想、观点的不足,或者修正前人的学术思想、观点,或者基于前人思想、观点进行综述而形成自己的观点。"天下文章一大抄",站在学术论文写作的视角来审视,实则说的是"接着说",即学术论文写作是在前人研究基础之上展开研究和讨论的,"我们写文章并不是要发明轮子,而是要改良轮子"。所以,通过他人的思想和观点来发展自己的学术论文,是大多数研究者努力的方向。然而,要特别注意,创新性有一个基本前提,就是学术论文的创新点源自作者对问题的深入研究而产生的独到见解,而不是通过相关媒介据别人的创新成果为己有,这样的"创新"不是创新,这种行为已经触犯了学术道德规范要求,属于学术腐败中令人憎恶的抄袭和剽窃行为。在学术界,很多人因此而身败名裂,我们一定要引以为戒。③

第三,应用性是学术论文创新的重要展现。学术论文的写作过程应注重应用性。我们可以以他人的研究方法或者研究思想为方法和工具,来具体指导学术论文写作。比如,法律经济学在美国发端于20世纪60年代,流行于80年代。我国学者苏力留美归国后,就将法律经济学的研究方法和思路运用到了他的一系列研究当中,获得了巨大

---

①③　参见李正元:《学术论文写作概论》,中国地质大学出版社2010年版,第7—8页。

②　常相忆:《学术论文写作谈》,载《常州信息职业技术学院学报》2002年第1期。

的成功。可以说，在苏力教授早期的一些学术论文中，法律经济学的痕迹十分明显。虽然他的研究视角和所关注的问题方面一直都是"中国化"的，但在他的研究过程中，法律经济学方法的影子依然存在。所以，能够将他人的研究方法或者研究思想进行有机应用，也能实现学术创新。此外，学术论文本身也应注重应用性，比如，一些法学论文所提出的观点和研究成果为立法工作提供了理论指南，为立法所吸收。

▌三、学术论文的基本要求

学术论文与其他文种有着不同的要求，主要体现在语言表达特征、论文格式要求和内容之间的形式关联度等层面。

（一）语言简洁

学术论文的用语应当是正式语言。语言简洁是学术论文写作的基本要求。从学术论文本身来看，简洁的语言可以更清晰地表达研究者的思想或者观点；从读者的角度来看，语言简洁是实现"读者友好"的必然要求。

第一，从表达方式来看，学术论文的语言应当少一点意气，多一点理性。学术论文总是以学术界的同行为预设的读者，以理性的讨论为目的。但是，有的作者故作高深，用一些用半文半白的语言谈论现代思想；有的作者另造新词，让人不知所云；还有的作者喜欢汉语和英语混用，显得莫名其妙。学术论文的基调应当是平和的、直白的。大量的反问句、感叹句不适合学术论文，过分的抒情、煽情也不适合学术论文。学术论文重在把话说明白，不崇尚春秋笔法，不刻意追求微言大义。学术本来是灰色的，能把话说明白、让读者看明白就不容易，让人阅读时省一份力气、多一份愉悦就更好了。[1] 无论是慷慨激昂，还是悲痛欲彻，都不应影响文字的理性表达。远离谩骂，理性对话，是促进学术共同体健康发展的基本要求。

第二，从语词运用来看，学术论文要厚"此"（文字干练）薄"彼"（废话满篇）。梁启超先生曾说："大凡文章以说话少、含意多为最妙。文章的厚薄，即由此分。意思少，文章长，为薄；篇无剩句，句无剩字，为厚。"[2] 这就要求研究者在写作时要能够长话短说，废话不说。此外，还要注意在文章当中，避免一段话出现过多的"但是""所以""然后""因而"之类的词语。何海波教授在介绍写作经验的时候，说他自己经常写出一些不必要的助词、介词和连词，并举例："在省级政府和较大市政府的规章之外，地方政府及其部门制定的大量的规范性文件，在国家治理中发挥着巨大的作用，在法律体系

---

① 参见何海波：《法学论文写作》，北京大学出版社2014年版，第265页。

② 梁启超撰、汤志钧导读：《中国历史研究法》，上海古籍出版社1998年版，第170页。

中却没有地位。"其中的两个"的",就可以省略,改成:"在省级政府和较大市政府的规章之外,地方政府及其部门制定的大量规范性文件,在国家治理中发挥着巨大作用,在法律体系中却没有地位。"再看这一句:"乙以争议房屋不属甲所有为由进行抗辩,并对甲的房产证的效力提出异议",不妨改成"乙以争议房屋不属甲所有为由进行抗辩,并对甲所持房产证的效力提出异议"。如果一个句子连着出现两个"的",最好能够去掉一个;如果一个句子连着出现三个"的",你一定要想办法去掉一个。[1]

第三,从语言风格来看,学术论文应当少一点"文学性",多一点"规范性"。学术论文虽然并非司法实务中的裁判文书,但是从某种意义上讲,学术论文与裁判文书在整个法治文明建设的进程中是相互促进的一体两面的关系,在古罗马帝国,五大法学家的学术观点甚至可被法官直接作为判案依据,因此,学术论文应当借鉴裁判文书的写作经验,同时避免裁判文书犯过的错误。例如,2014年广东省广州市南沙区人民法院的一位法官在一份离婚案件判决书[2]中引用了"众里寻他千百度"这类诗句,以及2016年,江苏省泰兴市人民法院的一位法官在一份离婚案件判决书[3]中也使用了"众里寻他千百度,蓦然回首,那人却在灯火阑珊处"等诗句和文学化语言。此举旋即引起了广泛的争议。诚然,法律也并不是一味冰冷和高高在上的,适当的感性文字只要不损害文本的正常表述,确实会产生锦上添花的效果,但是学术论文本身的逻辑性、严谨性和庄严性决定了它终究不可能和抒情散文一样过多地使用文学化语言来表达作者的个人观点。学术论文固然不排斥适当的文学化表述,但是使用文学化语言表述时必须注意把握好一定的"度",才能在维护学术论文规范性的前提下,体现学术研究的亲民性。

第四,从语词含义来看,学术论文的意义表达要恰当而不应绝对。一是要少一点自吹自擂。有一些初学者常说自己的研究填补了学术空白,并堂而皇之地写入学术论文中,这种自吹自擂的话语少些为妙。真正有价值的论文,从不需要自吹;没有价值的论文,自吹也没意义。二是要注意话语表达的分寸。在学术论文当中要慎用"所有""肯定""必定""绝对""一切"等绝对性词语,要根据研究的具体语境,根据论证材料谨慎使用"可能""大多数""也许"等词语。比如,有学者认为中国历史上从来就没有民法。如果此处的"民法"是指《中华人民共和国民法典》,那自然是没有的;但如果是指民法类法律条文,那么这个论断就是错误的,所以该观点犯了表达过于绝对的错误。

(二)行文规范

学术论文的写作有严格的规范要求,既包括术语层面的规范要求,也包括格式方

---

[1] 参见何海波:《法学论文写作》,北京大学出版社2014年版,第266页。
[2] 广东省广州市南沙区人民法院(2014)穗南法南民初字第115号民事判决书。
[3] 江苏省泰兴市人民法院(2016)苏1283民初3912号民事判决书。

面的规范要求。

第一，要讲究术语规范。法学论文写作应当使用法言法语。正确地使用术语能够减少交流障碍，是作者得以进入一个学科的标志。例如，"起诉""上诉"和"申诉"，在老百姓看来可能是一回事，但法律人知道它们代表诉讼程序的不同阶段；法律条文的条、款、项、目在引用时不能搞混。从原理上说，同一个概念必须使用相同语词来表达，同一个语词的含义必须前后一致。[①]有学术论文将"地方性法规和规章""法规和地方政府规章""地方性法律和地方规章"混用，这种情况应予避免。使用法律术语时，要特别注意：一是不要过分矫揉造作，比如能够用大白话的，还是可以使用大白话；二是不要生搬硬套其他学科的术语，导致整篇论文充满了各种新概念，让人不知所云。

第二，要讲究格式规范。整体来看，学术论文的构成要素包括标题、摘要（有时还需要英文摘要）、关键词、正文和结语等部分。一般而言，法学论文的标题不宜过长，以20字以内为宜，且不宜涵盖过多核心词语，主题应集中。此外，学术论文引用他人观点必须以注释的形式标示（一般用脚注）；如果是学位论文，还须有参考文献（研究者认真阅读过，且对文章的观点形成有直接或者间接影响的、公开出版发行的文献资料）。关于学术论文的格式与规范，后文有详细论述，此处不再赘述。

（三）讲究逻辑

学术论文应当逻辑严谨、体系完善，这是最基本的要求，也是学术论文与散文、说明文、信件、杂记等文种相区别的核心要点。学术论文的逻辑要求主要体现在三个方面：

第一，学术论文的标题之间必须有逻辑关系。一级标题之间、一级标题与二级标题等之间必须符合特定的逻辑。一级标题应当围绕论文标题展开，不能脱离论文标题；二级标题又必须符合一级标题的要求，特别是要注意不要超出一级标题的涵摄范畴。我们可以通过例1-6仔细体会：

> **例1-6：硕士论文《数字弱势群体的权利保护》第一章一级标题和二级标题的修改经过**
>
> **修改前：**
> 一、数字弱势群体的诠释
> （一）数字弱势群体的发展趋势
> 1. 弱势群体到数字弱势群体

---

① 参见何海波：《法学论文写作》，北京大学出版社2014年版，第269页。

2. 从具体实例看数字弱势群体的发展

（二）数字弱势群体的概念和特征

1. 数字弱势群体的内涵

2. 数字弱势群体内涵界定之原因

3. 数字弱势群体的特征

（三）数字弱势群体的形成原因

1. 社会结构性力量转变，原有的社会秩序改变

2. 信息商品化带来的利益驱动与利益争夺

3. 技术带来创造性破坏，人们不具有可行能力

……

修改后：

一、数字弱势群体的理论诠释

（一）数字弱势群体的概念和特征

1. 数字弱势群体概念的界定

2. 数字弱势群体概念界定的依据

3. 数字弱势群体的基本特征

（二）数字弱势群体形成的主要原因

1. 社会结构性力量转变

2. 信息商品化带来的利益驱动与利益争夺

3. 数字技术应用带来的负面后果

4. 权利—权力结构的失衡

……

例1-6中，修改前的论文，且不论具体内容如何，仅就逻辑结构来看，比较混乱，一级标题和二级标题之间存在比较严重的不对应关系；修改以后，这种不对应关系就消除了。

第二，学术论文的上下文之间必须有逻辑关系。学术论文首先应无观点矛盾，其次是句子与句子之间、段落与段落之间必须能够成为一个有机的整体，不能"四分五裂"、各论各的，除非已经明确地用"第一""第二""第三"或者"首先""其次""再次"之类的词语将意思分割。如果运用序号词语，那么各序号词语之间的内容应当形成平行关系或者递进关系。笔者在撰写《论法律学说的司法运用》[1]一文时，对其中一段话的修改如例1-7所示。

---

[1] 参见彭中礼：《论法律学说的司法运用》，载《中国社会科学》2020年第4期。

例1-7：《论法律学说的司法运用》一文中某一段落的修改经过

修改前：

从概念来看，无论是将法律学说翻译成doctrine of law还是legal doctrine，还是将legal doctrine翻译成法律原理，抑或是在中文语境中运用法律学说概念，都阐明了法律学说的几个共同特性：一是将法律学说视为理论、观点、主张或者见解的阐述。《现代汉语词典》指出，学说是"学术上的有系统的主张或者见解"[①]；还有学者认为，学说就是把法律作为原则、规则或者元规则联系成一个逻辑缜密的整体，因此是系统化的观点，[②]"是由公众发表的法律观点的组成"[③]或者"是法学家对成文法的阐释、对习惯法的认知及法理的探求"[④]。二是将法律学说视为有关法律基本原理或者道理的理论。如戴维·M.沃克在《牛津法律大辞典》中指出，法律学说（doctrines of law）是指"对于特殊情形有关的法律原则、规则、概念和标准，或者对案例类型、法律秩序各领域，按在逻辑上互相依赖的结构所作的系统阐述"[⑤]。三是将法律学说视为有关法律基本原理或者道理的系统理论或者逻辑性理论。如《元照英美法词典》指出，法律学说（doctrine of law）意指"由官方和法学家发展和阐述的关于法律原则、规则、概念和标准、或案件类型、或法律秩序的系统理论，由此可以根据此系统及其逻辑内涵作出推理"[⑥]。四是将法律学说视为思想家们（法学家）通过学术研究或者科学探讨得出的系统性逻辑性理论。如约翰·亨利·梅丽曼认为，学说是"法学家们在其发表的论著中所反映的研究成果"[⑦]；罗斯科·庞德则认为，"科学探讨，法国人把这称为学说，那就是，作者或评论者的讨论有可能被法院或立法机构赋予正式权威，并且把讨论以及探讨的结论运用于司法判决当中或体现于法律规则中"[⑧]。

修改后（非最终版本）：

从概念来看，学者们对法律学说的界定一般从主体维度、内容维度、形式维度和效力维度展开，差异在于对各个维度强调程度的不同。一是从主体维度来看，法律学说是思想家们（法学家们）通过思想活动、学术研究或者科学探讨得出的理论。如有学者认为学说是"法学家们在其发表的论著中所反映的研究成果"[⑨]，也有人认为学说"是法学家对成文法的阐释、对习惯法的认知及法理的探

① 中国社会科学院语言研究所词典编辑室：《现代汉语词典》，商务印书馆2017年版，第1489页。
② See Aleksander Peczenik, "A Theory of Legal Doctrine", *Ratio Juris*, vol.14, no.1, March 2001, pp.75-105.
③ ［法］雅克·盖斯旦、［法］吉勒·古博：《法国民法总论》，陈鹏等译，法律出版社2004年版，第4页。
④ 王泽鉴：《法律思维与民法实例》，中国政法大学出版社2001年版，第299页。
⑤ ［英］戴维·M.沃克：《牛津法律大辞典》，李双元等译，法律出版社2003年版，第336页。
⑥ 薛波主编：《元照英美法词典》，法律出版社2003年版，第430页。
⑦⑨ ［美］约翰·亨利·梅丽曼：《大陆法系》，顾培东等译，法律出版社2004年版，第84页。
⑧ ［美］罗斯科·庞德：《法理学》（第3卷），廖德宇译，法律出版社2007年版，第289页。

求"[1]。二是从内容维度来看,法律学说是法律基本原理、道理的系统理论或逻辑性理论。如戴维·M.沃克在《牛津法律大辞典》中指出,法律学说是指"对于特殊情形有关的法律原则、规则、概念和标准,或者对案例类型、法律秩序各领域,按在逻辑上互相依赖的结构所作的系统阐述"[2]。《元照英美法词典》中指出,法律学说意指"由官方和法学家发展和阐述的关于法律原则、规则、概念和标准、或案件类型、或法律秩序的系统理论,由此可以根据此系统及其逻辑内涵作出推理"[3]。三是从形式维度来看,法律学说以著作、论文或者手册等形式体现。佩岑尼克认为,法律学说由专业的法律著作组成,如手册、专著等。[4]还有学者认为,可以在诸如专著、法律百科全书、法律词典、法律期刊上发表的法律论文等来源中找到法律学说。[5]四是从效力维度来看,虽然法律学说在特定时期的法律效力有所差异,但是整体上人们倾向于认可其作为法源或者裁判理由的地位。如罗斯科·庞德认为,"科学探讨,法国人把这称为学说,那就是,作者或评论者的讨论有可能被法院或立法机构赋予正式权威,并且把讨论以及探讨的结论运用于司法判决当中或体现于法律规则中"。[6]

上述修改主要是增加了各种法律学说概念界定的维度(观察视角),即分别从主体维度、内容维度、形式维度和效力维度来总结和分析不同的法律学说概念,使得各种观点的内容有机呈现、论文逻辑显得更加紧密。

第三,学术论文的论点、论据之间必须有逻辑关系。研究者在进行论证时,一定要注意选择合适的论据,使论点和论据形成逻辑对应关系,切忌张冠李戴或者"两张皮"现象,如例1-8所示。

例1-8:硕士论文《数字弱势群体的权利保护》修改前的某段内容

修改前:

(一)数字强势群体权力的生成

公权力主体需要正确行使权力。谈及数字强势群体的权力,实则谈及的是公权力机关的权力,其以政府为代表。政府可以使用、收集公民的信息和数据,其权力的正当性在于:其一是保护公民的权利,其二是为了实现公共利益,其三是为了

---

① 王泽鉴:《法律思维与民法实例》,中国政法大学出版社2001年版,第299页。

② [英]戴维·M.沃克:《牛津法律大辞典》,李双元等译,法律出版社2005年版,第336页。

③ 薛波主编:《元照英美法词典》,法律出版社2003年版,第430页。

④ See Aleksander Peczenik, "A Theory of Legal Doctrine", *Ratio Juris*,vol.14,no.1,March 2001,pp.75-105.

⑤ See I.V.Semenihin, "The Use of Legal Doctrine in Judicial Reasoning",*Problems of Legality*,137,2017,pp.8-18.

⑥ [美]罗斯科·庞德:《法理学》(第3卷),廖德宇译,法律出版社2007年版,第289页。

提供公共服务。数字化建设中，政府可以合理地处理公民的信息，收集公民的信息。然而，在提供数字化的服务和进行数字治理的过程中，其权力的行使必须在法律许可的范围之内。《黑箱社会：控制金钱和信息的数据法则》中写道："斯诺登泄露的文件显示，国家安全局曾与最大的电信和网络公司进行合作（或者入侵其数据系统），以此存储并监督公民的各种往来信息"①，揭露了美国政府机构收集、监控公民信息和数据的事件。由此可见数字强势者的公权力主体权力之大，可以无声无息掌控数据信息资源，侵害公民的权利，使公民成为数字弱势群体。
  ……

例1-8中的这段话，内容与"数字强势群体权力的生成"无关，显然不符合论文的基本要求（该硕士论文的作者在进行论文答辩时，已将该段话删除）。

四、学术论文的基本要素

一篇完整的学术论文，由论题、论点、论据和论证四个要素构成。由问题引出论题，形成论点，并运用论据进行论证，从而构成学术论文的核心骨干。

（一）论题

论题是通过论证，确定其真实性的命题。论题是立论者提出的主张、要解决的问题，是论证之所在、论证之点。分析论证结构，把握住论题，整个论证就迎刃而解。全部论证，应紧扣论题，围绕论题，犹如千枝万花，系于一本。②论题要充分展现问题意识，往往以疑问的形式出现。

（二）论点

论点是研究者对所探讨问题的见解和观点，是对论题探讨的结果、回答。《文心雕龙》中有云，"总文理，统首尾"，"附辞会义，务总纲领；驱万途于同归，贞百虑于一致；使众理虽繁，而无倒置之乖；群言虽多，而无棼丝之乱"。意思是说，论点是文章的"纲领"，要能够统领全文。清朝刘熙载在《艺概·经义概》中有云："凡作一篇文，其用意

---

① ［美］弗兰克帕斯奎尔：《黑箱社会：控制金钱和信息的数据法则》，赵亚男译，中信出版社2015年版，第71—72页。
② 参见孙中原：《学术论文的逻辑范式》，载《毕节学院学报》2009年第11期。

俱要可以一言蔽之。扩之则为千万言,约之则为一言,所谓主脑者是也。""主脑既得,则制动以静,治烦以简,一线到底,万变而不离其宗,如兵,非将不御;射,非鹄不志也。"意思是说,一篇论文可以用一句话来概括,这句话便是文章的核心,也即论点。

衡量学术论文的重要标准是,研究者是否有创造性的学术观点。梁慧星教授说:"如果被评价为缺乏创造性的学术见解,该论文是否能够通过就成了问题。由此可见学术见解的重要性。没有作者自己的学术见解的论文实际上等同于资料。"[①]这里需要指出,创造性的学术观点,并非一定要惊天地泣鬼神,而是不步他人后尘。"学术论文的独创性,并不是要求论文中提出的见解是空前绝后、绝无仅有的,而是指在论文所研究的范围内,要有真知灼见、独立看法,绝不人云亦云,单纯重复前人的发现。"[②]

与论题提出疑问不同,论点一般是形成了自己的判断,因而必须明确清晰,不再有疑问。比如,如果论题是国家政策能否进入民法典,那么论点可以是"国家政策可以进入民法典"或者"国家政策不可以进入民法典"。如果个人和集体、崇高的理想、我们的正确思想从哪里来等是论题,那么"集体利益高于个人利益""实现共产主义就是我们崇高的理想""我们的正确思想从实践中来"就是论点。

(三)论据

论据,就是为论证论题是否成立找到的依据。对论据所提的问题是:用什么论证? 逻辑论证要求论据充分,论据好比论证的"血肉",论据充分,则论证丰满。[③]从特征来看,论据具有权威性和时间的贴近性。权威性有助于显示论题在学科中的学术价值,时间的贴近性能够表明所运用的论据是学科中的最新研究成果。[④]

王充在《论衡·薄葬篇》中有云,"论莫定于有证。空言虚语,虽得道心,人犹不信"。意思是说,要论证论题,就必须有确切的论据。对论题的证成可以从理论和事实两方面找依据。

第一,以理论作为论据。道理,即一切已经为实践证明为真的一般命题,如科学中的定理、定义等。理论是人们由实践概括出来的,关于自然界和社会知识的系统结论。[⑤]例如,为了回应宪法社会学的式微,学者们就借鉴了系统论,提出了系统论宪法学。

第二,以事实作为论据。事实胜于雄辩。论证论题的事实证据,是经过分析和选择,代表事物本质、全体和内部联系的典型事例。通常说的实证,就是举出事实证据。

① 梁慧星:《法学学位论文写作方法》,法律出版社2017年版,第118页。
② 徐振宗等:《汉语写作学》,北京师范大学出版社2007年版,第418页。
③ 参见孙中原:《学术论文的逻辑范式》,载《毕节学院学报》2009年第11期。
④ 参见曲家源:《什么是学术性》,载《编辑学刊》1993年第4期。
⑤ 参见[法]拉法格:《回忆马克思的写作》,中共中央高级党校1959年12月印,第32页。

王充在《知实篇》中提出："凡论事者，违实不引效验，则虽甘义繁说，众不见信。"符合事实的论题，才能通过论证确立其正确性；不符合事实的论题，无论怎样巧妙地论证，都无法确立其正确性。符合事实的真论题，才能最终加入人类真理的宝库；不符合事实的假论题，终究要被事实和实践推翻。①马克思在写作时特别追求论据是否客观真实："马克思永远以极端认真慎重的态度工作。他从来不引用他不能从权威处得到证实的事实或数字。在这方面，他从不以间接的来源为满足，总是要找原著寻根究底，不管这样做要费多少麻烦。即便是为了证实一个不重要的事实，他也要特意到不列颠博物馆去走一趟。所以，批评他的人从来不能证明他有一点由于疏忽而生的错误，或指出他的任何论证是根据不能严格考核的事实。"②

具体如何运用理论和事实进行论证，后文将会详细介绍。

（四）论证

论证就是运用论据推理出论点的过程。学术论文的论证，重在强调方式方法。论证方式，好比是论证的骨骼、脉络。由论据引出论题的推理形式有效，论题能从论据中必然得出，就能表现出严谨的逻辑性、论证性，就有逻辑力量和说服力。③学术论文的论证过程，就是实现论据之间的合理分配、充分推出论证观点的过程，因而要将论点与论据之间的相关性、逻辑性充分展现，构成一个相互联系的整体。特别值得注意的是，科研论证不是打架骂架，并非要"对手"缴械投降，学术论证不存在任何"对手"。正如凯特·L.杜拉宾提出的：

正如任何好的辩论一样，研究论证就像一场友好对话，在对话中，你和想象中的读者一起推理，一起解决问题。这个问题的解决办法读者可能不完全接受，那不意味着他们反对你的主张（尽管他们可能反对），这意味着他们只有看到基于可靠证据的合理推理之后才会接受，或者只有等你对他们的合理提问和保留意见给予回应之后才会接受。在面对面的对话中，炮制（而非拥有）一个合作式辩论是容易的。你将自己的推理和证据陈述出来，不要像一个演讲者面对沉默的听众，而要像是与围坐在一桌的朋友交谈一样：你提出一个主张，对它进行推理论证；他们探究细节，提出反对意见，或者提出他们自己的观点；你回应，或者用自己的提问来回应；然后他们提出更多的问题。这就是一个友好的给人启发的往复过程，逐渐产出并检验你与他们之间共同磨合出来的最好的论证。④

---

① ③ 参见孙中原：《学术论文的逻辑范式》，载《毕节学院学报》2009年第11期。

② ［法］拉法格：《回忆马克思的写作》，载中共中央高级党校：《写作方法参考》（语文学习参考材料一），1959年12月印，第32页。

④ 参见［美］凯特·L.杜拉宾：《芝加哥大学论文写作指南》（第8版），雷蕾译，新华出版社2020年版，第53页。

论证必须讲究逻辑,才有说服力。人类认识世界的主要逻辑方法有两种,即演绎和归纳。这两种方法也可以在论证过程中得到充分有效运用,进而实现从论据到论点的推理过程。下面分别简单介绍一下演绎方法和归纳方法在学术论文论证过程中的应用。

第一,演绎推理在学术论文论证中的应用。"论证展现的是推理的核心——推理的过程;在最简单的形式里,它使我们从一个观点出发并接受另一个观点……为了使论证正确有力,我们必须关注事实(内容)和形式(结构)……只有结构正确的论证才能有效,换句话说,结构的合理性是论证正确的必要前提……真实性针对命题的内容,而有效性则针对命题的结构。只要命题反映的事实是真相,它就是正确的。"①三段论推理是演绎推理的基本形式。三段论强调,当大前提和小前提为真时,结论也能为真。比如,我们常说:大前提是"人是会死的";小前提是"张三是人";结论是"张三是会死的"。这是一个典型的三段论形式,大体而言,按照这种演绎逻辑进行学术论证,其证明力和逻辑性都会很强。比如,在论证法律解释的必要性时,我们可以采用如下三段论的论证方式:大前提是"法律方法可以填补法律漏洞";小前提是"法律解释是重要的法律方法";结论是"法律解释可以填补法律漏洞"。

第二,归纳推理在学术论文论证中的应用。归纳推理是一种由个别到一般的推理方式,是人类发现和认识大自然的重要思维方式,在知识创新中起到了重要的作用。但是这种推理方式很容易有反证,因而容易被推翻。在学术论文写作中,运用归纳推理方式要注意归纳推理的条件,并注意是否会有明显的反例。例如,司马迁《报任安书》就成功地运用了归纳推理:"盖文王拘而演《周易》,仲尼厄而作《春秋》,屈原放逐,乃赋《离骚》。左丘失明,厥有《国语》,孙子膑脚,兵法修列。不韦迁蜀,世传《吕览》。韩非囚秦,《说难》《孤愤》。诗三百篇,大抵圣贤发愤之所为也。"周文王、孔子、屈原、左丘、孙子、吕不韦、韩非子等古人遭遇降职、罢官等困境时都发愤图强,取得了辉煌成就。当然,这种论证方式的反例是,还有更多的人在艰难困苦时期默默于世。

总而言之,论证要求论题明确。第一,要明白清晰,没有歧义。论题的语言表现是命题,命题的意义和所用的概念要明白清晰、无歧义。第二,同一论题,要贯彻论证过程的始终、前后一致,这是逻辑思维规律同一律对论证的要求。②此外,在学术论文写作中,要注意常见的一些毛病,并遏制这些常见毛病的发生。常见的毛病主要是单纯的复述和资料排列,没有论证,表现出对资料没有完全的把握,或枝蔓太多,离题万里;或论点前后不一,论证中间转换概念——这些都会使论文丧失学术性。③

① [美]麦克伦尼:《简单的逻辑学》,浙江人民出版社2013年,第12页。
② 参见孙中原:《学术论文的逻辑范式》,载《毕节学院学报》2009年第11期。
③ 参见曲家源:《什么是学术性》,载《编辑学刊》1993年第4期。

课后思考与练习

材料分析题
讲解

❶ 在《中国社会科学》《法学研究》《中国法学》等学术期刊上认真阅读至少 5 篇最新发表的学术论文，分析其主要特点。

❷ 认真比较学术论文和散文、记叙文各一篇，仔细阅读，然后分析差异。

❸ 材料分析题：

道德理论不同于科学理论，两者的差别之一是后者具有征服其反对性见解的力量。许多曾经引发争议的科学结论——比如，地球围绕太阳旋转，人类和猿类具有进化论意义上的亲缘关系，以及人类的许多行为特征是遗传基因决定的——如今都已经获得了人们的普遍认同。科学辩论之所以能够消除分歧，是因为就解释和预测一些经验事实而言，科学的意见总是比其反对意见更加有效。然而，道德理论缺乏处理经验事实的技术，也无法从经验事实那里获得可靠的检验结论。不仅如此，在目的确定的情况下，关于选择手段的分歧比较容易达成共识，而如果分歧就发生在如何确定目的的问题上（道德辩论正是如此），达成共识的希望就很渺茫了，不同的目的（比如公平和效率）在道德理论中的被认为是不可通约的。正因为如此，当两种对立的道德主张在竞争人们思想观念的时候，任何一种主张都不具有压倒性优势，尽管任何一种主张都能找到大量的理由和论据。诚如波斯纳所说的，"科学话语趋向于合流，而道德话语则趋向于分流"。就我们所知道的牵涉道德两难选择的法律争议而言——例如，是否应当废除死刑？是否应当取消强制婚检？是否应当保护行乞权？是否应当保护第三者接受遗赠的权利？通奸是否应当受到法律制裁？安乐死可以合法化吗？卖淫呢？强制拆迁呢？——我们从来没有发现交流可以取得共识的情形。①

请基于该材料，分析其论题、论点、论据和论证。

---

① 节选自桑本谦：《法律论证：一个关于司法过程的理论神话》，载《中国法学》2007年第3期。

第二章
法学论文的问题意识

A.爱因斯坦曾说:提出一个问题往往比解决一个问题更重要,因为解决问题也许仅是一个数学上或实验上的技术而已。而提出新的问题、新的可能性,从新角度去看旧的问题,却需要有创造性的想象力,标志着科学的真正进步。[①]想问题、办事情的出发点就是要找到问题在哪里,然后做到有的放矢,形成解决问题的思路。习近平总书记指出,"要有强烈的问题意识,以重大问题为导向,抓住关键问题进一步研究思考,着力推动解决我国发展面临的一系列突出矛盾和问题"[②]。不仅国家法治建设需要寻找问题的发力点、聚焦点,法学研究亦是如此。法学研究中如何寻找问题,以及如何将选题问题化,虽有学者进行了初步研究[③],但是仍然需要更多的学术探索。

▌一、问题意识的范畴厘定

法学论文写作绝不是重复他人已有的工作,而是针对法学领域的新现象、新问题进行研究。"任何研究者以及任何研究成果中,都不可避免地具有或蕴含问题意识。研究者的思考、研究成果中的论证,通常都是在特定的问题引导下或围绕相关问题而展开的。"[④]许多人之所以会在写论文时感到无从下笔,可能是底蕴不足,也可能是在面对浩瀚的资料时缺乏足够的问题意识。因而充分了解问题意识,进而培养问题意识,是写好论文的关键。

---

① ［美］A.爱因斯坦、［美］L.英费尔德:《物理学的进化》,上海科学技术出版社1962年版,第66页。

② 中共中央文献研究室编:《十八大以来重要文献选编》(上),中央文献出版社2014年版,第497页。

③ 相关研究详见杜宴林:《论法学研究的中国问题意识》,载《法制与社会发展》2011年第5期;韩振文:《论法学研究中的问题意识》,载《湖州师范学院学报》2015年第3期;苏力:《问题意识:什么问题以及谁的问题?》,载《武汉大学学报(哲学社会科学版)》2017年第1期;顾培东:《法学研究中问题意识的问题化思考》,载《探索与争鸣》2017年第4期;尤陈俊:《作为问题的"问题意识"》,载《探索与争鸣》2017年第4期;范志勇:《问题意识视阈下法学研究方法的革新》,载《西部法学评论》2019年第1期。

④ 顾培东:《法学研究中问题意识的问题化思考》,载《探索与争鸣》2017年第4期。

（一）问题意识的概念

科学和知识的增长永远始于问题，终于问题——愈来愈深化的问题，愈来愈能启发大量新问题的问题。[①]在论文写作中，写作者写出的论文应当针对特定的问题而写。这种问题既可以是理论层面的问题，也可以是实践层面的问题。苏力教授说，在写作文章时最突出的要点之一是始终基于其中国生活经验而产生的争论和表达的冲动，这就是问题意识。[②]问题意识，是指写作者本身意识到所讨论的对象有问题。换言之，写作者所要讨论的对象如果是清晰的、明确的，肯定就不需要再进一步地去思考和讨论，当然也就失去了写论文的价值。比如，一般来说，当教材普遍认为某个知识点已成定论时，对其进行研究的价值和意义就再难以彰显（当然并不排除有研究者对此有新的看法或者见解，并且通过论证确实又可以推翻原有定论，此例另说）。此外，还有一些问题的研究成果已经比较丰富了，大家的认识也已较为一致和深化，研究的空间也不大了。比如，20世纪80年代乃至90年代法学界对法律文化的研究，产出了较多学术成果，也促进了一代学人的成长，但如果今天再继续研究法律文化，研究空间就比较有限。

在法学研究当中，问题意识，是指研究者基于已有知识，并通过综合各种文献，对与法律相关的或者法律事务存在的合理性、合法性提出质疑的意识。换言之，问题意识是研究者在认识活动中，根据自己的认识能力关注到一些难以解决的、疑惑的实际问题或理论问题时，产生一种怀疑、困惑、焦虑、探究的心理状态，以及以这种心理状态支配下产生的一种以"问题"为中心，探求答案的持续而强烈的欲望与冲动，进而沿着这种欲望与冲动所导向的思维路径，形成的一种积极、能动的思维活动状态和认识反应能力。[③]

（二）问题意识的基本特征

第一，从主体来看，问题意识具有自觉性。法学研究中的问题意识，实质就是自觉产生的对日常生活中的经验常识的超越意识，就是法律理论对于法律实践的解释、规范、批判和引导等社会功能的自觉意识，也是以思想和理论的方式把握现实的法律生活与法律实践的自觉意识。法学研究的问题意识首先是，针对作为法学研究对象的自觉的"问题"意识——表现为对于确定的经验常识及其相应的法律知识的疑虑与

---

① 参见［英］卡尔·波普尔：《猜想与反驳》，傅纪重等译，上海译文出版社1986年版，第318页。
② 参见苏力：《问题意识：什么问题以及谁的问题？》，载《武汉大学学报（哲学社会科学版）》2017年第1期。
③ 参见潘醒：《论法学研究中问题意识的导向功能及其方法论意义》，载《青海社会科学》2012年第4期。

怀疑。①问题意识的主体自觉性与四个方面有关：一是与主体的自觉思考有关。二是与主体的思考能力有关。三是与主体的思考深度有关。四是问题意识的主体自觉性体现为主体的一种心理过程。即主体在学术研究中，受到外界因素的刺激，产生了强烈的探知欲望、解释欲望或者补强欲望。例如，笔者撰写了《法律渊源词义考》这篇长文，是因为意识到课本上以及一些学者对法律渊源概念的解释不够圆满，且这些解释既解决不了理论问题，也解决不了现实问题，因而一定存在问题。

第二，从客体来看，问题意识具有针对性。问题意识一定是针对问题而展开的。"问题"在方法论上具有三层含义，用英文表达会更加准确和典型，即"questions""problems""issues"。一个刚上法学院的学生问老师"什么是犯罪构成"，这便是所谓的"question"，但不是方法论上的"问题"；"problems"则常常被翻译成缺陷和不足；而"issues"的精确翻译是"命题"或"课题"，这才是学术研究和方法论意义上的"问题"。②所以，我们在法学学术研究过程中，要基于"questions"，发现"problems"，最终形成"issues"。所以，陈瑞华教授说，真正的方法论意义上的"问题"指的是第三个层面上的"issues"，即当发现一个依据现有的理论难以解释的问题时，我们尝试提出一个新的理论来解释它，使问题得到合理的解决。一旦找到了答案，理论便产生了，这种思路可概括为"提出理论—解释问题"。③

第三，从内容来看，问题意识具有批判性。批判总是存在的。无论是谁，总会有或多或少的批判性感悟。系统地整理这些批判性感悟，就是学术研究。学术研究本质上是创新研究，即知识的创新。人云亦云的研究不是学术研究，而是复制与"抄袭"。复制他人的思想，对于学术进步而言，没有任何价值。唯有通过不断地思考才可能推动知识的不断进步与更新。

法学学术论文写作，既是基于他人知识的学术整合，更是基于他人的知识创新。例如，苏力教授所著的《制度变迁中的行动者》一文，是典型的带有评判性质的论文。该文开篇提到，在过去一段时间，人们都认为梁祝悲剧之所以产生，是受到封建制度压迫的结果，是对传统的父母之命、媒妁之言的无声反抗。然而，如果仔细分析，就会发现并非如此。哪怕是从当事人来看，"祝英台和梁山伯的言行始终在肯定着传统的以媒妁之言和父母包办为主要特征的结婚制度"④。一方面，作者以传统戏剧为基础，提出了一种传统观点；另一方面，作者对传统观点的合理性进行了批判，提出了一种全新观点，从而对梁祝故事进行了全新解读和诠释，实现了理论的提升，从而达到了研究的目的。任何论文，只有有观点创新或者理论创新，才可能真正实现论文创作的基本目的。

---

① 参见姚建宗：《法学研究问题意识应是一种自觉意识》，载《中国社会科学报》2012年1月20日，第A04版。
②③ 参见陈瑞华：《第三条道路——连接理论与实践的法学研究方法》，载国际经济法网。
④ 苏力：《制度变迁中的行动者——从梁祝的悲剧说起》，载《比较法研究》2003年第2期。

学术批判在论文写作过程中尤为重要(后文还会比较详细地介绍批判性思维)。比如,我们经常看到学术论文中有类似表达:关于某个问题,已经形成了"A说""B说""C说",它们的主要观点是什么、有什么价值,但是,也还存在什么缺陷,因此,笔者倾向于"D说",理由是什么。这种表达本质上就是批判,通过对别人观点的概括,引出自己的观点,达到了学术争鸣的目的。

第四,从方法来看,问题意识具有整合性。并非所有的疑问或者疑惑都可以成为法学论文写作的问题。主要原因在于,有些疑惑可能是写作者个人认知不足所导致的,或者别人已经解决了这些疑惑。所以,要能够将疑问转变成真正的问题,就应当全面审视自己的疑问,并从自己的疑问中得到了一个可以理论化的思考方向。笔者在写作论文《法律渊源词义考》时,发现既有将法律渊源等同于法律形式者,也有将法律渊源等同于法律效力渊源者,还有其他较多的学术观点。这些学术观点表明,关于法律渊源概念的定义是没有达成一致的。所以,实际上该文最初的疑问是"法律渊源等同于法律形式吗",但是通过进一步阅读更多的资料以后,就发现既然学者们对法律渊源概念的定义都不是一致的,那么这些概念一定存在缺陷,因而重新考证法律渊源的概念可以成为研究的问题。

通过对已有问题的分析,从而确定方法论意义上的问题,为论文写作提供了基本方向。当然,从最初的提出疑问到最终的形成问题意识,需要写作者不断地去阅读知识和凝练问题。缺乏对知识的整合和对问题的提炼,则问题意识难以产生。总之,对于法学研究者而言,从形式上看,论文写作是一种基于现有知识的理论贡献,实际上却是对写作者阅读能力、反思能力、批判能力和整合能力的全面衡量。

第五,从目的来看,问题意识具有反思性。学术论文写作过程中的批判性,还体现在从疑问到问题过程中的反思性。即当研究者准备确认研究问题的价值的时候,要认真地反思一下,如果我研究了这个问题,得出了相应的研究结论,那又会怎么样呢?"那又怎样"有助于明确目标,有助于挖掘和寻找隐藏在问题背后的价值。《研究是一门艺术》这本书中提道:

即便你有了一个感兴趣的疑问,也必须下狠心问一问:那又怎样? 别人是否也会觉得你的疑问值得回答? 你很可能一时无法回答这个"那又怎样"的疑问,但这个疑问是你必须思考的,它确实很难说清楚,所以你要及早思考这个问题,因为它不仅迫使你关注自己的兴趣,而且迫使你考虑你的研究工作怎样打动他人的心。

考虑一下这种情况:如果不去回答你的疑问,有什么损失吗? 不回答你的疑问,会不会失去获取新知识的机会……你可能会回答说什么都没损失,我就是想知道。这样的回答在研究刚开始的时候是不错的,因为你的读者最终也会提出同样的疑问。你的好奇算是一个答案,但他们不满足于此。所有研究人员,包括新手和老手,在回答"那又怎样"这个疑问时都会感到烦恼,因为很难预知其他人在听到答案后是否满意。但你的研究必须回答这个疑问。[①]

所以，基于"那又怎样"型反思，我们必须时刻思考我们的选题是否可以得到一个可能有价值的答案。比如，写作者想研究"梁祝故事"，因为想告诉大家"梁祝故事"不是一个爱情故事，或者不完全是一个爱情故事；也不是一个人为造成的悲剧；也不能说明"梁祝故事"是封建制度下"父母之命、媒妁之言"必然导致的结果。写作者的目的是要告诉读者们，"梁祝"不仅不一定是爱情故事，而且作为悲剧不是悲在"人"的因素，而与自然紧密相关，所以要从语境的角度来研读历史事件。再如，写作者要研究数字弱势群体，是因为想建立一套保护数字弱势群体权益的法律制度，帮助读者理解数字弱势群体困难重重，从而让决策者进行合理决策，促进相关制度改革。《研究是一门艺术》这本书将这种模式概括为[②]：

（1）主题：你在写什么——我写的话题是……

（2）问题：你不知道的东西——因为我要发现……

（3）意义：你为什么想让读者知道——为的是让读者更好地理解……

（三）问题意识概念的外延

1. 疑问不一定是问题意识

现实生活中，我们可能面临很多疑问或者困惑。比如，为什么道德不能完全治理好国家？为什么要有法律？为什么要有宪法？为什么要组成政府？为什么要对权力进行监督？是否存在完美无缺的法治？这些疑问或者困惑层出不穷。但是有些疑问我们能够回答，有些疑问却很难回答。这是因为，有些疑问不能够转化成问题。能够解决的疑问才是问题，不能够解决的疑问或许可以指引我们思考，但难以成为论文写作的对象。疑问要转化为问题，需要考虑两个因素：一是这个疑问是否具有学术思考的价值。比如人类对月球能否有所有权，甚至对火星能否有所有权，这是一个疑问，但不是一个好的学术问题。二是是否有足够充分的材料（作为理由或者论据）去解决这个学术疑问，从而使之变成学术问题。如果解决疑问要纯靠猜想，那就说明材料不充分。没有材料作支撑，对疑问的证成只能靠猜测。猜测、猜想可以作为前提，但是不能作为过程。

2. 研究主题不是问题意识

所谓研究主题，就是研究者关注的焦点。研究主题的重要体现就是研究者的选题。通过研究主题体现出来的研究内容未必就能体现出问题意识，但是具有问题意识的选题一定能充分地反映特定的研究主题。比如，如果确定《论法治的基本原则》作为

[①] 参见［美］韦恩·C.布斯等：《研究是一门艺术》，何卫宁译，新华出版社2021年版，第44页。

[②] 参见［美］韦恩·C.布斯等：《研究是一门艺术》，何卫宁译，新华出版社2021年版，第47、50页。

研究主题,则该研究主题显然没有体现问题意识;但是如果将题目换成《重构法治的基本原则》,则是比较突出问题意识的研究主题。

3. 研究观点不是问题意识

任何一篇论文,必定体现特定的学术观点。没有观点的文章顶多算是一篇说明文。所以,学术观点是学术论文成就的核心体现。很多时候,学术论文的观点就体现在学术论文的摘要当中,是学术论文是否具有创新性的重要体现。学术观点是在问题意识指引下进行学术创作的结果。学术观点是否新颖,很大程度上取决于问题意识的强弱,通过较强的问题意识形成的学术观点,一般来说其新颖程度必定不会太差。

4. 研究领域不是问题意识

随着现代社会知识分工的加剧,学科的研究领域越来越多。特别是随着交叉学科研究不断兴起,知识研究的领域愈来愈细。现代社会很难再出现类似于亚里士多德或者黑格尔那样的百科全书式的大思想家。即便在法学领域,也很少有学者敢说自己既擅长法理学研究,又在其他的部门法领域卓有成就。学者们必定有自己的学术主业——比较固定的研究领域。例如,法理学研究者中,有专门研究法律方法的,有专门研究法律价值的,有专门研究司法理论的,有专门研究立法的,等等。有固定研究领域的学者,很容易在特定的领域有深入的研究,出较多有真正见地的学术成果。但是,有研究领域并不意味着就有问题意识。研究者们要善于将特定的研究领域的内容转化为特定的问题,从而凝练问题意识。

二、问题意识的价值功用

在知识创新时代,法学学术论文写作需要有问题意识,主要是基于彰显学术能力、革新法律实践和创新法学知识三个层面的考虑。

(一)彰显学术能力需要有问题意识

学术论文写作既是对研究者个人能力和综合素质的全面考察,也是知识时代知识价值的主要呈现。因此,学术论文要求具有新颖性,具有与众不同的思想和观念。从能力考察的角度来看,千篇一律的论文显然不具有考察意义,唯一的、有特色的论文才有考核价值。比如在青少年犯罪这一十分重要的研究领域,如果大家均以"论青少年犯罪"或者以"当前我国青少年犯罪的新特点、新趋势与预防对策"之类的题目进行学术创作,不仅没有体现问题意识,写出来的文章也没有多大的考察价值,无法体现研究者们的真实水平和能力。

苏力教授曾说,他不可能按照教科书的方式写论文,抄些或攒些"论法治""法治的要素"这类概念演绎的文章,或是介绍某个外国人的法治思想。即便写了,也发表不了,这类文章已经太多了。①研究者们对问题的把握能力和观察能力能够充分地体现在问题意识上。

从学术论文发表的角度来说,目前主要核心期刊所刊载的论文,绝大多数都有具体的问题意识导向。比如,《中国社会科学》不仅在学术研究方法上比较追求实证,在选题上也比较务实,追求"重大问题、中国问题和学术问题"的选题标准,从而把问题意识与时代主题、学术主题紧密结合起来。可以预见,人云亦云、亦步亦趋的学术论文选题是不太可能有更多的学术创造力的。

(二)革新法律实践需要有问题意识

任何国家的法治建设都必须与时代发展、社会进步的进程同步。在法治发展进程中,一方面,需要针对共性的东西总结有规律性的措施,实现历史事务的当代承继;另一方面,面对属于各个社会发展时期特有的事务,需要从中发现和总结应有的规制路径,实现法律实践革新。正如马克思所说:"正如一道代数方程式只要题目出得非常精确周密就能解出来一样,每个问题只要已成为现实的问题,就能得到答案。"②

法律的进步一定是基于发现问题再解决问题的进步。从我国社会主义法治建设以及司法实务活动的情况来看,由于社会矛盾的复杂性以及当前社会纠纷的多样性,需要深入分析才能真正地发现与发掘问题。同时,大多数法学专业的研究者缺乏司法实践经历,对立法、司法以及法学理论研究中存在的问题理解不够。此外,还有学者对哪些问题是我国社会主义法治建设以及司法实践中亟待解决的问题、哪些问题属于已经解决了的问题,可能了解不够。这就需要研究者们积极地发挥主观能动性,在问题意识的指导下勇于发掘、研究问题。③可以说,当代中国的法治建设处于不断发展变革之中,法学研究者们唯有通过学术研究,才能够跟上法治发展的时代大潮,从而为法治中国建设作出应有的贡献。

中国法治的发展与进步一定需要中国问题意识。正如一些学者所言:"法学研究的中国问题意识必然预设了适格的法学问题需要从正义、权利、自由、理性等规范性价值中寻求思想素材,以承载其正当性、规范性抱负。简言之,法学研究的中国问题意识不仅有一个经验或现实证成的维度,需要接受现实和事实的检验,还必然有一个价值

---

① 参见苏力:《问题意识:什么问题以及谁的问题?》,载《武汉大学学报(哲学社会科学版)》2017年第1期。

② 《马克思恩格斯全集》(第一卷),人民出版社1995年版,第203页。

③ 参见廖中洪:《研究生学位论文选题中的问题意识——法学学位论文质量保障的视角》,载《现代教育科学》2014年第1期。

证成的维度,需要接受理性和道德或理想的检验。"①可见,无论是从事实维度,还是从价值维度,唯有从中国的现实问题出发,才能够满足中国法治的发展需要。法学研究也应当围绕中国的现实问题,尽可能地为中国法律实践提供理论资源。

哪怕是最纯粹的法理学研究,也应当将问题意识与法治实践结合起来,从而形成法学研究的中国问题意识。理由是:其一,法学理论研究如果不能准确把握法治实践的实际需求,就会减损法学理论对法治实践的贡献度,造成法学研究资源的浪费;其二,法学理论研究如果对法治现实的认知和把握较为肤浅或片面,就会弱化法学理论应有的影响力,降低法学理论的权威性,也有碍于法学理论自身素质的提高,甚至在一定程度上贬损了当代中国法学人学术研究的整体意义与社会价值。②空泛地讨论某个问题,或者讨论一些并不存在的"问题",除了让自己欣赏外,难以产生任何些微的现实影响力。而真正的针对中国问题展开的学术研究,不仅体现了学术创新,也能使立法者、司法者或民众提高认识从而推动法律的变革和发展。

(三)创新法学知识需要有问题意识

问题意识作为意识或认识的一种类型,本质上是一种使命意识、责任意识、忧患意识,即这种意识不仅源于对解决问题的紧迫感、责任感和使命感,是学术研究自觉精神的体现,而且是行为人内在的思想动力。只有具备问题意识才可能主动地去发现、探讨、分析问题,也才可能为解决问题提供正确的思想、策略与方法。③所以,学术研究既是个人的兴趣,也是创新法学知识、促进人类社会知识进步的必然要求。

三、问题的基本类型

不同问题会有不同的类型呈现,不同类型的问题决定了研究的不同取向。问题意识主要呈现为四个方面的问题:"是什么"型问题、"为什么"型问题、"怎么办"型问题以及"会怎样"型问题。④当然,这里分析问题的类型,并不是说在进行论文写作时要对这四个方面的内容进行分割,而只是强调问题的属性。写作过程中可能需要把"是什么""为什么""会怎样"等内容都紧密地联系起来分析。

---

① 杜宴林:《论法学研究的中国问题意识——以关于法律信仰问题的争论为分析线索》,载《法制与社会发展》2011年第5期。
② 参见顾培东:《法学研究中问题意识的问题化思考》,载《探索与争鸣》2017年第4期。
③ 参见廖中洪:《研究生学位论文选题中的问题意识——法学学位论文质量保障的视角》,载《现代教育科学》2014年第1期。
④ 参见郭泽德:《写好论文》,清华大学出版社2020年版,第63页。

（一）"是什么"型问题

"是什么"型问题主要关注社会现象的本质属性问题，探究隐藏在表象之后的实质社会意义。这种类型的研究是社会科学研究的基础，研究者一般采用思辨研究方法进行研究。这类问题的差值可简化为：原来是什么；现在是什么；表面是什么；实质是什么。[①]法学研究中的"是什么"型问题既关注法律概念的澄清，又关注法律现象的阐释与解读。

例如，王人博教授曾对"民权"这一概念的词义进行过考察，这就属于对"是什么"型问题的追问。他在论文开篇提出的问题是："近代以来，中国的知识分子是如何认识和运用民权概念的？民权的话语所表达的是一种中国式的民族意义诉求，还是西方式的宪政诉求？怎样诠释民权概念的中国语境（ context ）？"[②]王人博教授关注民权在西方是什么，在中国又是什么，到底是什么原因催生了民权概念在中国的诞生，并产生了与西方民权概念不同的景象。

又如，笔者曾经写过一篇论文《法律渊源词义考》。这篇论文源于笔者对法律渊源概念的疑问：为什么教材上会将法律渊源等同于法律形式，而将法律形式又等同于法律，那不就是法律渊源等于法律了吗？如果是这样，法律渊源这一概念还有意义吗？而且，在我国学界，不同的学者对法律渊源概念有不同的理解，导致法律渊源概念混乱。为什么法律渊源概念会这么混乱？我们到底该如何去理解它？笔者认为，应当正本清源，通过概念史的考察来梳理法律渊源概念。[③]对法律渊源概念的追问，就属于"是什么"型问题，即关注现实中是什么（有什么疑问），历史上是什么（为什么到了当代就发生了变异和争论），以及究竟应当是什么（从根本上厘清概念的具体内涵）。

（二）"为什么"型问题

"为什么"型问题主要关注社会现象发生的原因，探究存在因果联系的社会要素。这是社会科学研究中最常见的，也是研究者最关注的一种问题类型，量化研究方法以及案例研究等质化研究方法都比较适合"为什么"型问题的研究。这类问题的差值可简化为：什么因素促进了A事物状态的变化。[④]"为什么"型问题一般用于原因追问，以考究法律现象变迁背后的各种因素，充分体现研究者对相关问题的深思熟虑。

---

① 参见郭泽德：《写好论文》，清华大学出版社2020年版，第63—64页。
② 王人博：《民权词义考论》，载《比较法研究》2003年第1期。
③ 参见彭中礼：《法律渊源词义考》，载《法学研究》2012年第6期。
④ 参见郭泽德：《写好论文》，清华大学出版社2020年版，第64页。

在当前学术研究中,法律经济学关注最多的就是"为什么"型问题。他们通过对法律现象的关注,指出其产生、发展和变化的经济学因素,以求对人们的行为作出最合适的解读。比如,桑本谦教授在《疑案判决的经济学原则分析》一文中就提出,无论是古代世界还是现代社会,疑难案件处理在司法策略上都遵循同样的经济学逻辑:在技术层面,疑案判决的经济学目标是最小化证明成本及错判损失之和,通过对错判概率、实际错判损失、预期错判损失以及证明成本进行单项或综合比较,获得一套比较完善的关于疑案判决的经济学原则。在制度层面,为促使当事人服判,疑案判决应努力与社会强势观念协调,并尽量诉诸预设的规则。①桑本谦教授对疑难案件处理原则的分析揭示了其背后的经济学逻辑,属于对疑难案件处理的成因分析。

(三)"怎么办"型问题

"怎么办"型问题主要关注一些社会现象的应对方式和解决方案,一般呈现为对策类研究。这类问题的差值可简化为:如何改变现在,使其成为预期的样子。②"怎么办"型问题关注制度现实,提出应当如何发展,是务实型的学术研究进路。因此,"怎么办"型问题往往与现状紧密联系在一起,即研究者通过对现状的反思,觉得有必要通过法律来规制不合理的现状,从而建立新的理想状态。

例如,马长山教授在《智慧社会建设中的"众创"式制度变革——基于"网约车"合法化进程的法理学分析》一文中认为,智能互联网新业态,开启了前所未有的"众创"式制度变革与创新模式,但给旨在维护既定秩序的政府监管带来一定的困境。为此,需要确立"共建共治共享"的治理理念,并基于公益立场,对各种"互联网+"新业态、智慧经济新模式进行有效规制。③该文的问题可以简化为:网约车、短租平台等智能互联网事务给政府监管带来了挑战,需要运用有效的制度安排对其进行规制。

在部门法领域,这种"怎么办"型问题非常常见。例如,提出某个制度或者某个理论面临什么困境,应当如何进行制度安排以消除困境。例如,张明楷教授在其《法益保护与比例原则》一文中指出,无论是法益保护原则还是比例原则,都存在缺陷与危机。为此,他提出,要将比例原则引入刑法领域补充法益保护原则,并提出了具体的操作路径:"应当避免简单的话语转换与机械的套用。刑事立法的审查应当按五个步骤展开:(1)目的是否具有合理性?(2)刑罚是不是达到合理目的的有效手段?(3)是否存在替代刑罚的手段?(4)利用刑罚保护法益的同时可能造成何种损害?(5)对相应的犯罪

---

① 参见桑本谦:《疑案判决的经济学原则分析》,载《中国社会科学》2008年第4期。

② 参见郭泽德:《写好论文》,清华大学出版社2020年版,第64页。

③ 参见马长山:《智慧社会建设中的"众创"式制度变革——基于"网约车"合法化进程的法理学分析》,载《中国社会科学》2019年第4期。

应当规定何种刑罚？"[1]从学术论文写作的目的来看，如果提出了问题，就要解决问题，这需要研究者将如何解决问题作为研究的重心，从而达到促进制度变革或者法律发展的目的。

"怎么办"型问题针对现状，关注未来，很适合研究者进行对策性研究。而且，这类问题在现实生活中很多，比如外卖平台上"骑手"的权益保护问题、老年人的权益保护问题、全面放开三胎背景下生育妇女的权益保护等，都可以归于此类问题。

（四）"会怎样"型问题

"会怎样"型问题关注事物的发展趋势，探讨未来某个情境中事物的状态。这类问题的差值可简化为：事物的预期是什么。[2]

"会怎样"型问题主要着眼于在当前的法律体系中没有相应的制度安排的情况下，通过对相关的制度进行阐释，并谋划其发展路径，以促进法治的发展。"会怎样"型问题与"怎么办"型问题都关注未来的制度安排，但"怎么办"型问题以关注现状为基础，即提出的某个问题已经有了一定的模态，只是存在问题，需要改进；而"会怎样"型问题的重心在未来应当如何安排某个事务，其前提是该事务在当前的制度安排中可能并不存在，比如在民法典起草过程中，有大量的学术论文围绕民法典如何进行模式选择和规范配置进行研究，就属于对"会怎样"型问题的探讨。例如，在我国民法典尚未制定之前，郭明瑞教授在《我国未来民法典中应当设立优先权制度》一文中提出的未来我国民法典是否有必要系统地引入优先权制度这一问题就可以归入"会怎样"型问题。

有些新兴事物，法律上还没有来得及定性，也是"会怎样"型问题重点关注的对象。比如，陈兴良教授曾经就关注过虚拟财产的刑法属性问题。他认为，随着网络游戏以及其他网络活动越来越普及，侵犯虚拟财产的现象在现实生活中时有发生。这就产生了法律如何保护虚拟财产的问题。法律上如何看待虚拟财产的属性，在刑法学界存在较大争议，而这个问题关系到对侵犯虚拟财产案件犯罪主体的定罪量刑，所以极为重要。陈兴良教授通过司法实践中的三个案例，概述了我国司法实践中对虚拟财产的定性从非财物到财物再到数据的演变过程，认为我国刑法中的财物是一个包括了有体物、无体物和财产性利益的最为广义的概念，因此完全能够涵盖虚拟财产，对于具有财产价值的虚拟财产应当按照财物予以刑事保护。[3]

---

[1]　张明楷：《法益保护与比例原则》，载《中国社会科学》2017年第7期。
[2]　参见郭泽德：《写好论文》，清华大学出版社2020年版，第64页。
[3]　参见陈兴良：《虚拟财产的刑法属性及其保护路径》，载《中国法学》2017年第2期。

四、问题意识的基本面向

（一）问题意识要求研究者具有敏锐的问题捕捉能力

问题敏锐性，是指研究者应能够对任何可能进行学术讨论的问题进行即时捕捉。牛顿因为对问题的敏锐性，发现了万有引力。瓦特因为对问题的敏锐性，通过观察开水为什么能够顶开壶盖发现了蒸汽机的运作原理。法学研究亦需要问题敏锐性。苏力教授在介绍其成名作《法治及其本土资源》时说道：

在写作这些文章时最突出的要点，始终基于我的中国生活经验而产生的争论和表达的冲动，这就是问题意识。无论是法治与改革/变法隐含的冲突，秋菊的困惑，破产法实践的难题，市场经济与法治的关系，法律规避，还是司法专业化，表达自由与肖像权的相互冲突，抗辩制的由来和去向，乃至有关的书评和关于一些学术问题（如法学后现代主义）的论证……我的分析和回答，尽管借助了一些当时看来有些新意的理论视角和学术资源，关注点还是一直力求贴近中国社会，贴近中国社会的普通大众。我并不关心某个学者或某一派理论是怎样回答某个问题的，我关心的是一个合乎情理的普通中国人在知情的条件下会怎样看这个问题。换言之，我是在跟着"感觉"走。①

在这里，苏力教授所说的跟着"感觉"走，就是问题意识的具体表现。在法学研究中，我们要能够并善于不断地、反复地追问自己"为什么"，在不断的追问和打磨中形成对法学问题或者法律问题的问题意识。

当然，也要特别注意，运用现实生活中的问题来写学术论文是可以的，但是要注意观察其学术性和现实意义。何海波教授曾说：

一个好的论文选题，必是触及了那些比较典型、人们普遍关心的问题。而那些在实际生活中极少发生而且对社会影响很小的现象，就不属于有重大价值的问题。我读大学时，老师在行政法课堂上讲到公务行为和个人行为的区分时，提到私人主动协助执法的性质。他举了一个例子：一个机动车驾驶员在路口遇到交通堵塞，主动下车疏导交通，由于指挥失误导致两车碰撞，车主要求国家赔偿。国家是否应当把这名驾驶员的疏导行为视为公务行为，从而给予车主赔偿？我记得自己居然还写了一篇论文讨论这个问题。现在回想起来觉得真是可笑，放着世界上那么多真问题不讨论，却讨论起一个几十年也碰不上一回的假问题！这种冥想式的问题，除了帮助作者训练尚属幼稚的思维，对于社会生活没有任何意义。②

何海波教授还举了另外一个案例，也很有启发意义：

---

① 参见苏力：《问题意识：什么问题以及谁的问题？》，载《武汉大学学报（哲学社会科学版）》2017年第1期。
② 参见何海波：《法学论文写作》，北京大学出版社2014年版，第22—23页。

多年后，我接触到一篇讨论"天然孳息的归属问题"的文章。作者在学术上比我当年讨论私人主动协助执法时要专业多了，但其关注问题的琐细程度似乎也只在五十步和一百步之间。评议人对这篇论文给予这样的评语："就天然孳息，物权法规定归所有人，但有用益物权和另有约定的除外；合同法规定交付前归出卖人，交付后归买受人。前述规定之间确实存在某些冲突。但在现有农村土地制度下，不动产天然孳息的归属较难发生争议，而动产（主要是动物）天然孳息的归属，由于交付为动产买卖之物权变动的一般根据，故物权法和合同法的规定通常并不发生适用上的冲突。为此，研究某些特殊情况下的天然孳息归属是有必要的，但其实用价值是极为有限的。更为重要的是，本文的研究完全陷于抽象议论，完全脱离生活实际，故虽其论证在理论上严谨而且娴熟，但看不出任何实用价值。"①

（二）问题意识要求研究者具有深入地分析问题的能力

研究者大多有这样的经历，很多学术论文写到一半就"难产"了，最后就放弃了或者不了了之了，一是由于坚持不下去，二是由于缺乏对问题的分析，从而导致选题出现了所想与所要追求的目的"两张皮"的情况。所以，在凝练出初步的问题之后，一定要不断分析问题，反思所要解决的问题能否成为学术问题、可写性如何、能否找到论证点，从而促使问题分析深入又能有效地表达出来。

学术研究是一个不断深入思考的过程，需要从论文写作的开始贯穿到写作的结束。思考问题，本质上需要分析问题。分析问题，是指对遇到的困惑不断去粗取精、提炼问题意识，形成核心学术问题，然后再对问题形成的背景等要素进行反思和批判，甚至进行新的理论建构。对问题的分析要求研究者能够对现象层面的问题、中观层面的问题和终极层面的问题有透彻的看法，把对象的整体分解成各个部分、要素、环节、阶段并分别加以考察，一层层剥笋似地进行分析，②找到问题之所以为问题的本质原因。

通过前文提到的苏力教授在《制度变迁中的行动者——从梁祝的悲剧说起》一文中对梁祝故事的分析，可以总结出分析问题的几个步骤：一是提炼问题，如苏力教授认为梁祝故事不是基于爱情的悲剧（至少不完全是），更不是封建制度压迫造成的，因而提出了问题。二是分析问题的成因，即从各个细节要素中寻找可供分析的依据，用以支持或者批判研究者所确立的观点。例如，苏力教授从年龄、早婚与包办婚姻、财富等角度进行思考，打破了一些常规认识。三是进行深层的理论建构，实现理论创新。例如，苏

① 何海波：《法学论文写作》，北京大学出版社2014年版，第23页。

② 参见刘国涛、余晓龙等编著：《法学论文写作指南》（第2版），中国法制出版社2018年版，第161页。

力教授从自然与社会、常规与例外以及制度变迁的原因等方面进行新的理论探索,给予读者很多启示。

(三)问题意识要求研究者具有全面的问题归纳能力

生活多姿多彩,问题无处不在。但是并非所有的问题都适合论文写作,特别是法学论文写作。这就要求研究者善于对问题进行甄别、归纳,从而在问题当中寻找适合写作的论文选题。

归纳法的出发点不是预设的事实或前提条件,而是源于观察。例如,婴儿期时,当你坐在婴儿椅中,你也许曾经观察过,当你拿起手边的一块饼干,松手后,饼干会掉落在地上。你也许会想,再做一次这个动作会发生什么呢?结果,饼干再次从手里掉落在地上。你用几块饼干重复实验,结果都是相同的,饼干直线掉落在地上。随后,你用不同的东西(比如积木、拨浪鼓、豌豆、牛奶等)来试,结果也都是一样的。最终你可能会得出结论,所有落下的东西都会掉在地上,这就是你对重力最初的概念。①

再如,细心的同学会注意到,昨天某处有贪官腐败,造成了国有资产流失;今天某地下特大暴雨,导致个别市民淹死;明天某地发生了特大交通事故,导致一些伤亡;等等。这些现象都可能与法律有关,但可能并非都适合作学术研究的问题。官员贪腐,可能与官员的个人素质有关,可能与法律制度的不健全有关,也可能与其他因素有关;特大暴雨致人死亡,可能与防灾减灾制度有关,也可能与天气预报的能力和条件有关;特大交通事故的发生,可能与道路交通法律制度有一定关系,但更多的是与驾驶者有关。所以,研究者可能会经历很多的社会现象,但是这些社会现象能否成为学术研究中的"问题",需要研究者进行全面的归纳反思。比如,如果特大暴雨发生前,气象台已经多次发布了警示信息,但是政府依然不作为,而不作为的原因则是因为尚未建立完善的应急管理机制,基于对暴雨产生的社会问题就上升到如何建构符合时代要求的应急管理法律制度问题,就属于需要通过观察社会现象来进行归纳的学术问题。

问题的归纳能力要求研究者能够从已有的数据、资料和各种社会现象当中提炼问题,继而将其上升为学术问题,进而努力实现透过现象看本质的效果。我们对各种社会现象、学术理论的疑问或者迷惑,是学术问题的主要来源。但是,如果缺乏将疑问或者迷惑归纳成学术选题的能力,就很容易与精彩选题失之交臂。

此外,鉴于法学专业的特色,要能够将社会现象或者社会问题归纳成法学问题。比如,关于中日甲午战争清朝政府为什么失败的原因分析,有人归结为经济原因,有人

---

① 参见[美]保罗 D. 利迪、[美]珍妮·埃利斯·奥姆罗德:《实证研究:计划与设计》(原书第10版),吴瑞林、史晓晨译,机械工业出版社2015年版,第16页。

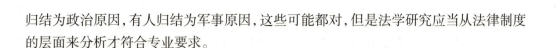

归结为政治原因,有人归结为军事原因,这些可能都对,但是法学研究应当从法律制度的层面来分析才符合专业要求。

▌ 五、问题意识的培养路径

对于学术研究而言,缺乏问题意识既与研究者个人有关,也与整个学术研究的大环境有关。提升和强化研究者的问题意识,需要研究者自己去培养,学术共同体也应对问题意识有更深刻的认识,从而形成推动问题意识提升的集体氛围。

(一)研究者需要努力培养问题意识

无论是从问题意识的培养、选题的选择、文字的撰写,还是观点的创造,学术研究都与个人密切相关。形成深厚的问题意识,是难以一蹴而就的,需要经过长期的积淀。

第一,研究者要有博览群书的意识。古人有云:"熟读唐诗三百首,不会作诗也会吟。""熟悉"是进行法学研究的首要前提。对于论文写作的初学者而言,有三点需要特别注意:

一是要具有较好的法学理论基础。初学者要在老师的指导下,循序渐进地阅读基础理论方面的资料,奠定扎实的理论基础。

二是要熟悉学术期刊上所发表的法学论文。总体而言,我国的学术期刊,特别是法学领域知名度较高的学术期刊,如《中国社会科学》《法学研究》《中国法学》《法律科学》《法学》《政法论坛》《法学家》《清华法学》等都比较讲求论文的学术质量。学术期刊上所刊载的学术论文,一般来说学术质量是过硬的。所以,经常阅读知名学术期刊上发表的论文,是学术不断进步的阶梯。

三是要关注所在学科一些有代表性的学者的研究动向。前文述及每位学者都有自己特定的研究领域,当然也不会完全局限于某个研究领域。所以,学者的最新学术研究成果往往代表着一种研究动向,对于初学者而言,这种学术动态既是促进知识更新和进步的来源,也是自己选题的重要启示。

第二,研究者要有不断思考的意识。在阅读学术论文时,首先要做的就是对其进行思考,特别是对学术论文的主题进行思考。我们所要思考的是:学术期刊为什么会发表这些文章?文章的题目反映了什么问题?作者揭示了哪些问题?如果是我去写,会如何进行问题凝练?哪些问题作者的思考帮助我突破了思维局限?而哪些问题又可能是作者没有思考到的?作者在提出问题并论证时有没有关注到中国的现状?等等。经过长期的积累和沉淀,研究者的问题敏感性、分析能力和归纳能力一定能够获得长足的进步。

第一章例1-1引用的《论社会舆论与法院依法独立审判的关系》一文的提纲,可以让我们继续从问题意识的角度进行思考:

例1-1像一篇"说明文",因为它只是对某些概念进行说明和解释。从问题意识的角度来看,虽然该文作者意识到社会舆论可能对法院依法独立行使审判权产生影响,但是从该文的逻辑结构中看不到作者对这个问题的深入思考。该文没有回答在司法实践中,社会舆论到底能不能干预司法审判,也没有反思社会舆论如果干预司法审判是否具有合理性。可见,论文写作虽然要基于概念进行解释,但是如果徒有概念解释,就不是论文。

第三,研究者要有不断借鉴的意识。借鉴不是复制,而是根据他人的思维路径来推演自己的问题意识,进而凝练为自己的学术选题。所以,研究者一定要能够将他人的研究成果和思维理路有效地内化为自己的知识和思维方法,从而在感性的学术认知中培育自身的理性认知。当然,借鉴他人的研究成果和思维理路,并非完全一味地接受,还应当有必要的批判。批判他人的研究成果和思维理路也是强化问题意识的主要路径。

(二)学术界需要树立问题意识探讨的氛围

学术研究需要群体之间不断加强沟通和认知。我国法学学术研究曾经经历了一段时间的断层,改革开放后才逐渐恢复。改革开放之后的一段时间,我国的学术研究问题意识不足,很多学术论文以学术介绍为主,缺乏分析和论证。

第一,以问题意识为导向的研究风格,应当成为法学界的学术共识。

第二,以问题意识为核心导向,要求研究者们改变亦步亦趋的研究方式,着力解决中国法治发展中的理论问题与实践问题,从而推动中国法治发展。所以,有学者说,在法学理论界,有必要通过恢复对法治本相的认识来推动研究者法治共识的形成,亦即共同认可法治概念的非统一性、法治形态的多样性、法治的内在规定性、法治施行过程的复杂性、法治功能的局限性、法治发展的时代性等法治的基本特性,以此为基础,把不同研究者的目光聚集在中国法治现实问题之上,并且为研究和讨论相关问题提供共同的前提和理据。[①]

第三,以问题意识为核心导向,要明确论文的写作标准。中国的法学学术研究一定要基于中国的问题而展开,而不是用他人的标准来理解、解决中国问题,这不仅容易造成导向错误,也解决不了中国的实际问题。所以,法学学术论文一定要基于中国法

---

① 参见顾培东:《法学研究中问题意识的问题化思考》,载《探索与争鸣》2017年第4期。

学实践来撰写,形成以中国问题意识为导向的中国法学学术话语。我们提出和论证的问题必定是以中国为中心的问题,我们树立和不断强化的问题意识一定是基于中国、为了中国、不断发展中国的问题意识。

(三)国家和社会的发展应当有合理的问题意识导向

学术研究不仅与个人的专业紧密相连,也与国家和社会的导向密切相关。国家和社会的评价"指挥棒"指向哪里,很多学者的学术研究就会涌向哪里。评价"指挥棒"未必能够牵引所有的学术人,但是在一定程度上代表了国家和社会的发展趋势。所以,如果国家和社会在组织学术研究方面有合理的问题意识引导,就能够带动学术研究的总体趋势,形成宏观层面的学术研究问题意识共识。结合我国的学术研究组织和管理的实践来看,可以从课题立项、学术期刊刊文和学术奖励等层面来引导法学研究的问题意识。

第一,从课题立项层面来看,通过课题指南和课题立项引导问题意识是实现问题意识培养的项目基础。目前,我国已经建成了从省市到国家层面的通过项目推进学术研究的学术体制,特别是每年的国家社科基金的申报发布和立项情况吸引了很多学者。这些国家社会科学规划办公室或者省社会科学规划办公室主导的基金项目,都会配备课题指南,课题指南里会预先提供一些选题供申报者参考。很多选题本身确实是有深蕴的问题意识;从项目的立项情况来看,也是如此。在这种以问题意识为导向的项目制的不断牵引下,学者们的问题意识会越来越强,并逐渐将问题意识聚焦在中国法律实践上,形成法学研究的中国问题导向流,推进中国法治不断发展进步。

第二,从学术期刊刊文层面来看,通过主流学术期刊的刊文引导问题意识是实现问题意识培养的论文基础。目前,虽然国家强调"破五唯",使"不唯论文"成为学界基本共识。但是,显然,"不唯论文"并非不需要论文。水平较高的论文确实是学者科研成果和科研能力的重要反映。从某种意义上甚至可以说,中国法学理论研究很大程度上是被"三大刊"(《法学研究》《中国法学》《中国社会科学》)所牵引的。尽管数以万计的学者并非都能与"三大刊"结缘,但"三大刊"确定无疑地影响着主流学者,而主流学者又对整个法学界具有重要影响。[1]我国重要的学术期刊在发文时,一方面,文章是否具有问题意识是他们筛选的重要标准;另一方面,通过这些学术期刊的刊文引导学术研究,也是这些重要学术期刊的历史使命和责任。

第三,从学术奖励层面来看,学术奖励对于科研成果的评价具有重要意义,通过学术奖励来引导树立问题意识是实现问题意识培养的重要途径。

---

[1] 参见顾培东:《法学研究中问题意识的问题化思考》,载《探索与争鸣》2017年第4期。

课后思考与练习

材料分析题
讲解

❶ 查阅相关资料，提出一个具有强烈问题意识的选题，并说明理由。

❷ 找一个热点案件，从中提炼问题，并说明理由。

❸ 材料分析题：

案例 1： 八旬老太曾某长期瘫痪在床，痛苦万分，又不想拖累家人，只求一死了之，于是多次请求隔壁的七旬老翁宋某帮忙购买毒药。宋某在屡次拒绝后终被曾某的苦苦央求所打动，于是按照其要求购买了 5 颗俗称"豌豆药"的农药放在曾某身旁的桌子上，然后悄然离开。后曾某自行服毒，经抢救无效身亡。2010 年 10 月，法院判决宋某成立故意杀人罪。

案例 2： 斤某和张某本为夫妻，后协议离婚。在两人再一次因为孩子抚养权问题发生争吵后，张某情绪激动，提出买两瓶农药两人各喝一瓶，共赴黄泉。斤某同意，遂驱车载张某去店里购买农药。斤某从店老板手里接过两瓶农药放在副驾驶座上，坐在车后排的张某随即将其夺走，斤某见状赶紧夺回一瓶。两人争夺农药时车辆失控。斤某在稳定车辆之后，发现张某已经喝下农药并发生头晕、呕吐、脸色发白等症状，但没有及时采取救助措施，而是 40 分钟之后才报警。张某因抢救无效死亡。2011 年 8 月，一审法院认定斤某成立故意杀人罪。

案例 3： 66 岁的舒某患有精神疾病，在医院接受心理治疗。2011 年 8 月 31 日凌晨时分，舒某将走廊内的椅子搬到了病房门口，然后返回病房内。此时，临时护工王某经过病房门口，看到了门口的椅子，却在打卡后径直离开。随后，舒某在病房门口自缢。大约 17 分钟后，王某再度路过病房门口，发现自缢的舒某却未加救助。后舒某死亡。

案例 4： 段某和小秋都有厌世情绪，小秋说希望被喜欢的人杀死。于是两人约定，由段某杀死小秋后再自杀。2010 年 1 月 2 日凌晨，段某持事先准备的尖刀切割小秋颈部数刀，致其死亡。段某事后却未自杀，而是向警方自首。法院判决段某成立故意杀人罪。[①]

请仔细阅读上述材料，提出其中共同蕴含的学术问题。

---

① 材料来源于王钢：《自杀的认定及其相关行为的刑法评价》，载《法学研究》2012年第4期。

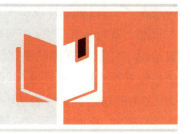

第三章
法学论文的选题要求

梁慧星先生说:"选题,是学术论文写作的开始,实际上就是选择和确定研究课题、研究方向的过程,是极为重要的一步。"[1]问题意识决定了选题是否具有现实意义,而选题从根本上确立了写作的方向。从某种意义上说,选题好不好,关系到论文的成败。

一、选题的概念、类型及意义

选题是法学论文写作的逻辑起点。我们可以从选题的概念出发,理解选题的基本逻辑要素,找到论文写作的理论方向。

(一)选题的概念

作为一种学术事件,每一个学术研究选题都是人类认识活动的中间环节。在它以前,有前人的认识成果、留下的问题以及研究者自身的知识背景、学术志趣;在它周围,有相关学科的理论方法、学术资助评价体制;在它之后,便是对所提问题的回答、现有理论的突破、认识成果的丰富完善,以及来自社会实践的检验和接受。因此,选题是观察学术现象的一种素材,也是以学术研究为研究对象的一种分析单位。[2]研究者要对欲研究的领域有非常清醒的认识,对该领域中的某个问题是否值得研究,研究它可能存在的理论价值和实践意义有深刻理解。从这个层面来说,选题即作者要先自我反思的"我要写什么""我能不能写""写出来之后会不会有意义(理论意义和实践意义)"等问题。因此,选题就是选择题目,即在特定领域选择一个合适的问题,然后凝练成学术问题,用精炼的语言表达出来。

---

① 梁慧星:《法学学位论文写作方法》,法律出版社2017年版,第14页。
② 参见白建军:《法学博士论文选题创新性实证分析》,载《北京大学学报(哲学社会科学版)》2007年第3期。

从内涵来看,选题有几个方面的特征:一是从主题来看,具有清晰性。选题就是要明确研究对象,通过选题还可以知道作者支持什么、反对什么。选题就是问题的具体呈现,它通过标题体现出来。比如,法学研究者以"数字弱势群体"为选题,那么很大程度上就是研究"数字弱势群体的权益保护"。选题的清晰性要求拒绝模糊的语词表达,如"中国篮球黑哨法律研究""针对网络图片的钓鱼执法现象的法律分析""对诱惑侦查所获证据在司法实践中的适用问题分析""网络大举报现象中被裹挟的公权力"之类的选题就属于表达不清晰。应避免对偶然性很强的问题或者难以实现的问题进行研究,比如"域外空间的法律治理""大数据时代人工智能发展与法律的关系研究""刑事诉讼当事人的权利保护研究"等选题,因范围大得没边而难以研究;"涉黑案件中刑事被告人的管辖异议权研究""受贿犯罪既遂后成立犯罪中止的合理性"等选题因研究范围过窄也难以研究。二是从问题来看,具有明确性。选题应避免或然似的问题、矛盾似的问题、似是而非的问题。例如,"数字弱势群体的法理证成——以外卖骑手为例"这个选题。"数字弱势群体"到底是一个事实存在,还是一个理论存在,还是不存在?只有这个群体不存在才需要去证成它,而如果这个群体存在,则不需要证成。三是从内容来看,具有可写性。选题要可写,应有足够丰富的材料,因此选题不能太"小",材料不能太"缺",否则就写不出足够丰富的内容,导致选题依据不足、论证材料不足。比如有学生想研究"我国传统法文化中的托孤遗嘱",但他目前能够查到的一手资料只有清朝的4篇托孤遗嘱,资料稍显不足,选题论证过程会很艰难。此外,"可写性"还要求选题能够成立,不会导致不合理的后果产生。

从外延来看,选题和题目是有区别的。如果以学生作为选题的主体,从毕业论文撰写的教学过程来讲,所谓选题,既不是选择论文题目,也不是选择研究课题,而是选择研究的论题。[①]具体论文题目的确定应该是在论文选题之后的事情,即选题确定之后,通过对所搜索资料的分析、综述,选择一个具体的研究视角,确定一个具体撰写的题目,这个题目可以随着论文撰写而不断调整。[②]所以,题目是选题的具体化,是对选题的表达,或者说题目是选题的载体。比如,笔者曾经写过《司法判决中的指导性案例》[③]一文。选择这个题目是因为,在我国,案例指导制度已经确立了一段时间,学者们都认为这是我国法律制度的重要创新,笔者认为这可能值得思考,因此准备通过实证研究来验证一下学者们的预见是否正确。而验证学者们的观点最重要的途径就是看司法判决是否会援引指导性案例,以及在司法案例中,当事人和法官会如何对待指导性案例,进而揭示案例指导制度在中国的接受度。所以,起初笔者意识到案例指导制

---

① 参见李海霞、陈新国:《法学论文选题的意义及原则》,载《湖北警官学院学报》2012年第2期。

② 参见马力明、冯志明:《毕业论文写作》,南开大学出版社2008年版,第25—26页。

③ 参见彭中礼:《司法判决中的指导性案例》,载《中国法学》2017年第6期。

度从创建到运行这一个过程会有问题,因而选择了通过司法判决反思案例指导制度这一选题,最终确定了这个题目。可见,题目是选题的结果,而选题好不好又需要以题目作为载体,通过题目体现出来。

（二）选题的类型

不同的学科有不同的选题。社会科学有社会科学的选题,自然科学有自然科学的选题。两者在选题上都强调创新,然而前者主要强调新观点、新见解及新的思维方法;后者则不仅强调确立新观念,还要求有新的物质成果,如采用新的技术手段,发现有价值的新现象、新规律,提出新工艺及革新方法等。此外,社会科学研究更多地借助文献资料与调研,在思辨的基础上进行定性分析。研究者通常依靠严密的逻辑演绎,旁征博引、借古喻今地以理服人;自然科学研究则涉及实验、逻辑论证和统计检验等精密的定量研究,以实验结果、数据等作为所给出结论的论据。研究对象、方法、特点各异,使得两类研究在选题之初就具有明确的类别表征。[①]从社会科学的视角来看,特别是从法学的视角来看,可将选题分为理论性选题、应用性选题及综合性选题三类。

1. 理论性选题

理论研究主要以揭示研究对象的本质及其发展规律为目的,是先有一定的目的或任务,再通过科学研究活动,探索达到此目的或完成任务的具体措施。[②]因此,理论性选题关注学科最基本的问题,如基本原理、类型分析、模式选择、主要价值等。理论性选题的研究成果如《法律渊源词义考》[③]《中国政法体制的规范性原理》[④]《人工智能时代的法律议论》[⑤]《法学研究新范式:计算法学的内涵、范畴与方法》[⑥]《法理论:历史形成、学科属性及其中国化》[⑦]《环境民事公益诉讼性质定位省思》[⑧]《他行为能力问题研究》[⑨]等。

2. 应用性选题

一方面,应用研究以基础理论知识及不断发展的理论研究成果为基础,通过各种途径和方法将基础研究成果转化为新技术、新方法,进而弥补现有知识体系中的缺陷;另一方面,应用研究在解决社会实践过程中具有普遍性的方法、技术问题时,也将理论

①② 参见陈静:《学术论文选题类型辨析》,载《燕山大学学报(哲学社会科学版)》2000年第4期。

③ 参见彭中礼:《法律渊源词义考》,载《法学研究》2012年第6期。

④ 参见黄文艺:《中国政法体制的规范性原理》,载《法学研究》2020年第4期。

⑤ 参见季卫东:《人工智能时代的法律议论》,载《法学研究》2019年第6期。

⑥ 参见申卫星、刘云:《法学研究新范式:计算法学的内涵、范畴与方法》,载《法学研究》2020年第5期。

⑦ 参见雷磊:《法理论:历史形成、学科属性及其中国化》,载《法学研究》2020年第2期。

⑧ 参见巩固:《环境民事公益诉讼性质定位省思》,载《法学研究》2019年第3期。

⑨ 参见陈兴良:《他行为能力问题研究》,载《法学研究》2019年第1期。

研究向更深层次推进。①应用性选题的研究成果如《正当防卫法律规则司法重构的经验研究》②《民法典编纂视野下合同法第402条、第403条的存废》③《人格权侵害民事责任认定条款适用论》④《反不正当竞争法中"一定影响"的语义澄清与意义验证》⑤《科研项目经费管理改革的法治化路径》⑥等，其最大特点是充分体现了对法律实践的观察，因而对现实有较强的指导意义，甚至能够对立法、司法或者行政执法产生一定的影响。

3. 综合性选题

理论研究与应用研究之间的类别差异客观存在，但它们又是相辅相成、不可截然分割的矛盾统一体。倘若应用研究仅局限于解决当前的实际问题，不注意从理论角度研究其基本原理和本质规律，那么所得结果最多只能解决当前的实际问题，缺乏普遍推广价值。理论研究的终极目的是指导实践，基础理论与社会实践之间看似缺少密切联系，但是理论研究在揭示事物内在规律的过程中，不断发现和克服认识活动的内部矛盾，随着矛盾的解决，把认识向纵深推进，从而广泛地指导社会实践。⑦综合性选题在法学论文中比较多见，其研究成果如《论法律学说的司法运用》⑧《免罚清单的实证与法理》⑨《法律位阶判断标准的反思与运用》⑩《夫妻财产归属约定的法理明晰及规则适用》⑪等。综合性选题的最大特点是将学理分析与实践运用结合起来，实现二者的良性互动。

总的来看，无论是理论性选题、应用性选题，还是综合性选题，都是法学研究选题的方向，并没有高下之分。但是，研究者在进行选题时，要大致确定自己的选题所可能努力的方向，进而选择不同的研究方法。

（三）选题的意义

选题是论文的"眼睛"和"灵魂"，好的选题会让人眼前一亮。具体而言，选题具有如下意义：

首先，对于研究者而言，选题是学术能力的重要体现。好的选题能够体现理论的

---

①⑦　参见陈静:《学术论文选题类型辨析》,载《燕山大学学报(哲学社会科学版)》2000年第4期。

②　参见赵军:《正当防卫法律规则司法重构的经验研究》,载《法学研究》2019年第4期。

③　参见方新军:《民法典编纂视野下合同法第402条、第403条的存废》,载《法学研究》2019年第1期。

④　参见朱晓峰:《人格权侵害民事责任认定条款适用论》,载《中国法学》2021年第4期。

⑤　参见刘继峰:《反不正当竞争法中"一定影响"的语义澄清与意义验证》,载《中国法学》2020年第4期。

⑥　参见蒋悟真:《科研项目经费管理改革的法治化路径》,载《中国法学》2020年第3期。

⑧　参见彭中礼:《论法律学说的司法运用》,载《中国社会科学》2020年第4期。

⑨　参见张淑芳:《免罚清单的实证与法理》,载《中国法学》2022年第2期。

⑩　参见王锴:《法律位阶判断标准的反思与运用》,载《中国法学》2022年第2期。

⑪　参见陈永强:《夫妻财产归属约定的法理明晰及规则适用》,载《中国法学》2022年第2期。

深度或者时代的特色，从而充分彰显理论需求与实践需要。正如贝尔纳所言："课题的形成和选择，无论作为外部的经济要求，抑或作为科学本身的要求，都是研究工作中最复杂的一个阶段，一般来说，提出课题比解决课题更困难……所以评价和选择课题，便成了研究战略的起点。"[1]学术研究不是天马行空的想象，而是有针对性地提出反映理论或者实践的问题，从而确立学术研究的逻辑起点。很多研究者在申请课题时之所以失败，往往是因为在选题时就没有进行充分的把握。

以2021年国家社科基金年度项目公布的立项课题为例，笔者认为这些立项课题还是很有价值的。比如重点课题"智慧司法背景下案件事实的分层论证"本质上讨论的是案件事实的证成问题，这个问题在我国法理学界和司法理论学界（诉讼法学界）具有较多研究成果，如果只写"案件事实的证成研究"肯定是没有意义的。但是，该项目申报者巧妙地加了两个关键词"智慧司法"和"分层论证"，从而使案件事实论证的新意凸显出来，让人眼前一亮，充分体现了该项目申报者敏锐的学术眼光和优秀的选题能力。总而言之，法学学术论文的选题需要作者充分发挥主观能动性，不断思考选题的契合性，从而全面体现研究者的研究能力。

其次，对于学术论文而言，选题是论文质量的重要彰显。古人有云，"文无第一，武无第二"。"文无第一"，是因为文章好坏并没有一个可以量化的标准，而是需要欣赏者根据自己的欣赏标准、欣赏水平和欣赏能力来理解。特别是在准备投稿的期刊论文当中，选题的好坏很大程度上决定了一篇论文能否发表。杨立新教授曾说："什么样的学术论文算是好文章呢？对于编辑来说，好文章首先不在于论证得好，而在于选题好。编辑在判断文章时，第一看标题，第二看摘要，第三看导语，如果这三个部分都写得好，特别是标题写得好，这篇文章即使论证得还不够充分，编辑也会让作者进行修改，最终得以刊用。"[2]可见，选题是论文的"眼睛"，是充分展示论文"美"（质量）的场所。

通过题目所展示的选题，融合了研究者的问题意识，能够反映论文的质量。哲学家张世英指出："能提出像样的问题，不是一件容易的事，却是一件很重要的事。说它不容易，是因为提出问题本身就需要研究；一个不研究某一行道的人，不可能提出某一行道的问题。也正因为要经过一个研究过程才能提出一个像样的问题，所以我们也可以说，问题提得像样了，这篇论文的内容和价值也就很有几分了。这就是选题的重要性之所在。"[3]

最后，对于学科而言，选题是国家学科整体发展水平的体现。任何学科的发展，都

① 转引自赵佩华：《论创造性与科学性的冲突和消解——从库恩的科学发展模式看科研选题原则》，载《云南社会科学》2005年第1期。
② 杨立新：《法学学术论文的选题方法》，载《法治研究》2016年第2期。
③ 王力、朱光潜：《怎样写学术论文》，北京大学出版社1981年版，第59页。

离不开一代又一代学术人的不断努力。所以，如果学者们所发表的论文都是低水平的重复建设，而各个层次的毕业论文也没有体现学生培养的高质量，达不到培养高质量人才的目的，学科发展就容易停滞不前。《法学研究》《中国法学》《中国社会科学》等刊物之所以获得普遍认可，原因就在于其所刊发的论文质量上乘，有很多选题反映了学科的学术前沿。

在法学学术研究还处于早期的时候，那些宏大问题总是在不断地成为学术研究的选题；但是在法学学术研究十分发达的今天，我们的研究一定是有创新性的研究，应当拓展学术研究的新领域、新阵地，如此使得学科水平不再在低水平阶段徘徊。正如上文所说的国家社科基金重点课题"智慧司法背景下案件事实的分层论证"的立项，不仅体现了学者的学术能力，也体现了学科的发展水平。因为如果研究者们还在研究什么是法律事实、如何证成法律事实，且没有任何创新，那这样的研究就没有价值，学科建设也没有进步；但是如果加入了外来视角和新兴元素，就极大地拓展了学术研究的领域和阵地，对于学科发展而言是有意义的。早几年前，笔者在指导硕士研究生的时候，偶尔会有学生以"青少年犯罪问题研究""故意杀人罪的构成要件""农村法治文化建设问题研究""浅论法治与法制的区别""刑事沉默权研究"之类的题目应付，都会被否定，原因在于这样的题目属于已经十分滞后的选题。近年来，已经没有学生再提交此类选题的情况，诸如智慧司法、人工智能、算法等相关新兴选题频频出现，虽然有跟风之嫌，但充分体现了学科的融合发展已经深深地影响了学术研究，反映了法学学术研究的长足进步。

二、法学论文选题的原则

（一）兴趣为王原则

兴趣是最好的老师。任何新事物的发现或者发明，都离不开个人的兴趣爱好。学术论文写作亦是如此。论文的写作是一个比较漫长的过程，需要投入大量的时间和精力来准备。如果在毕业论文准备过程中缺乏兴趣的支撑，很难撰写出高质量的毕业论文。因此，在选题时一定要结合自己的兴趣来进行，不能为了求新求异盲目地选一些自己并不熟悉的选题。选题偏离自己的兴趣必将使得论文写作过程异常艰苦，轻则在写作过程中中途换题，使得前面投入的时间、精力付诸东流；重则使得论文最终虽写作成形却不能通过答辩。①

在法学论文写作选题中，不同的研究者会有不同的关注点，如果不以兴趣为导向，

---

① 参见李海霞、陈新国：《法学论文选题的意义及原则》，载《湖北警官学院学报》2012年第2期。

很容易跟风某个"时髦"选题，从而产生论文选题拥挤的现象。基于兴趣，才能够将研究进行到底，使得论文写作变得更扎实深刻。

那么，如何培养自己的学术兴趣？可以通过以下几种途径开展：第一，结合自己的娱乐兴趣来培养学术兴趣。有学生喜欢追星，看到娱乐圈中的"饭圈"现象，于是就思考娱乐圈中的"饭圈"集资现象并进行法律反思；有人喜欢打电子游戏，就思考电子游戏中的知识产权、虚拟财产权或者隐私权问题；有人喜欢组织"驴友"一起旅行，就研究"驴友"组织的法律问题；有人喜欢建微信群，就讨论微信群中的法律问题；等等。将自己的业余爱好与学术爱好相结合，是促进学术发展的重要方式。第二，结合自己的专业特长来培养学术兴趣。特别是对于跨学科学习者，可以思考所学其他学科与法学之间的关系。第三，可以结合自己的日常观察来培养学术兴趣。"问渠那得清如许，为有源头活水来"，实践就是学术论文选题的源头活水。所以，研究者要有洞察世事的能力，观察自己身边的人和物。比如，有学生在河边散步，看到了"河长制"的公示牌，很感兴趣，于是就以河长制的实施效果及其提升对策写了学术论文；有学生去旅游，在千户苗寨看到了"三个罚一百二"，就写出了社会规范审查的学术论文。时刻想学问，就容易发现学问，处处留心皆学问，这是不变的真谛。

（二）学术创新原则

法学论文写作的创新，就是要写他人没有发现过的问题、没有写过的问题，或者是他人虽然写过但是没有注意到的某个有价值的问题。比如，有研究者准备写案例指导制度，如果单纯地只写案例指导制度的现状、问题和对策，是没有意义的；如果是写案例指导制度的价值、功能等，也没有多大学术价值；但是，如果能够结合判例法来写成文法背景下如何对案例指导制度进行改造，那就比较有学术价值了。要特别注意的是，很多研究者会经常说自己的学术选题很有创新性，但事实上可能由于资料掌握不全、阅读视野不广等因素，其所说的创新性并不存在。

（三）前沿引领原则

选题应坚持前沿引领原则。但要注意的是，如果是博士学位论文写作，最好不要太紧跟立法态势，如果法律通过，而博士学位论文还在写作阶段或者还没答辩，就很容易导致研究者所做的工作成为"废纸"。所以，笔者的建议是：博士学位论文写作最好不要写已经列入立法机关日程的立法问题，而是写带有一定理论深度、有广阔研究空间的论题；对于用于发表的学术论文，尤其是涉及热点问题的学术论文，选题在保证新颖、前沿的同时，写作速度也应保证。

三、法学论文选题的基本要求

选题的基本原则主要解决选题的方向问题，选题的基本要求主要从操作层面解决选题应当注意的问题，从而为论文写作夯实基础。有人将法学论文选题的要求概括为"小""清""新"三个字，是很有意义的。

（一）选题大小要合适

一般认为，学术论文写作应"小题大做"，即一个题目虽然看起来很小，却能阐发比较高深的理论。而笔者认为，这里的"小题"，应当是指选题要适中。

从我国学术论文写作的现实来看，发表在学术期刊上的文章一般要求8 000字到25 000字；而在学位论文写作中，学士学位论文一般要求15 000字左右，硕士学位论文一般要求30 000字左右，博士学位论文一般要求80 000字—200 000字。论文的字数要求恰好说明论文选题不宜太大，也不宜太小。选题太大，可写的东西太多，而研究者可能无法把握写作的内容，因而写不出深度和新颖度；选题太小，容易导致研究内容过于狭窄，使得论文写作难以有效、深入展开。比如，如果以"论法治的基本原则""论刑法的基本原则""论诚实信用原则""论正当防卫"为题写学术论文，就属于典型的选题太大，难以有学术创新；但是，如果以"以危险方法危害公共安全罪中'危险'的解释"为题作学术论文，仅仅写一篇用于发表的期刊论文是合适的，但是如果用于写一篇博士学位论文，题目就会太小。

对于研究者而言，可能会有一个疑问，即如何辨别选题的大小。辨别选题的大小有两个重要方法：

一是对其研究对象进行问题化分析。如果所选题目只有一个研究对象，且这个研究对象所包含的内容难以分出较多"枝叶"，那么该选题肯定不大；如果该研究对象所包含的内容可能会产生众多"枝叶"，则该选题一定会很大。如"论法治的基本原则"这个选题之所以太大，是因为法治的基本原则这一研究对象比较广阔，就其平行"枝叶"而言，就包括合法原则、民主原则、平等原则、权力制约原则、权利保护原则等"枝叶"（学者们可能就具体原则还有一定的争议），这些原则无论写哪一个，又可以分出很多写作"枝叶"。再如，在法律实践中，和解比较常见。人们普遍听说过民事和解、刑事和解，但是很少听说过行政和解。因为行政处罚是行政机关单方面作出的，原则上不能适用和解。但在处罚决定下达后当事人不服提起行政复议，在行政复议决定作出前自愿达成和解的情形，是否合法呢？对此，有学者写了《行政执法和解的模式及其运用》一文，写道：

执法和解作为一种执法方法，能够发挥提高执法效率、节约行政成本、化解执法纠纷等重要功能。丰富多样的执法活动和执法场景决定了执法和解的运用不能局限于某一固定模式，而需要有多样化的安排。和解的适用前提不应限于事实或法律状态不确定且不能查明，在事实或法律状态易查或已经查清的情形下也可以进行和解。和解的意愿表达无须拘泥于双方协商谈判的形式，公示回应同样能够发挥作用。和解的实现并非只能通过签订行政契约，单方行政决定亦能实现和解。这些不同的适用前提、表意形式和实现方法经过组合变化，能够形成八种不同的执法和解模式，不同模式适用于不同的执法情境，执法主体应根据执法实践的需要灵活运用。①

《行政执法和解的模式及其运用》一文的选题虽然很"小"，但比较新颖，学术创新自然就比较容易实现。

二是通过列文章的框架结构也可以来辨别选题大小。如果在设计文章的框架结构时（以章节结构为例），出现了七八个章节甚至更多章节，而且章下面的节要写的内容也很丰富，这样的选题一定很大，不适合写学术论文。有硕士学位论文的题目是"同性婚姻法律认可研究"，这个题目不新颖，且问题意识不强，文章的逻辑结构中，将法律认可分为立法认可、司法认可和行政认可三种类型，每一种类型写了好几万字，最后的成稿有十几万字。这就是题目太大的结果。文章框架铺得很宽，内容很庞杂，结果是什么都写到了，但是什么都没写深刻，最后出来的论文大概率是一篇"说明文"，而不是一篇论文。对于大多数研究者而言，无论是"大题小做"还是"大题巧做"都不是好的选题，除非是对于一些项目的申报，需要进行更为充分的研究。所以，我们一般倾向于"小题大做"，即通过较小的选题来体现比较深刻的理论，从而给读者以深刻的启示。

（二）选题难易要适中

不同研究者的研究能力各不相同，有时候研究者的研究还受到客观条件的限制，因而可能出现选题很好但是写作很痛苦的情形。写作很痛苦，可能是因为选题过难，学术资料过少。所以，选题的"难"与"易"需要研究者结合自身主观条件和客观条件来确定。"主观条件是指学子自身的专业知识、理论素养、外语水平等；而客观条件是指能搜集到的文献资料、所能得到的实际指导等。"②如果研究者对这些主观条件和客观条件缺乏明确认知，就很容易出现选题太难的情形。比如，有一些研究者可能喜欢研究国外大思想家或者长期存有疑难的经典学术问题，却又无从下手，导致研究进展十分缓慢。

① 参见方世荣、白云锋：《行政执法和解的模式及其运用》，载《法学研究》2019年第5期。
② 王昭武、钱叶六：《法科毕业生如何确定毕业论文选题——以刑法学论文选题为例》，载《海峡法学》2014年第3期。

笔者有一个学生,对正当防卫的基础理论十分感兴趣,自从看了功利主义的一些文章后,沉迷于边沁等人的功利主义法学理论,试图从功利主义法学的视角重构正当防卫基础理论,但因外语水平有限,且对西方功利主义思潮的脉络理解不深,最终不了了之。

有学者曾说,本科生以"德日三要件犯罪构成体系的利弊研究""刑罚本质探析""量刑原则研究"等作为选题,挑战精神固然可嘉,但往往会囿于自身能力而无法进行卓有成效的研究,甚至无从着手,或者写了开头就无法继续,最后不得不改换题目,从而陷入被动,甚至影响到毕业、就业。事实上,专业从事刑法学研究的高校教师对这类选题也往往是力不从心,更遑论初学者。[①]选题的难易要根据以下三种情况进行综合分析:

一是研究资料的占有情况。作者充分占有研究资料是学术论文获得创新观点的基础。由于一手资料的获得成本较高、时间较长,就法学研究领域而言,大多数论文的写作都是在二手资料的基础之上提炼而成的。[②]无论是一手资料还是二手资料,都是论文写作不可或缺的信息来源。没有相关的研究资料作支撑,论文写作就会因为需要完全原创而困难重重。

二是研究者自身的知识储备情况。学术论文写作能否成功,很重要的因素在于研究者所掌握的知识。不可否认,每个人掌握知识的能力、水平存在差异,因此,每个研究者在选题时都应正确估计自己的知识储备情况。如果选题正好有利于发挥自己知识储备的优势,那么研究起来就比较容易出成果。如果选题正中自己知识储备的薄弱环节,那么研究起来就会心有余而力不足了。[③]所以,学术论文写作要学会扬长避短。研究者要知道自己平时关注哪个领域的问题较多,哪个领域关注得较少。最近关注得最多的领域就是选题应当重点选择的方向,没有涉及的领域一定要谨慎。

三是研究者自身的分析能力情况。分析问题和解决问题的能力是选题过程中必须考虑的因素,决定着一篇论文的质量高低,体现着作者的研究能力。这种能力是多年锻炼的,短时间内很难有较大的突破。因此,务必要根据自己分析问题的能力来确定选题。如果分析问题的能力较强,可挑战难度大一些的课题;如果分析问题的能力较弱,不妨选择一个小的课题先进行深入研究,抓住关键点进行突破,也能够写出高质量的论文。[④]例如,苏力教授敏锐地发现了梁祝故事当中所蕴含的法理问题,并对梁祝故事背后所蕴含的自然—社会因素进行理论概括和分析,体现了其卓越的分析能力。

---

① 参见王昭武、钱叶六:《法科毕业生如何确定毕业论文选题——以刑法学论文选题为例》,载《海峡法学》2014年第3期。

② 参见刘国涛、余晓龙等编著:《法学论文写作指南》(第2版),中国法制出版社2018年版,第12页。

③④ 参见刘国涛、余晓龙等编著:《法学论文写作指南》(第2版),中国法制出版社2018年版,第14页。

（三）选题新旧要权衡

选题需要坚持前沿引领原则，并非比较陈旧的选题就一定不能选，毕竟在学术界，人们还是基本认可"旧题新作"的。

在选题的"新"与"旧"之间，研究者需要权衡的是，自己对选题的把握能力。一般来说，旧的选题可能学术资料比较充足，但是很难出新意；而新的选题可能学术资料比较少，但是有价值。如果旧的选题不能出新，则不能写；而新的选题又装的是"旧酒"，也不建议写。要注意，这里所说的选题的"新"与"旧"是相对而言的。比如，在改革开放初期，学者们喜欢讨论法律是否具有阶级性或者社会性等问题。对那时候的学者来说，这个问题很有价值也很新颖。但是在今天，除非有新理论出现，否则最好不选此类选题。

所以，我们所说的"新"问题，可能会因为社会的变迁、立法的变化和观念的进化等而发生变化，今天的"新"选题，明天就可能成为"旧"选题。值得注意的是，有一类选题，虽然看起来比较陈旧，但是又能常说常新，这类选题主要是基础理论选题。所以，研究者一定要处理好选题的"新""旧"关系，从而不断地实现选题的自我革新。

第一，要尽可能地坚持新题新做。所谓新题新做是采用新方法、新途径，研究新问题、新现象、新发现，得出新结论，总结新规律，提出新理论，修正旧观点。这样的选题是实实在在的好选题，是真正的科学研究。类似的选题要求学者具备扎实的理论功底、求实的学风、吃苦耐劳的科研精神。[①]比如，当今大数据时代，人工智能技术飞速发展，元宇宙也进入人们的视野，有关个人数据问题、区块链法律问题、未来法治问题、元宇宙法律问题等，都需要我们不断进行学术研究以应对未来发展。但是，这些问题都与新技术密切相关，如果缺乏相应的技术支撑，就难以理解背后运作的机理，对相应的问题该如何进行法律规制也就难以做出精准的判断。如要研究该领域的法律问题，就要进行跨学科研究，做到主题新、内容新和路径新。

第二，要能够有意识地旧题新做。所谓旧题新做是采用新的学术理念或方法，研究固有课题，发现新内容，总结新规律，推进该领域的认识，修正现有理论。这类选题也是好的，但不易引起学界的共鸣和关注。类似选题要求作者了解某领域的今昔发展动向，掌握该领域成果的优缺点，能够批判性地分析现有问题、熟练使用新兴科研方法等，研究成果要能突破旧有成果的束缚，推进该领域的研究发展。[②]例如，如果以青少年犯罪作为论文选题，就会显得很陈旧。但是，有学者换了一个视角，从"系统论"角度来研究青少年犯罪，获得了国家社科基金项目的立项资助，就属于比较典型的旧题新做。所以，陈旧的选题虽然不建议做，但是如果有新视角、新方法和新理论作为支

---

① 参见贾洪伟、耿芳：《方法论：学术论文写作》，中国传媒大学出版社2016年版，第136页。
② 参见贾洪伟、耿芳：《方法论：学术论文写作》，中国传媒大学出版社2016年版，第137页。

撑，也应当被允许。

第三，可以适当地新题旧做。所谓新题旧做是采用已有或惯用的科研方法，如归纳法、演绎法、描写法、考证法等，研究新课题，发现新事物、新规律、新洞见，补充现有理论之不足。这样的选题可能因方法陈旧，即使取得一定的成果，也未必获得学界足够的好评和重视。新题旧做因为"题新"而容易受关注，但是也因为"旧做"遭受诟病，研究者对此要有充分的认识。比如，有学生对"人工智能时代的法律本质"这一问题很感兴趣，认为这是一个很有创见的选题。笔者就问他，希望通过这个选题得出一个什么观点。他说人工智能时代，人有可能被机器"奴役"，如果机器人制定法律对人类进行管理，就充分凸显了法律的本质就是统治者管控被统治者的工具。然而，这个结论早已有之，不需要加上人工智能这顶看起来很新颖的"帽子"。该生的选题就属于新题旧做，看起来很新颖，但是内容只重复了经典理论。

四、法学论文选题的主要来源

很多研究者需要写论文时，往往会觉得手足无措，思考不出选题方向。法学论文的选题一定要有理论基础和实践基础，可以从以下几个方面来发现。

（一）基于司法案例的选题

司法案例是对法律的适用，是社会生活实践的反映。对于法学学科而言，案例是学术灵感的重要来源，不仅体现了法律适用的问题，也能够反映特定的理论问题。

> **例3-1**：节选自《诚信原则修正功能的个案运用——以最高人民法院"华诚案"判决为分析对象》[1]
>
> 诚信原则能否在个案中修正具体规则？我们很容易联想到一些耳熟能详却又相互冲突的论断或理由，让我们犹疑徘徊不定。
>
> 证立理由1："帝王条款"……
>
> 证立理由2："内在体系"……
>
> 证立理由3："恶法非法"……
>
> 证否理由1："向一般条款逃避"……
>
> 证否理由2：法的安定性……

---

① 参见于飞：《诚信原则修正功能的个案运用——以最高人民法院"华诚案"判决为分析对象》，载《法学研究》2022年第2期。

证否理由3：权力滥用……

以上正反两方面的拷问，要求理论作出回答。学界有支持诚信原则修正功能的观点，也有反对的观点。若干晚近的论文对该问题作了比较深入的推进，但既有研究更多地是在抽象理论层面进行研讨，未能展示诚信原则修正功能在个案中的具体运用方法，尤其未能密切结合个案展示诚信原则如何打败了支持规则适用的实质理由与形式理由（法的安定性）之和。如果不能对该问题作出有说服力的说明，对诚信原则修正功能破坏法的安定性的疑虑，以及对该功能在实践中能否妥当运用的怀疑，将始终挥之不去。

本文以"华诚案"为分析对象，以诚信原则修正功能的个案运用为核心，沿以下思路展开……

对于如何运用诚信原则，既有正面理由，也有反面理由，而通过"华诚案"可以对此产生新的见解。例文作者通过展示"华诚案"中"实现诚信原则的重要性超过支持无效规则适用的实质理由与形式理由之和的权衡过程"，得出了一个关于运用诚信原则修正规则的新思路。所以，该文是一篇质量上乘的佳作。

司法案例代表着实务界有效解决法律问题的方向，值得学者们关注和反思。有很多学术论文通过概括司法案例来写作，写作效果也较为理想。笔者曾经就指导性案例的司法适用问题进行过讨论[①]，该文的基点就是通过寻找裁判文书，发现法官和当事人对待指导性案例的态度，梳理法官适用指导性案例的方法及问题，从而进行理论追问。法学学科的研究者们要善于通过裁判文书发现写作资源，实现案例的选题化。

（二）基于法律实践的选题

严格来说，司法案例属于法律实践当中的一种。法律实践的范围比较广泛，需要研究者不断地思考和研究，从而发现其中蕴含的法律问题。比如，社会生活中发生的一些案例，可能与法条无关，但是与法学理论有关，这些案例也是值得我们分析和思考的。2008年汶川大地震发生时，有一名教师范某某先于学生逃跑。后来，他在网上贴出他写的文章《那一刻地动山摇——"5·12"汶川地震亲历记》。在这篇文章当中，范某某细致地描述了自己在地震时的心路历程，称"在这种生死抉择的瞬间，只有为了女儿才可能考虑牺牲自我，其他人，哪怕是我的母亲，在这种情况下我也不会管。因为成年人我抱不动，间不容发之际逃出一个是一个"。此文一出，旋即引起轩然大波，引发了一场关于"师德"的讨论。法学界也有一些学者对这个案例进行过分析，笔者将这些

---

① 参见彭中礼：《司法判决中的指导性案例》，载《中国法学》2017年第6期。

学术观点概括为"道德论"和"权利论"。在此基础上，笔者对两种观点进行了批评和反驳，指出从权利的根本属性来看，范某某的行为既是其权利，但又不完全为其权利所涵盖；既是道德的，但又不完全是道德的。权利需要承担相应的责任，这是实现社会合作的基本要求。权利的享有并不是绝对的，还应当承担适度的责任——来自道德的、社会的责任要求。① 这篇文章发表以后，有学者专门就其中的法理学问题与笔者进行了探讨。

再如，"许霆案"发生后，刑法学专业的学者们展开了一场学术大讨论，纷纷提出不同的学术观点。此时，如果再去思考许霆的行为到底应当被认定构成什么罪名，从学术上说已经没有多大意义了。有一位学者另辟蹊径，从人们为什么关注该案进行分析，从而提出刑法处罚应当具有普遍性而不应因为偶然因素被处罚的观点。可见，案例是社会生活的鲜活表达，包含丰富的理论，有巨大的写作空间，关键是要善于思考。杨立新教授曾举过一个例子，很有启发意义：

笔者（指杨立新教授本人）参加过最高人民法院触电人身损害赔偿司法解释的起草工作。该解释虽然是有关触电人身损害赔偿的司法解释，但它在最高人民法院人身损害赔偿司法解释出台之前，发挥了重要作用，把人身损害赔偿的基本规则都写进去了。后来，触电人身损害赔偿司法解释由于与《侵权责任法》以及人身损害赔偿司法解释的部分内容相冲突，被最高人民法院废止了。事实上，触电人身损害赔偿司法解释有的内容确实与《侵权责任法》和人身损害赔偿司法解释的内容冲突，但是，也有不冲突并且特别有实用价值的部分。由于最高人民法院把这个司法解释全部废止了，其中特别重要的、目前仍然有实用价值的规定也一起被废止了。比如关于高压电的标准，司法解释规定为一万伏；关于触电损害赔偿责任人，规定以电力设施产权人为确定标准；该解释还规定了对电力部门的特殊免责事由。这些都是触电人身损害赔偿责任必须适用的规则。这些规定被废止之后，司法实践中就没有规则指导法律适用了。而《侵权责任法》第73条只是把高压电触电损害赔偿责任规定在"高压"之中一点而过，并没有规定具体规则。例如，对于盗窃供电设施，造成自己损害的情形，司法解释规定"受害人盗窃电能，盗窃、破坏电力设施或者因其他犯罪行为而引起触电事故"，免除电力部门的赔偿责任。但是，《侵权责任法》第73条规定，只有受害人故意或者不可抗力才为免责事由，因而即使盗电致害自己，法院也会适用无过错责任原则，判决电力部门承担责任，只是减轻责任而已。这样适用法律是不公平的。这是一个实践中的问题，即在废止触电损害赔偿司法解释时，一并把其中仍然应当适用的、在实践中效果良好的、仍然有实用价值的部分，也不加区分地一起废止了。发现这个实务性问题之后，笔者写作了《触电司法解释废止后若干法律适用对策》的文章，提出了解决问题的方法，

---

① 参见彭中礼：《权利的责任限度》，载《上海政法学院学报》2011年第4期。

受到法院法官以及电力部门的欢迎。这个题目就是在实践中发现的问题，选题具有实务中的问题意识。①

（三）基于理论思考的选题

从根本上说，学术创作的终极目的应当是推动学术理论的发展和进步。学术事业的进步，一定是进步的理论基于旧有理论的不断思考和更新，从而达到知识的创新。所以，通过理论来进行理论思考是可行的。理论的发展和进步需要批判精神，需要研究者在不断追问"为什么"中去传承和创造。从这个层面来看，研究者需要熟悉理论体系，对所要研究的各种理论有清醒的认识，能够基于现有理论提出与众不同的观点和学说。比如，博士学位论文选题"法律解释的有效性""法律渊源论"等就属于理论性比较强的选题。

基于理论思考的选题有两种具体的方式：一是在已有理论的基础上进行理论扩展。换言之，并非所有的理论都是完整的，总会存在某些问题或者漏洞，所以研究者如果能够从理论当中寻找到一些他人没有研究之处，就算是找到了学术研究的"空白之处"。二是对已有理论进行学术批判。比如在刑法学界，我国主要刑法学教科书中普遍介绍犯罪构成要件的"四要件法"，但是后来有学者明确提出犯罪构成要件的"三阶层法"，"三阶层法"就属于对"四要件法"的批判。例3-2就是从理论中发现问题的典范：

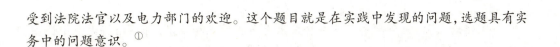

例3-2：节选自《法律渊源词义考》②

在法学领域中，法律渊源是一个极其重要的概念。但在我国法学界，法律渊源概念的含义不仅极不统一，还存在彼此矛盾和对立的现象。如将法律渊源等同于法律形式者有之，将法律渊源等同于法律的效力来源者有之，将法律渊源视为"终极来源、效力来源和形式来源"者有之，将法律渊源的基本要素概括为"资源、进路和动因"者亦有之，而新近又有学者提出法律渊源是"法官法源"。法律渊源的这种含义混乱现象在西方学界同样存在，如《牛津法律大辞典》认为"法律渊源"一词可以在几种不同的意义上使用：（1）法律的历史渊源；（2）影响法律、促进立法变化的理论原则和哲学原则；（3）形式渊源，因为他们公认的权威而授予来自他们的规则和原则以效力和力量；（4）文件渊源，文件包括了法律规则的权威声明；（5）文字渊源，也就是法律文献……

---

① 参见杨立新：《法学学术论文的选题方法》，载《法治研究》2016年第2期。

② 参见彭中礼：《法律渊源词义考》，载《法学研究》2012年第6期。

从理论上看，一个学术术语在含义上有多种观点和争鸣，并不值得大惊小怪，犹如"法律"一词古往今来也是仁者见仁，智者见智，未曾有一个已经形成共识的含义。但是，"法律"尽管词义变化多端，其功用和价值却丝毫没受影响。而"法律渊源"则命途多舛，因为其词义多变，致使其功用无法得到完全彰显……

可见，重新阐释"法律渊源"的含义，让其发挥应有的价值功用，已经成为一项十分重要的研究任务。毕竟，法律渊源作为一个源远流长的法学概念，从诞生起，就承担了阐释某种法律现象的责任，只是人们在对此概念的不断解释和演绎中，掩盖了其应有的本源含义。对法律渊源概念的理解，既不能以虚无化的态度来看待，也不能以过度诠释的立场去研究，而必须深入其产生的最初语境中，还原其最初含义，才能正本清源。

例3-2是笔者撰写的《法律渊源词义考》的开篇，其中就揭示了笔者为什么会选这个题目：理论界对于如何界定法律渊源概念存在争议，而争议的原因是大家都没有进行理论梳理实现正本清源，所以笔者就选了这个题目，做了这个工作。

（四）基于学科交叉的选题

虽然当代社会学术分工、学科分工非常细致，但是学科交叉也成为一种时髦趋势。各个学科之间的交叉，如法律与文学、法律与经济学的交叉融合，必然带来新的问题，留心这些新问题对于论文的选题大有裨益。基于学科交叉的课题，往往容易从各个学科的特点入手，在综合和比较中发现问题，探讨出有价值的规律来，从而实现论文写作的创新。[1]当前法学研究中，可以从两个方面来理解学科交叉：

一是法学学科的内部交叉。法学是一个完整的理论体系。理论法学和部门法学是交叉融合的。首先要明确的是，任何部门法学都可以进行理论法学思考，任何理论法学研究都可以结合部门法学进行。离开部门法学来发展理论法学会使理论法学不接地气，而离开理论法学来研究部门法学会使得学术研究欠缺应有的深度。比如，案例指导制度和指导性案例通常是法理学的学者们在研究，但是部门法学的学者们也可以研究民事指导案例、刑事指导案例、行政指导案例，等等，从而使有关指导性案例的研究向纵深发展、向实践发展。

二是法学学科的外部交叉。我们既可以将法学研究与其他各个学科结合起来，实现政治法学、社会法学、法人类学、法伦理学、法哲学、财税法学等学科的发展；也可以将法学与工学、医学等学科结合起来，发展工程法学、卫生法学等学科。可以说，新兴

---

[1] 参见刘国涛、余晓龙等编著：《法学论文写作指南》（第2版），中国法制出版社2018年版，第10页。

交叉学科是学术研究的新趋向,更有利于实现学术创新。

值得注意的是,交叉学科和跨学科往往是结合在一起的。交叉学科往往是发展一个新的研究领域,如宪法社会学、宪法人类学、政治宪法学;而跨学科主要是法学研究者借鉴了其他学科的思维方法、理论工具或者研究工具,从而实现创新。无论是交叉学科,还是跨学科,都是选题的重要来源。

课后思考与练习

材料分析题
讲解

❶ 从理论或者实践中凝练问题,确定一个选题,简要说明理由。

❷ 在《中国社会科学》《法学研究》《中国法学》等学术期刊上认真阅读至少5篇最新发表的学术论文,仔细揣摩作者选择选题的原因。

❸ 材料分析题:

5名洞穴探险人受困山洞,水尽粮绝,无法在短期内获救。为了维生以待救援,大家约定抽签吃掉其中一人,牺牲他以救活其余四人。威特摩尔是这一方案的最初提议人,但在抽签前又收回了意见。其他四人仍执意抽签,并恰好选中了威特摩尔作牺牲者。获救后,这四人面临法律处罚问题,众人意见纷纷。

请根据以上材料提出一个学术论文选题。

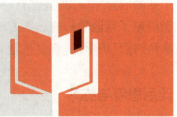

第四章
法学论文的文献检索与综述

经验解释和理论探索是学术研究的重要组成部分。对于论文写作而言，文献就是进行经验解释和理论探索的基础。对于研究者而言，在选择和确定选题的同时，应当做好文献综述，把握学术发展的思想脉络，从而厘清学术思路，为学术创新奠定知识考证基础。

一、文献与文献综述概要

（一）文献的概念与类型

论文写作离不开文献。所谓文献，就是论文写作时需要参考的各种信息的载体。从当代世界的写作环境来看，文献一般刊登在各种各样的出版物上，以及网络环境中；部分学术研究也会通过访谈、调研以及各种未曾公开的文献资料（如书信、日记等材料）进行。

从来源看，文献可以分为一手文献和二手文献。这种分类方式是目前最流行的分类方式。一手文献，是指特定事件的经历者或者行为人撰写的材料，包括日记、书信（无论出版与否）、立法者的回忆录、案件当事人的回忆录，以及个人或者机关收藏的其他影响事件进程的材料。运用实证研究方法，通过调查问卷、访谈等收集的数据也是一手文献。一手文献应当是学术研究的主要文献来源。二手文献是分析一手文献的文献。二手文献通常是由研究者根据一手文献撰写出来的文献。比如在一篇研究德沃金的学术论文当中，如果引证的是德沃金本人的学术观点，则属于一手文献；而如果是引证别人关于德沃金研究的学术观点，则属于二手文献。引证二手文献是为了跟上学术进程，了解并吸取他人的思想，促进自己的研究，以期在该领域发表的成果中再添一笔。当然，一份研究报告也只有在了解了他人的研究并回应了他人的观点，或者回应了读者前瞻性的疑问和异议时才是完整的。此外,通过二手文献可以找出关于研究者的写作主题他人已经写了什么,还可以了解他人是如何写的。[①]比如,司马迁为了写作《史记》,去了很多地方调查、访谈,整理了很多资料,这些都属于一手文献。但是,当研究者们引证《史记》当中记载的事件时,《史记》就变成了二手文献。要注意的是,当前学术研究检索文献资料变得更加简单,也很容易从他人的研究中按图索骥寻找文献。但是,研究者一定要对检索到的文献中引证的第三人的资料进行证实,这是最严谨的做法。笔者往往看到很多人的文章在引证亚里士多德或者柏拉图等人的话语时,不仅引证文献的页码错误,还存在理解错误,从而导致以讹传讹。此外,学术界还有一些比较流行的做法:一是研究外国问题的学者,一定要找到外国学者撰写的原文以及中国学者对该问题的研究作为文献资料,不能简单地以中国学者的译本作为一手文献;二是在研究中国问题时,如果能够找到外文文献进行对比或者予以梳理,那么所研究的文献会更有厚度、更加全面。

从载体来看,文献可以分为出版物文献、网络文献和视听文献。出版物文献主要包括出版的著作、报纸以及各类学术期刊;网络文献主要是刊登在网络上的作品;视听文献主要包括唱片、电影、磁带,等等。随着网络技术的发达,部分出版物也会以电子出版物的形式在网络上公开刊出,对其引用时应注意与纸质版本核对一致。有部分初学者喜欢引证维基百科或者百度百科的材料,这需要区别来看。虽然维基百科或者百度百科所刊载的部分文献质量不错,但毕竟维基百科或者百度百科由热心的网友们自主编辑,可能未经严格考证,因此引证时要特别谨慎,除非万不得已,最好不引证。

(二)文献综述的概念与特征

学术事业既需要不断吸取历史既有成就,又要不断创新。面向过去,目的是更好地了解自己所选论题在整个学科体系中的价值和贡献,正确地给自己的选题进行学术定位。由此可见,文献综述是写作的基础,也是推动学术进步的必然要求。所谓文献综述,是文献综合评述的简称,指在全面系统搜集有关文献材料之基础上,经过广泛阅读和理解,然后对该研究领域的研究现状(包括主要学术观点、前人研究成果和研究水平、争论焦点、存在问题及原因)、发展前景等内容进行整理、归纳、分析、甄别、选用,从而做到对一定时期内某一学科或某一研究专题的学术成果和研究进展进行系统、全面的概述和评论,进而提出自己的见解和研究思路。[②]文献综述是对已有研究成果

---

① 参见[美]凯特·L.杜拉宾:《芝加哥大学论文写作指南》(第8版),雷蕾译,新华出版社2015年版,第26页。

② 参见崔建军:《论文文献综述的地位、写作原则与写作方法——以经济学专业论文写作为例》,载《唐都学刊》2014年第5期;参见张成恩:《文献综述写作摭谈》,载《应用写作》2021年第9期。

的认真学习和精心阅读，是研究者学术思维能力、搜索能力和综合能力等多种能力的体现。

具体而言，文献综述具有以下几个方面的特征：

第一，从存在形式来看，文献综述具有时空性。在知识发展过程中，无数学者创造了数不胜数的知识文化。可以说，知识创新一经完成，就属于"过去式"。是故，有学者说："文献综述反映原始文献有一定的时间和空间范围，它反映一定时期内或是某一时期一定空间范围的原始文献的内容。"①文献综述就是要就某个相关的内容在历史的古旧纸堆里寻找到已有的研究成果，以此作为新知识的逻辑起点。不进行文献综述，很容易进行重复性工作，难以实现创新资源的优化配置。虽然重复性工作并非完全是无用功，但是如果重复性工作既没有研究方法的改变，又没有研究思路的改变，仅仅只是验证别人的研究结论，是没有意义的。文献综述的时空特性决定了所有的文献资料，无论是新的研究资料，还是过去的研究资料，都有其意义。过去的研究资料，是历史的见证，也是研究进程的反映；而新的研究资料，即便是最新的成果，也是在过去资料基础上的进一步创造和发展。所以，研究者们要把握好研究资料的时空性，善于利用好研究资料的"新"与"旧"。比如，笔者在写作《法律渊源词义考》这篇论文时，发现既有19世纪西方学者对法律渊源概念的研究，也有民国时期我国学者对法律渊源的研究，还有现代学者的一些研究，既可以说明学术的传承史，也能够引导笔者思考法律渊源概念的演变过程，是非常重要的学术资料，为该文进一步进行知识考古奠定了基础。当然，如果有学术观点已被学界修正，则应围绕已经修正了的学术观点进行批判或者借鉴。

第二，从资料范围来看，文献综述具有全面性。法学学术论文写作，写的是问题，目的是创新。全面检索他人的学术观点，形成自己的学术话语体系，必定要建立在穷尽相关学术文献的基础之上。如果有研究者对某个问题进行研究，既不理会学术界如何看待该问题，也不了解学术界对于该问题的研究已经到了何种程度，甚至还在盲目地坚持一些无论如何都是错误的学术观点，就很容易被认为是学术过度自负。如果有研究者只看了几篇文献，就以看过的这几篇文献为学术研究基础，开始作文，甚至"攻其一点，不计其余"，这种方法比较粗疏，容易产生片面的学术观点。总的来说，全面的文献综述资料包括：一是本学科领域的全部研究成果，如著作、论文和研究报告，等等；二是其他相关学科领域的全部研究成果。此外，还要注意的是，我们习惯于中文写作，常常只搜集中文资料而忽视对其他语种资料的搜集，其他语种的资料往往也只是以搜集英文资料为主。如果有较强的外语能力，可以将外文资料的范围扩大到德语、法语等语种，从而获得更多文献支持。面对海量的文献，特别是期刊论文，应主要根据

---

① 段玉斌、毕辉、韩雪峰：《文献综述的写作方法》，载《西北医学教育》2008年第1期。

文献的性质和学术影响力来进行有效选择。从中文语境来看,我们可以根据期刊的性质来进行选择性地阅读:(1)一般来说,CSSCI期刊(包括集刊、扩展版)上所刊载的论文是需要认真阅读的;(2)正规的省级以上期刊的论文,也值得认真阅读。

第三,从主要内容来看,文献综述具有综合性。一般而言,学术论文写作需要有较多的文献支撑。没有学术文献的选题,难以获得灵感,在坚硬的平地上起高楼,是一件非常困难的事情。但是,文献一多,有些研究者就很容易手忙脚乱,认为这个观点也对,那个观点也对,从而深陷其中不能自拔。因此,研究者要善于进行综合研究,从主题、研究思想、研究内容和研究方法等维度将已有的学术文献进行综合归类,根据自己的研究目的、研究内容总结已有研究成果的得失与利弊,从而为自己的研究奠定坚实的文献基础。研究者既需要对他人的研究成果进行综合整理、陈述,又要尽可能地体现或呈现前人在某个研究领域的所有重要研究成果。这个过程,需要用客观的态度、平和的心态来审视所搜集的文献,既不能仅仅叙述或援引自己赞同或认为正确的观点,也不可只叙述或引用该领域某几个学者或某个学派的成果,以免以偏概全。①

第四,从思维逻辑来看,文献综述具有批判性。文献综述的批判性是指基于文献,可以把握和发现文献的创新点和不足点,从而发现研究者基于主题研究的逻辑起点。文献综述是信息分析的高级产物。书目、索引等仅对原始文献的外表特征进行客观描述,不涉及文献内容,编写人员不需要了解原始文献的内容,也不需要具备相关学科的基础知识;提要、文摘是对原始文献的内容作简要介绍和评价,编写人员需要具有相关学科的一些基础知识,以识别和评价原始文献;文献综述则要求编写人员对综述的主题有深入的了解,能够全面、系统、准确、客观地概述某一主题的内容,能够运用分析、比较、整理、归纳等方法对一定范围内的文献进行深度加工,是创造性的研究活动②。在文献综述过程中运用批判性思维,对于揭露、发现、思考既有研究的不足,从而帮助我们找到研究的间隙——那些可以进行学术接力和值得完成知识创造的部分,具有特别重要的价值。③文献综述的目的之一是进行文献批判,我们要善于通过文献综述找到学术批判的"点",进而确立自己的研究核心。

(三)文献综述的意义

第一,发现和提出学术问题。学术问题既源于现实生活,也蕴含于文献当中。文献综述通过总结和梳理他人已有的研究成果,既是对他人观点的考量,也是对他人研

---

① 参见张成恩:《文献综述写作摭谈》,载《应用写作》2021年第9期。
② 参见段玉斌、毕辉、韩雪峰:《文献综述的写作方法》,载《西北医学教育》2008年第1期。
③ 参见熊浩:《论文写作指南:从观点初现到研究完成》,复旦大学出版社2019年版,第131页。

究思路的反思,有利于帮助发现和提出学术问题。比如,通过文献综述发现,学者们已经对流域环境协作司法的概念和功能有了充分的研究,明确达成了共识,但对于流域环境协作司法的制度体系,仍有不明确之处有待进一步研究,这就是学术问题所在。

第二,总结和凝练学术创新点。学术创新是在点滴当中体现的,因而要善于在他人研究成果的基础上发现自己的学术创新点。这既涉及学术视野,也涉及学术方法。学术视野是奠定在广泛阅读的基础之上的,而学术方法则需要理论与经验的结合。开拓学术视野的重要方法就是进行文献综述,而锤炼学术方法的重要路径则是学术"挑刺"(学术批判),即不断追问"为什么""真是这样吗",从而形成自己的思路和观点。在总结和凝练学术创新点时,应注意学术创新既包括观点创新、理论创新,也包括方法创新,甚至还包括验证他人结论的新方式,等等。比如,通过文献综述发现他人已经较为全面地指出了人工智能能够作为法律主体或者不能够作为法律主体,然而,如果研究者的学术观点也是赞同人工智能不能够作为法律主体,这在结论上与他人并没有很大差别,可以说不存在观点创新。但是,通过文献综述,研究者如果发现他人都是从权利能力和行为能力的角度来论述,而以此论述人工智能能否作为法律主体可能说理不充分,需要在重新更新法律主体概念的基础上来论证人工智能的法律主体地位问题,则学术创新之处又能够体现出来了。简言之,别人有过的结论,未必不能再写论文,关键在于要能通过总结他人的学术研究成果找到自己能够为同一主题的学术研究可能作出的贡献。

第三,承继和弘扬学术传统。学术是传承的事业。历史上,无数学者在各个领域作出了大小不一的贡献,才有了今天璀璨的人类文明。所以,在进行文献综述时,研究者要带着敬畏之心,严肃认真地对待。这些学术作品都是研究者的心血之作,其中有些作品可能会被历史流传,在学术共同体内实现一代代的传承,从而形成优良的学术传统。但是,有两点需要特别注意:(1)承继学术传统不是抄袭,也不是固步自封,而是要能够在理解的基础上掌握。(2)承继和弘扬学术传统,不是要全盘吸收,而是要有标准地进行批判性继承。该吸收的吸收,该发展的发展,能进步的进步,从而实现文明发展的长盛不衰。"人类社会每一次重大跃进,人类文明每一次重大发展,都离不开哲学社会科学的知识变革和思想先导。问题是时代的声音,创新是学术的生命。哲学社会科学在弘扬中华优秀传统文化、深入阐释中华文明方面承担着重要责任。"①所以,我们要铭记北宋思想家张载的"横渠四句":"为天地立心,为生民立命,为往圣继绝学,为万世开太平。"其中所提及的"为往圣继绝学"就为我们继承前辈先贤的思想提出了要求。

---

① 游旭群:《承继中华优秀学术传统》,载《中国社会科学报》2022年3月18日,第6版。

二、文献检索的方法

开展学术研究工作需要有良好的文献检索方法，从而迅速获得文献资料和学术信息。据统计，在一个科研人员的全部科研时间中，查找和消化科技资料上的时间占51%，主题思考占8%，实验研究占32%，书面总结仅占9%。[①]法学研究的实践表明，很大程度上，法学论文的质量水平取决于资料，资料准备得愈切实、充分，论文写作就愈充实，论文的质量就可能愈高。[②]梁启超曾言："资料从量的方面看，要求丰备；从质的方面看，要求确实。所以资料之搜罗和别择，实则占全工作十分之七八。"[③]所以，如何有效而全面地检索所需文献，是科学研究的一个关键问题。

文献检索是指借助于检索工具，运用科学的方法，从众多的文献中查找所需文献的过程和方法。检索的本质是用户的需求和文献信息集合的比较、选择及匹配的过程，运用编制好的检索工具或者检索系统，查找出满足用户要求的特定信息。[④]随着电子文献的普及，搜集资料变得越来越方便，在这一背景下如何采用恰当的方法为论文写作提供充分的文献基础便成为重中之重。

（一）文献检索的原则

1. 因题制宜原则

写作不同主题、不同性质的论文，对文献需求会有所差别。一般情况下，期刊的篇幅要比专著更短，刊载于期刊的论文字数约在3万字以下；而专著的字数一般在10—30万字。相较于期刊论文，专著的篇幅长，能围绕较为复杂的问题作深入细致的探讨和全面的论述，具有内容广博、论述系统、观点成熟等特点。专著出版前，作者的研究成果可能会先以论文的形式出现，在此基础上深入探讨，并展开阐述，从而形成专著。且专著通常附有参考文献和引文注释，包含丰富的书目信息。而期刊的出版周期相对较短，刊载论文的速度快、数量大、内容新颖、发行与影响面广，能及时反映国内外科学技术的新成果、新水平、新动向。此外，期刊还可能刊登文献述评、动态介绍、会议消息、书评和新书预告、产品广告等，内容比较丰富。一般情况下，在搜集文献时要兼顾专著与期刊，但各有侧重，如研究传统理论问题需要重点搜集名家的相关著述，研究前沿问题需要侧重于对最新文献的梳理。此外，还有报纸类、电子资源类（如政府官方网站）等载体文献，各有其特点，因此，在展开文献检索之前，要对所要搜集载体的文献

---

① 参见凌斌：《法科学生必修课：论文写作与文献检索》，北京大学出版社2013年版，第8页。
② 参见刘继峰：《法学论文写作：规范与方法》，中国政法大学出版社2021年版，第75页。
③ 梁启超：《中国近三百年学术史》（新校本），商务印书馆2011年版，第78页。
④ 参见陈瑞华等：《法学论文写作与资料检索》，北京大学出版社2011年版，第90页。

有一定的事前判断。

写作不同主题、不同性质的论文，对检索平台的需求可能有差别。在期刊论文的查找中，人们使用得最多的是中国知网。在中国知网中，研究者可以选择篇名、关键词、作者、作者单位、文献来源等信息进行检索，从而便利地查找到期刊上发表的相关主题论文。中国知网属于综合类的检索平台，其集成文献的主题非常综合，不侧重于某一领域。与中国知网类似的检索平台还有万方数据知识服务平台、维普数据库，英文文献中的综合搜索平台有Web of Science数据库等。相较于大量期刊的检索，专著还可以用《中国图书馆分类法》(Chinese Library Classification，英文缩写为CLC)进行辅助检索，其已普遍应用于全国各类型的图书馆，国内主要大型书目、检索刊物、机读数据库以及《中国国家标准书号》等。除此之外，法学领域存在很多具有不同特色的数据库，如国家法律法规数据库(flk.npc.gov.cn)、司法部的国家行政法规库(xzfg.moj.gov.cn)、北大法律信息网(chinalawinfo.com)、中国裁判文书网(wenshu.court.gov.cn)、北大法宝(pkulaw.com)等，外文的法律领域数据库有West-law、HeinOnline等。因此，在文献检索之前寻找到可以为我们所用、契合研究主题的检索平台，可以起到事半功倍的效果。

2. 详略得当原则

搜集某主题文献，不可能将所有相关论文"一视同仁"地予以重视，因此必须在搜集过程中树立一定原则，从几个维度展开，做到详略得当。第一，从强相关到弱相关。学术阅读可以尽可能地开阔视野，而搜集文献是为了论文写作，对于某一主题，会存在紧密相关的文献，也会存在"略有牵连"的文献。对于前者，要重点进行检索，不能有任何遗漏；对于后者，也应当尽可能全面搜集，但精力分配上一定要以前者为主。比如，研究法律责任的基本概念重构问题，张文显的《法律责任论纲》(载《吉林大学社会科学学报》1991年第1期)、吴昌宇和张恒山的《对法律责任的理解》(载《中央政法管理干部学院学报》1998年第1期)、邓建宏的《论法律责任》(载《广西大学学报(哲学社会科学版)》1998年第5期)、李颂银的《从法律责任角度重新认识法学基本理论问题八议》(载《现代法学》1999年第5期)、翁文刚的《法律责任歧见剖析——与李颂银先生商榷》(载《现代法学》2000年第2期)、毕成的《论法律责任的历史发展》(载《法律科学(西北政法大学学报)》2000年第5期)、余军和朱新力的《法律责任概念的形式构造》(载《法学研究》2010年第4期)、郑智航的《从互惠性到宽容性：法律责任构造逻辑的嬗变》(载《领导科学》2018年第10期)、蔡宏伟的《"法律责任"概念之澄清》(载《法制与社会发展》2020年第6期)以及李拥军的《法律责任概念的反思与重构》(载《中国法学》2022年第3期)等文献就属于强相关论文，因为它们都是关于法律责任概念的内涵研究。而朱虎的《无权代理人对相对人的法律责任》(载《环球法律评论》2022年第6期)、李剑的《威慑与不确定性——新〈反垄断法〉法律责任条款评述》(载《当代法学》2022年第

6期)、冯静茹的《论国际海底区域开发中担保国的环境法律责任》(载《法商研究》2022年第5期)、巫文勇的《互联网平台金融的信息披露规则与法律责任重叙》(载《法律科学(西北政法大学学报)》2022年第5期)等文献则属于弱相关的文献,因为这些论文的名称虽然含有"法律责任"字样,但实际上并未论述什么是法律责任以及如何界定法律责任的概念,因而从本质上来说可能对"法律责任概念重构"相关的论文写作没有多大价值。

第二,从权威到一般。不同文献在学术史上的影响力不同,对于影响力大、不容忽视的文献,应当重点关注、搜集、整理,尤其是引用量高的专著与论文,以及权威出版社出版的著作,权威学者所撰写、权威刊物所刊登的论文。对出版社、作者的考量只是必要的举措和标准,不是唯一的举措和标准,其余因素在研究过程当中也应当予以关注。

第三,由近至远。近期文献代表学科最新水平和最前沿的成果,是收集的重点。由此溯往,可以俯视与选题相关的学科的发展沿革和发展水平。在确定溯往的时段时,应依据学科发展速度和文献总量等情况,区别对待。例如,刚刚兴起的前沿方向与传统的基础理论研究,前者溯往的时段就应相对缩短。

第四,由浅至深,由增至减。收集资料的过程,是由浅入深、逐步领悟专业资料精髓和积累知识的过程。"浅"是因人而异的相对概念,主要指本人依靠现有知识所能理解的文献,是钥匙和基础;"深"是指由表及里的本质分析,是关键和目的。只有从"浅"处入手,才能不断丰富、积淀专业知识,逐渐打开学科的视野;唯有通过"深"的对比和思考,才能领悟学科的发展。而随着文献的搜集,便需要根据上述原则进行一定的取舍。取舍,是文献总量经收集到采用,逐渐减少、更趋精炼的手段。

3. 分门别类原则

在检索文献的过程当中,要提前设计好文献分类方式,按照不同的顺序将文献排列,以便后期的论文写作。检索所得的同一主题的文献,可以按照不同标准进行分类。

第一,分支细化的主题。检索所得的文献一般围绕所讨论的主题的不同方面,可以专题中的关键词对文件夹进行命名,然后在此文件夹下设立子文件夹,利用分支主题完成分类。在之后的文献收集过程中,可以先将与主题相关的内容直接定位于相关的文件夹下,以便二次查阅文献资料时可以准确、快速地进行定位,提高查阅文献资料的效率。

第二,文献的重要程度。检索所得的文献对之后研究的重要性程度可能不同,可以在搜集文献时进行一定的评估,需要重点参考的文献通过利用字母、数字再命名的方式向前排,无须重点参考的文献向后排,方便日后写作时集中精力阅读、参考重要文献。

第三,写作的匹配程度。检索所得的文献可能服务于不同的写作阶段,可以按照写作顺序进行一定的分类。无论采用什么方法收集文献资料都殊途同归,目的都是"为我所用",目标都是使用方便、快捷、高效、有价值。因此,应将收集和整理文献作为一个系统工程,预先设计好文献搜索的关键词、方式方法,依照一定的规则,有计划、有目的地收集和整理文献资料,使文献资料发挥最大效能,为此后的研究夯实基础。

（二）文献检索的方法

文献检索有几种常见方法,既有文献对此分类方式介绍不够清晰,笔者在既有研究的基础上将其分为工具法与追溯法。[①]

1. 工具法

工具法,即利用检索工具查找文献的方法。检索工具的种类繁多,按检索手段可以分为手工检索和计算机检索,按出版形式可以分为卡片式、书本式、光盘式等,按著录内容可以分为目录、索引、文摘三大类。利用检索工具查找文献资料一般又可以分为顺查法和逆查法。

顺查法,即依据研究主题,以时间为逻辑起点,逐步检索到目前新出版的文献。这种方法对时间跨度较长的研究来说费时费力,但其优点也很突出:检索到的文献系统、完备,且有利于研究者了解相关研究的全过程,检索完成后,整个学术史一目了然,多用于主题范围较广、研究历史较长或较为复杂的课题研究。

逆查法,即从最新的权威期刊上、本领域较知名的研究者的论文及其参考文献开始,逐年回溯过去的文献。回溯的截止年限没有具体的标准,一般做法是,搜集主要信息和观点,检索时频繁出现重复,回溯即可停止。此法较前法更高效,事半功倍,但需研究者有一定的学术研究经验。由于近期文献不仅仅反映了现在的水平,而且一般引用、论证和概述了早期的文献资料,因而可以了解有关课题的早期发展状况。这种方法效率高、时间省,但有可能会遗漏有用的早期文献资料。

2. 追溯法

追溯法是以文献的作者在其论著后所附的参考文献为基础进行追踪查找的方法,可以分为根据作者的追溯与根据文献的追溯。由于这种方法不是单纯地利用检索工具,而是以文献之后所附的参考文献为线索逐一进行跟踪查找,并且可以通过新发现的文献之后所附的参考文献扩大查找范围,不断地追查下去。因此,这一方法又可称为"跟踪追击法"。这种查找方法在没有检索工具或检索工具不齐全的情况下,可以获得一些必需的文献资料,因而应用较为广泛。如发现一篇高引文章后,可以首先去查这位作者是否在相关领域发表了多篇文章。如果是,那么这位作者很有可能对这一领域颇有研究,他所发表的文献普遍具有进一步研究的价值。更重要的是,不仅这位

---

① 本部分主要参考了梅梅:《图书馆文献信息检索与利用研究》,北京工业大学出版社2021年版,第44页;廉慧:《历史学文献检索与利用》,山东人民出版社2015年版,第188—190页;刘国涛、余晓龙等编著:《法学论文写作指南》(第2版),中国法制出版社2018年版,第33页。

作者的文章有重要的参考文献,他所引参考文献也极可能是高质量文献。除了期刊论文、学位论文、会议论文之外,研究专著、新闻报道、行业报告、田野手记、档案资料、传记文学、统计报表,纪录片等,都是可研究的文献,这时通过追溯法便能清晰地捕捉到难以在数据库中检索到的相关文献。

将以上两种方法灵活运用便是综合法。在查找文献资料时,既利用检索工具查找文献资料,又利用文献资料后面所附的参考文献进行溯源(有些平台会提供其他"线索",如中国知网的"引证文献"等),将两种方法分期、分段地交替、循环使用,直到查找到所需要的几乎全部文献资料为止。综合运用两种方法能克服单一方法的困难,保证连续地查得所需年限内的文献资料,因而更为方便可行。

(三)文献检索的步骤

网络技术改变了人们的生活方式,也改变了科研的生产方式和文献查询方式。在法学论文写作中,研究者们可能会用到期刊论文、法律法规、司法案例、电子图书乃至电子词典等多种类的文献。而网络技术的发展,使研究者可以便利地在各种网站和数据库中查找到几乎全部文献。因此,熟知并运用好这些数据库,对于文献搜集来说意义重大。而熟练使用这些检索方式是需要一定经验与技巧的,仅通过键入某个词汇进行搜索,可能得到的结果是陷入数量庞大的资料中而无所适从。类似的情况是,虽获得了大量资料,但其中的大多数是主题的边缘信息,而忽略掉领域中一些知名专家的成果。检索文献时制定检索策略有利于检索到所需的资料,防止遗漏关键信息,将检索得到的有关条目控制在可处理的数量内,更有效地利用时间。[①]因此,根据法学论文写作的实践,可以将文献检索分为如下三步。

1. 确定检索主题

在开始检索之前,检索的主题一定要明确,这样才能确定范围和领域。检索主题,即研究者准备思考的问题。研究者应注意所研究的主题是否存在内涵限定、关联度限定或者前提限定,从而明确研究的起点与界限。不同的主题,检索的方向不同。比如研究"第三人侵权行为的法律责任承担问题",表面上看涉及的主题是"法律责任",但实际上这是一个与"法律责任"概念没有直接关联的题目,需要将"第三人侵权行为"与"法律责任"结合起来思考,而且从这个题目来看,应当涉及的是具体的责任承担问题,因而可能需要参考侵权行为的法律责任承担问题。

确定检索主题时,要特别注意同义词、近义词的检索。研究者对某个问题的研究,一定要考虑到个人对名词使用的偏好,因而要关注和考虑可能的相似词汇。比如"法

---

① 参见[英]萨莉·拉姆奇:《如何查找文献》,廖晓玲译,北京大学出版社2007年版,第90页。

律渊源"和"法源"是相同的词汇,但是不同的人会有不同的使用习惯。此外,与此相近的"法律的形式渊源""法律的实质渊源"等概念也可能需要检索。

2. 限定检索范围

利用限定条件这项功能,使用者可以让检索更加专业化,得到更加符合主题的结果。不同条件下的法律问题会有不同的研究视角,也会有不同的要求,就需要有不同的检索范围。比如,上文所说的"第三人侵权行为的法律责任承担问题"与"家养动物侵权的法律责任问题"就属于不同的研究主题。它们虽然有相同的词语"法律责任",但可能责任承担的方式会有所差别。因此,检索时要注意检索关键词的限定范围。

要特别注意检索条件的变化。一是要注意扩大检索条件。如果检索某个主题,发现文献欠缺,就要考虑扩大文献主题的范围。比如检索"国家政策"概念,发现相关研究不多,可能就需要检索"政策"这一关键词或者主题词,从而发现更多文献。二是要注意限缩检索范围。比如,要研究缔约过失责任,可以先检索"法律责任"这一关键词,但是会发现范围太广、文献太多,此时就可以检索"过失责任"这一关键词,然后再检索"缔约过失责任"这一关键词。

3. 评估检索结果

及时评估检索结果是否符合需求是提高论文写作效率,乃至论文写作能否成功的关键。因此,对检索结果进行评估应当贯穿文献检索的全过程,其关键指标有:(1)检索到的文献的数量;(2)关键词的位置和频率;(3)检索过程中是否发现了相关关键词,相关关键词是否未被涵盖于检索范围当中;(4)检索到的文献的形式;(5)检索到的文献的语种分布、日期分布、学者领域分布等是否有特色;(6)检索到的文献质量;(7)检索到的文献与研究者的研究主题的契合度;(8)能否据此明确已有研究的贡献;(9)能否据此概括相关主题的发展空间。

上述工作到位后,基本就可以确定文献检索工作已经全部完成,剩下的工作就是仔细阅读文献了。

三、文献综述的写作方法

(一)文献综述写作的主要原则

1. 主题中心原则

文献综述要为所研究的问题服务,是"六经注我"而非"我注六经"。[①]比如,研究者要研究人工智能创作物是否拥有著作权,并不需要把所有关于人工智能是否是法律

---

① 参见崔建军:《论文文献综述的地位、写作原则与写作方法——以经济学专业论文写作为例》,载《唐都学刊》2014年第5期。

主体的研究成果都罗列出来，只需把人工智能是否具有法律主体地位与人工智能创作物是否拥有著作权的文献结合起来，围绕人工智能创作的知识产权保护问题的相关研究文献展开综述。所以，文献综述无须面面俱到，而是应聚焦主题。例如，笔者在撰写国家社科基金重大项目"中国共产党司法政策百年发展史研究"的文献综述时，主要关注学者们关于党的司法政策的研究，和一些学者关于党的具体司法政策的研究，而对其他政策、司法政策的文献只了解一些有代表性的文献综合述评即可，否则，就可能出现文献综述的内容远远超出主题所能涵盖的内容的情况。

2. 核心内容原则

文献综述的重心在于"综"述，即对他人的研究成果予以客观综合评价。因此，文献综述应坚持"5w"原则，即按照什么人（who）、什么时候（when）、在什么地方（where）、为什么（why）、提出了什么学术观点（what）的写作方式撰写文献综述。真正富有价值的文献综述应像物理学的实验报告一样，他人依据实验报告可以进行重复实验，能够让读者依据文献综述迅速查阅原始文献，作进一步的考证和研究。"5w"原则既是文献综述的写作原则，也是标准的学术规范。遵循"5w"原则进行文献综述写作，进而从事严肃的学术研究，方有利于学术成果积累和科学发展进步。[①]

3. 全面梳理原则

文献综述要能够对所研究的相关主题进行全面梳理，因而需要将古今中外相关主题的文献"一网打尽"。有时候，遗漏重要研究文献很容易成为学术批判的对象。例如，有博士研究生的毕业论文题目是"法律政策学视野下的×××××"。在答辩中，就有专家提出，该文的最大缺陷就是文献综述不全面、不客观，比如美国学者哈罗德·D.拉斯韦尔和迈尔斯·S.麦克道格尔合著的《自由社会之法学理论：法律、科学和政策的研究》（中译本由王贵国教授总审校）就没有提及，而该书是法律政策学的大成之作。没有"历史"，研究是平面的，就没有纵深感和立体感；没有"中外"，研究缺乏横向比较，就没有开阔的视野。坚持古今中外原则，方可对所研究对象的理论材料"一网打尽"，为选题研究打下坚实的理论基础。[②]再如，有硕士研究生写"算法解释权"问题，所提及的学者仅是在中国知网能够查到的几篇文章的作者，且没有把相关文献梳理清楚。答辩时，有专家提出："该文对算法解释权的文献梳理非常不完整，在文献综述和参考文献部分都没有看到几篇像样的外文文献。目前有关算法以及算法解释权的研究，不仅在我国此起彼伏，实际上在国外也比较红火，且人家起步更早。这属于遗漏重要文献，需要整改。"

4. 述评结合原则

文献综述是对已有研究的综合性评价，因而应当由"述"和"评"组成，二者缺一不

①② 参见崔建军：《论文文献综述的地位、写作原则与写作方法——以经济学专业论文写作为例》，载《唐都学刊》2014年第5期。

可。要有述有评，不能只述不评，或重评轻述。前半部分的"述"不算太难，根据所查阅的大量文献进行综合归类、提炼、概括即可，注意不能记"流水账"，要提炼出已有研究的观点；后半部分的"评"则是一篇"综述"质量高下的分界线，在对问题进行合情合理剖析的基础上，提出自己独特的见解，融入研究者自己的理论水平、专业知识，体现研究者自己的分析问题、解决问题的能力。"评"要中肯，与论文研究主题相结合，不是作好坏的评判，其主要目的在于了解已有研究进展的程度，发现已有研究的不足，并从中找出自己研究的切入点。[①]述评结合原则要注意以下几个问题：

一是文献综述是研究综述，而不是针对制度现状和法律现状的综述，因而不需要过多涉及"制度如何"和"法律如何"，而应围绕"研究如何"展开。

二是"述"不是为了简单罗列，而是为接下来的"评"奠定基础。

三是"评"就是要从研究主题、研究内容、主要观点和研究方法、研究视角等层面对他人的学术观点进行客观评价。在对文献进行评价时，观点要旗帜鲜明。所谓旗帜鲜明，是指主旨要明确，态度要明朗，支持什么、反对什么、歌颂什么、批判什么，应当明白无误地表达出来。撰写文献综述，介绍该领域的研究情况，需要运用分析、概括的方法，精准地概括代表性学者和代表性流派的观点和争议，并在此基础上，表明自己的倾向性意见或观点。[②]

四是要注意文献综述应长度适中。如果是一篇学位论文，可以稍微详细些；如果是一篇用于发表的学术论文，要精炼；如果是申报国家社科基金一般项目，也应当精炼（一般控制在1 000字左右）；如果是申报国家社科基金重大项目，则可以适当详细（一般控制在1—3万字）。

此外，文献述评的视角可以是多方面的，不应当局限于某一方面内容。所以，在详尽占有已有研究文献的前提下，要敢于归纳，解析出已有研究文献的"贡献"与"不足"。通过进一步解析"不足"，从"不足"中导出自己的研究课题，也即要研究某一个"不足"，甚至研究某一个"不足"的某一个方面。这样，研究问题的逻辑起点和理论起点就清楚了。[③]

（二）文献综述写作的基本步骤

1. 文献搜集

全面、充分地搜集文献是展开文献综述的第一步。文献可以通过以下几个途径搜集：一是充分利用中国知网、万方数据库等数据库搜集学术论文、研究报告、公

---

①② 参见张成恩：《文献综述写作撷谈》，载《应用写作》2021年第9期。

③ 参见崔建军：《论文文献综述的地位、写作原则与写作方法——以经济学专业论文写作为例》，载《唐都学刊》2014年第5期。

开发行的会议论文、优秀博硕士论文以及报纸文章等,这是目前法学学术研究的主要文献搜集来源,还可以充分利用中国裁判文书网、把手案例、北大法宝等网站搜集司法案例,利用国家法律法规数据库搜集法律法规等,利用Westlaw、Lexis Nexis、HeinOnline等数据库搜索英文资料。二是充分利用电子图书馆的优势,通过主题词进行主题搜集,或是从图书分类目录、书名目录、著作者目录等方面检索自己所需的图书资料,或是通过书目和索引,找到散见于图书报刊中的资料,从而比较迅速、系统、全面地了解学科研究的历史和前沿。[①]三是自行搜集文献,包括通过问卷调查、学术访谈等方式获取资料和数据。四是从他人的论文或者著作中获得信息,按图索骥寻找文献。

2. 文献阅读

阅读并理解是进行文献综述最核心和关键的一步。研究者在进行文献阅读时,存在全面阅读、精细阅读两个过程。首先,通过全面阅读了解文献的价值。全面阅读并非要读完每一篇文献,而是通过全面阅读文献的题目、作者和摘要,了解文献的基本内容,确定需要进一步精读的文献。其次,通过精细阅读寻找思路启示。在全面阅读的基础上,对有价值、有分量的文献进行精读,既要了解这些文献的主干内容,也要了解其论证方式和语言特色,并不断地按照自己选题的可能方向进行对比。最后,要做好笔记,即把精读文献可供借鉴的地方进行思路整理和精华分析,为论文写作奠定基础。

3. 文献整理

文献综述要能够根据文献的内容、主题、观点和研究方法等进行类型化处理,把不同的文献结合自己的研究主题以及研究目的进行类型化分析,从而达到去粗取精的效果。对文献材料的整理一般包括两个步骤:(1)把搜集到的文献进行归类,节省时间,提高效率;(2)依据与论述的主旨关系的远近排列文献材料。在对文献材料进行整理的过程中,可能会出现两种情况:一种情况是搜集来的材料太多,这时就需要"忍痛割爱";另一种情况是说明某一问题的材料有所短缺,这就需要重新搜集补充。[②]

(三)文献综述写作的基本结构

文献综述一般由三个部分组成,即研究背景、研究现状、研究述评。下面对此进行具体介绍。

1. 研究背景

研究背景,即说明开展研究的原因、目的、学术背景、社会背景以及介绍为开展研究收集资料的情况。该部分要写得简明扼要、重点突出,使读者对研究者要开展的研

---

①② 参见张成恩:《文献综述写作摭谈》,载《应用写作》2021年第9期。

究有一个轮廓性的了解。①有学者提出，在此部分需说明研究意义，这是不合适的。一般来说，在学位论文中研究意义要能够独立成节，而不是在文献综述中体现出来，即便需要体现，也只要寥寥数语带过即可。

2. 研究现状

研究现状最能体现研究者对相关学术动态的把控能力。撰写研究现状，需要把与选题相关的文献的主要观点归类整理，并进行分析比较，从中选出有代表性的作者，对其代表性学术观点进行概述。这部分要做到层次分明、条理清楚、语言简练、详略得当。②研究现状要在文献整理的基础上做出，可在文献类型化的基础上，按照文献产生的先后顺序排列。文献综述写作可以采用"倒三角形法"，即撰写文献综述要由宽到窄（空间上）、由远到近（时间上）次第推进，最后聚焦到一个"点"上，找到自己研究问题的逻辑起点，也即自己所要研究问题的出发点。文献综述写作的"倒三角形法"是从"研究领域"到"主要问题"到"热点研究方向"再到"尚未解决的问题"，逐步抽象、提炼出自己所要进一步深化研究的问题或某一问题的某一个方面。③简洁直观的研究现状概述不仅可以让研究者快速把握研究现状和学术进展情况，也容易让读者了解研究者的写作意图。

3. 研究述评

研究述评是文献综述的核心部分，文献综述最终是要"评"，因而要把握评价的方法。评价主要是客观地揭示他人学术研究的长处和不足，为自己的研究进场打开局面，因而实事求是地评价他人的学术观点和学术进展程度很重要。比如，研究者要研究人工智能的法律主体地位，而在文献阅读时发现很多文献已经从能够作为法律主体和不能作为法律主体两个方面进行了研究，此时研究者可以换一个思路，即从已有研究的论证方式是否存在缺陷或者论证理由是否充分等方面入手来评价已有文献，达到客观评价已有研究文献的目的。

例4-1附上笔者2018年的国家社科基金项目"司法裁判过程中的人工智能应用研究"申请书的文献综述，以供参考。

👤 例4-1：

1. 国外学术史梳理及研究动态

1950年，英国数学家图灵发表了论文《计算机能够思维吗》，这是人工智能的奠基之作。1956年，"人工智能"（AI）一词在Dartmouth学会上正式被提出。"人工智能"概念提出以后，研究者们发展了众多理论和原理，这些理论和原理在众多领

---

①② 参见张成恩：《文献综述写作摭谈》，载《应用写作》2021年第9期。

③ 参见崔建军：《论文文献综述的地位、写作原则与写作方法——以经济学专业论文写作为例》，载《唐都学刊》2014年第5期。

域得到广泛应用。在法学界，人工智能的应用研究也得到了较大发展。

第一，研究视角多样。人工智能在法学领域的应用研究，主要可以分为两大块内容：一是人工智能与法的研究，二是法与人工智能的研究。前者涉及人工智能的发展中如何用法律进行规制的问题，后者主要涉及法律/法学发展过程中如何应用人工智能的问题。

第二，偏重于法律程序角度的研究。在诉讼程序当中，如何应用人工智能保障诉讼程序，是人工智能较早关注的问题。早期的研究主要涉及常规的法律领域，如行政程序。最近的研究越来越多地集中在更复杂和具有挑战性的法律程序领域，最典型的就是诉讼程序。

第三，偏重于司法辅助系统的研究。卡尔·布兰汀（1981）、詹姆斯·莱斯特（1983）和查尔斯·卡拉威（1987）提出了一项对司法决策具有辅助作用的任务，即司法机关可以通过人工智能起草常规的附属司法文件，从而提高法官的工作效率。也有学者讨论了早期的人工智能专家系统，但认为这些系统难以被用户所接受，因为它们不是基于对用户需求、功能和角色的认可而建立的（Pethe, V.P., Rippey, C.P., Kale, L.V., 1989）。

第四，偏重于法律方法角度的研究。Michele Taruffo（1998）为当前司法推理和人工智能与法的关系研究提供了一个新的观察视角。还有部分学者将法律论辩与人工智能联系起来，可以说对人工智能与法的关系的研究深入到了法学的核心问题（T.J.M. Bench-Capon, P.E.Dunne, 2007）。

第五，应用于司法决策的研究方兴未艾。较早试图将人工智能应用到法律领域的成果是麦卡蒂的"纳税人"（TAX-MAN）项目，该项目试图将美国税法领域的某些基本概念和法律法条形式化。席尔德（2004）则希望对刑事案件进行智能决策。赛勒斯·塔塔（2011）也提到了通过人工智能量刑的问题。菲利普·利斯（2015）则讨论了人工智能在司法领域的应用存在技术的局限性。

2. 国内学术史梳理及研究动态

作为21世纪的三大尖端科学技术之一，人工智能在我国获得了高度关注。在法学界，人工智能也逐渐成为一个热点话题。

第一，研究处于刚刚起步阶段。从2001年CLSCI期刊发表第一篇关于人工智能与法的论文开始（张保生，2001），截至2015年12月30日，有关人工智能的研究基本处于极少数人关注的状态；2016年和2017年是法学界对人工智能研究的第一个小高峰，论文数量开始大幅度上升（2016年发表15篇，2017年发表41篇）。法学界开始重点关注人工智能问题。

第二，从数学逻辑性的角度观察。陈云良早在2002年就提出了"模糊法学"的理论,即通过正确对待法的模糊性来提升法的精确性,并指出了该理论在司法审判智能化当中的应用前景,他认为,如果用模糊推理重构现有法律智能系统,其科学性将会提高,应用价值将更为广阔。也有学者认为,在司法裁判中,通过数学理性可以让司法裁判的公正性得到深刻体现。

第三,重视人工智能时代法律的全面介入。人工智能概念的传播,引起了学者们对人工智能时代的制度安排与法律规制的思考(吴汉东,2017),关注人工智能作为主体性的存在(袁曾,2017)、人工智能时代的法律转型(李晟,2018),并开始关注人工智能时代的民法问题(王利明,2017),特别是人工智能生成的内容在著作权法中的定性以及法律保护问题(熊琦,2017;王迁,2017;梁志文,2017);甚至还有学者开始关注人工智能时代的机器人权利及其风险规制问题(张玉洁,2017)或者人工智能安全的法律治理(吴沈括等,2018);也有学者在畅想人工智能与法律的未来(郑戈,2017;高奇琦等,2018)。可见,人工智能给人类带来的不仅仅是机遇或者挑战,更是一个法律问题。

第四,开始关注人工智能与法律方法。早在2005年,法理学者於兴中就研究了人工智能时代的话语理论与可辩驳推理;也有学者开始研究法律论证适用的人工智能模型(梁庆寅,2013),试图证明机器理性和人类理性在某种意义上可能存在共通性。

第五,人工智能在法律领域的辅助系统研究。我国法律专家人工智能系统的研制于20世纪80年代中期起步。1986年由朱华荣、肖开权主持的"量刑综合平衡与电脑辅助量刑专家系统研究"课题在建立盗窃罪量刑数学模型方面取得了成果。在法律数据库开发方面,1993年中山大学研制了"LOA律师办公自动化系统"。1993年武汉大学法学院赵廷光主持开发了"实用刑法专家系统",它由咨询检索系统、辅助定性系统和辅助量刑系统组成,具有检索刑法知识和对刑事个案进行推理判断的功能。

第六,司法裁判人工智能化问题受到关注。吴习彧(2017)在《司法裁判人工智能化的可能性及问题》一文中试图通过阐释计算机在理解、识别案情等方面存在的"认知"缺陷来回应司法裁判的人工智能化尝试。司法裁判智能化的研究正不断受到关注。

3. 国内外相关研究简评

国外研究简评——国外人工智能与法的研究已经取得了一定成果:(1)内容上看,研究比较分散,但是也有其独到成果;(2)对象上看,人工智能中的法律问题以及法律中的人工智能问题并重;(3)方法上看,多种研究方法并用;(4)成果上看,开始进行实践应用,如开发了ROSS Intelligence律师系统等先进辅助系统。

国内研究简评——我国人工智能与法的研究落后于国外发达国家:(1)整体上看,研究尚处于初级阶段;(2)内容上看,相对注重人工智能中的法律问题;(3)视角上看,从部门法角度关注人工智能应用的成果较多,而从法理角度关注较少;(4)成果上看,初级应用成果已经展示出来,但是缺乏关注人工智能深度学习的成果。

全面反思:法律智能系统是国内外法律职业共同体的现实需求,同时,这种需求从某种程度上讲促进了人工智能的发展,因而司法裁判中的人工智能应用值得期待。(1)人工智能能为司法裁判提供何种辅助技术有待进一步讨论;(2)人工智能的大脑模拟、符号学习、统计学法、集成方法等在司法裁判中如何能够完美对接有待于不断思考;(3)司法裁判中的事实认定和价值判断乃至于法律方法的运用问题,尚需仔细研究。

课后思考与练习

① 试以"无罪推定"为题,搜寻相关的中外文资料。

② 请以"人工智能与法律主体"为题,写一篇 2 000 字左右的文献综述。

③ 材料分析题:

文 献 综 述 ①

一、经验法则的国外研究动态

经验法则又称经验则,从词源的角度看,它来自大陆法系的传统,其思想源于古罗马法法谚"显著之事实,无须证明"。德语将其表述为 Erfahrungssätze,日本等国家和地区诉讼法学沿用了这一术语。英美法系的著述当中一般认为没有直接对应的概念,通常用 common sense、experience、general knowledge 来表述与经验法则近似的含义。不同的国家和地区,乃至相同国家和地区的不同学者对经验法则的认识和理解也存在一定的差异。

1. 经验法则的概念界定

经验法则作为一个法学术语,是大陆法系国家诉讼制度中常用的一个概念。"经验法则"一词最早出现于 1893 年德国学者弗里德里希 · 斯坦关于法官内心认知的著作(《法官的私人知识》)中,其最初承载的含义是"一个在一般性确定性经验基础上所形成的一般性法则"。弗里德里希·斯坦认为,在关于经验法则定义的推理过程中,包含一个具有一般性特征的概念前提,并且在这一概念的基础上形成了具有可推论特征的事实大前提。这样一来,人们就将经验法则的概念定义为一个在

---

① 节选自博士学位论文《经验法则司法适用实证研究》的开题报告,作者为张雪寒。

一般性确定性经验基础上所形成的一般性法则。

德国学者奥特马·尧厄尼希认为，经验法则是建立在经验基础上的、通过大量同类事实得出的一般性结论，其或者是一般生活经验，或者是专业知识。当然德国学者的用词也不完全一致，例如，普维庭教授使用"强制性的经验定理"的表述，而劳门教授使用"强制性的经验法则"的表述。

德国学者施耐德认为，经验法则是指从结果总数中抽离得出的抽象规则，其在观察典型事项经过时，始终一直被确认。

德国学者罗森堡认为，经验法则系指一般的生活经验规则与知识，以及艺术、科学、手工业、商业、贸易及交易中特殊专业及专门知识的规则，亦包括交易习惯、商业习惯及交易见解等。也即，经验法则是基于对人类生活、行为及往来观察所得，乃科学研究或工商业、艺术活动之成果。

日本学者本间义信认为，经验法则是指人类以经验归纳所获得的有关事物因果关系或性质状态的法则或知识，其范围既包括一般根据科学方法通过观察所获得的关于自然现象的自然法则，也包括支配人们思维的逻辑法则、数学原理、社会生活中的道义准则、商业交易习惯等，遍及学术、艺术、技术、商业、工业等各个生活领域中的一切法则。

日本学者兼子一、竹下守夫认为，经验法则指法规以外的一般知识性法则，即我们日常生活中面临的物理的以及社会的诸法则和生活的各种规范。

日本学者石井一正认为，所谓经验法则，系指根据经验归纳而成的知识、规律，包括日常生活法则、自然法则和专门学科的法则。

在西方判例法国家，包括司法经验在内的日常生活经验通常被称为"常识"或者"背景知识"。加拿大学者迈克瑞蒙认为，在司法实践中，法官是基于他们关于法律的知识、物质世界的知识、词语的知识以及人类行为的知识而得出判决结论的。事实认定是证据和事实审理者的背景与经验交互作用的产品，这些背景知识被称为"知识库"。一个知识库不是由那些业已经过单独的、实证的检验并且已经清楚明确地作出的命题所组成的；相反，从个人和集体的角度看，在我们的头脑中都存在一些错误定义的信息板块，而这些就典型地构成了一个知识库，它是一个容纳了深思熟虑的模式、逸闻趣事的记忆、影响、故事、神话、愿望、陈腔滥调、思考和偏见等诸多内容的大杂烩。

2. 经验法则的表现形式

德国学者哈贝马斯将知识分为科学、道德和艺术，其中渗透到日常生活行为中的潜在的知识被称为"背景知识"。在认识规范的过程中，这些基本的"背景知识"不动声色地起到了补充作用。

德国学者海姆勒按照经验法则的强度，将经验法则分为一般经验法则、绝对经验法则及特殊可信之经验法则。

德国学者普维庭借鉴上述观点，将经验法则与事实认定联系起来，依据盖然性从高到低，把经验法则分为四类：首先是生活规律，其次是经验基本原则，再者是简单的经验规则，最后是纯粹的偏见。

日本学者兼子一、竹下守夫提出，经验法则属于自由心证的范畴，因为在认定事实时，如在鉴定意见中，法官采纳其中哪些经验法则来认定事实，是属于法官自由心证的问题。同时，经验法则

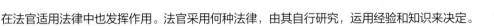

在法官适用法律中也发挥作用。法官采用何种法律，由其自行研究，运用经验和知识来决定。

3. 经验法则的作用机制

德国学者施耐德认为，经验法则在证据评价方面具有重要作用。对于任何一项证据评价，经验法则都是不可或缺的，当然其具体的证明力存在差异。

日本学者新堂幸司认为，由于经验法则众所周知，法官直接以此来认定事实，多数情况下人们不会心存疑虑，但特殊专业领域的经验法则，当事人不一定知晓，通过专家来鉴定，弥补法官知识或判断能力的不足，进而使当事人信服。

加拿大学者迈克瑞蒙认为，"背景知识"在事实认定中的作用是以概括的形式体现的，概括是一堂推理课，旨在将证据与争点连接起来。

美国学者罗纳德认为，证据关联性的认定受到审理者社会阅历、出身背景和日常经验的影响。

英国法中经验法则主要存在两种作用形式：一类是经验法则被运用于法律为一方当事人的利益推定某项事实从而解除当事人的举证负担；另一类是经验法则用于判断证据是否具有关联性。

4. 经验法则的运用方法

德国作为经验法则的理论发源地，对经验法则的适用是由判例发展起来的。最早的适用可参见德国联邦法院 1951 年 1 月 10 日的一份判决。德国学者卡尔·拉伦茨认为，在德国，经验法则具有类似法条的功能，只要还没有相反的经验法则出现，法院就会一直维持其见解。

日本的判例表明，在确定性很高的经验法则成立的情况下，可以直接推定过失和因果关系，使主张其存在的当事人无须主张和证明相应的具体事实。如果当事人想要排除某类经验法则的适用，则需要以特定理由为依据加以主张排除。

在美国的诉讼体系中，经验法则被用以推论某一事实或者若干事实与另一事实或若干事实间的关系。

可以看出，经验法则作为大陆法系重要的法律概念，其内涵较为丰富，且至今并未得出一个统一的定见。

二、经验法则国内研究动态

1. 经验法则的概念界定

张卫平在《认识经验法则》一文中指出，经验法则是指人们从生活经验中归纳获得的关于事物因果关系或属性状态的法则或知识。

毕玉谦在《论经验法则在司法上的功能与应用》一文中指出，经验法则是指人们在长期生产、生活以及科学研发过程中对客观外界各种现象的观察、识别和认知。

龙宗智在《刑事证明中经验法则运用的若干问题》一文中指出，经验法则有两种含义：其一，是指依靠普遍性经验，即被确认的某种一般性知识，判定案件事实的法规；其二，是指总结这些具有普遍性的社会经验所形成的、据以判断证据事实的实际经验内容，即社会普遍确认的各种知识定则。

张亚东在《经验法则——自由心证的尺度》中指出，经验法则是人类在长期生产和生活中形成的、以经验归纳和逻辑抽象后所获得的关于事物属性以及事物之间常态联系的一般性知识。

我国台湾地区学者陈荣宗、林庆苗在《民事诉讼法（中）》中指出，所谓经验法则系指人类以经验法则归纳所获得有关事物因果关系或性质状态之法则或知识，属于三段论法之大前提。

骆永家在《民事举证责任论》中提及，经验法则系指由经验归纳而得之关于事物之因果关系或性质状态之知识或法则，其中有属于常识者，亦有属于专门知识者，欲认定法律要件事实（直接事实、主要事实），须以间接事实为小前提，经验法则为大前提，而得出结论。

曾华松在《经验法则在经界诉讼上之运用》中提出，所谓经验法则系指由人类生活经验归纳所得之定则，自各种科学上技术上之定则，以至于日常生活阅历所得之人情物理均属之。

姜世明在《证据评价论》中提出，经验法则之功能，一般可认为有下列层面之作用：第一，在事实认定程序之推理程序中充当大前提；第二，证据法上部分制度之发展乃与经验法则相关联；第三，在争点整理程序中之作用；第四，在实体法规范要件上之作用。

2. 经验法则的表现形式

张卫平认为，经验法则既包括一般人日常生活所归纳的常识，也包括某些专门性的知识，如科学、技术、艺术、商贸等方面的知识等。

毕玉谦认为，根据属性不同，经验法则可分为一般经验法则与特别经验法则。

龙宗智总结了经验法则的四种属性：一是普遍性（个体的生活经验上升为一种定则，应当具有普遍性，这是经验法则的核心特征）；二是相对确定性（与普遍性紧密联系，经验法则必须具有确定性，否则不足以成为知识定则）；三是效能差异性（不同的知识定则具有不同的证明效能）；四是性质双重性（既是证明方法也是可适用的法规则）。

我国台湾地区学者王甲乙提出，日常生活之法则即专门科学之定则，而且其分为一般经验法则及特别经验法则，前者法官应知悉及职权适用，后者则可成为待证客体。

3. 经验法则的作用机制

毕玉谦在《诉讼证据规则研究》中指出，通常在诉讼过程中运用的经验法则，可以在不需要当事人举证的前提下直接运用，法官直接依照经验法则进行证据推理。

刘春梅在《浅论经验法则在事实认定中的作用及局限性之克服》一文中认为，经验法则在决定证据能力、评价证据价值、事实推定中的推理、引导当事人证明活动的进行以及为证明标准的适用提供判断依据等方面起决定性作用。

李江海在《经验法则及其诉讼功能》一文中认为，经验法则是通过对经验的归纳所获得的有关事物性质、状态及事物间联系的知识，是在特定时空范围内带有普遍性的规律和现象。

胡忠惠在《经验法则对法官自由心证的影响》中认为，经验法则的作用机制是在诉讼活动中法官自觉或不自觉地运用头脑中预先存在的知识背景、经验法则对证据材料、基础事实作出判断，并在自由心证基础上形成判决。

陈林林、何雪峰在《论经验法则的司法定位》中提出，经验法则兼具经验性与法则性，既解释事实的因果关系，也评价行为。

4. 经验法则的运用方法

王庆廷在《"经验"何以成为"法则"——对经验法则适用困境的考察、追问及求解》一文中认为，经验法则的应用有三种方法：在微观层面需要重构三类适用模式——指引模式、论证模式、中介模式，重塑"反思平衡"的思维方法；在中观层面，需要引入民主机制增强交流，完善程序控制加强规范，推进经验法则的案例化、类型化与体系化；在宏观层面，需要大力提升法官素养，使之兼备法律人"出世"和普通人"入世"的品格，还需构建宽容的社会环境，特别是理性、负责、温和的媒体环境。

戴涛、薛子裔在《论民事诉讼中日常生活经验法则不当运用及程序性规制》中基于诉讼程序运行的原理，通过采取"过程—结构"的分析方法，深入实践探讨日常生活经验法则不当运用问题的类型及其成因，并从程序性规制视角提出具有实践操作性的对策建议。

武飞在《论经验法则在刑事司法裁判中的论证》一文中提出，要根据经验法则的盖然性、主观性程度来分配其论证负担，以实现对事实争点决疑的目标。

琚明亮在《论经验法则在司法证明中的展开及适用》中提出：在适用层次上，作为微观证明规则的经验法则在与逻辑法则并行适用的过程中，通常直接指向事实推定。同时，在中观证明原则的层级上，经验法则与逻辑法则共同构成法官自由心证中证据评价与事实认定的最为重要的正当化基础与作用力因素，并使证明责任裁判作为一种末位性的裁判进路选择，具有了适用前提与适用结果上的核心判断依据。

桂梦美在《经验法则的刑事适用模式：表述、样态与程序指引》中提出，要聚焦经验法则刑事程序价值，从实质对等、论证公开以及程序制裁等价值资源中汲取营养，进而激活经验法则刑事适用模式持续发展因子并努力抵近司法公正。

何雪锋在《法官如何论证经验法则》中提出，法官论证经验法则的规律性需要依靠外部知识，而其论证的重心则是经验法则的规范性。法官可通过分析援引的经验法则具有惯习性，进而在社会规则与一阶行动理由的意义上证成经验法则的规范性。其在另一篇论文《我国经验法则案件的实证研究》中认为，适用经验法则的案件一审胜诉率显著高于其他审级，这意味着法律审救济命题需要重新审视，法官适用经验法则的地区差异等现象也值得进一步关注。

谭世贵、陆怡坤在《论经验法则在证据证明力评价中的运用——以刑事司法为视角》中提出，当前经验法则在证明力评价中的运用模式可分为印证评价模式、盖然性评价模式和混合型评价模式。

三、对现有成果的总体评述

一是概念的内涵理解不一致。从词源的角度看，经验法则来源于大陆法系国家，但我国最高人民法院的司法解释性文件中通常都是以"生活经验""日常生活经验"这一具有中国化语境的表述方式来表达与经验法则相似的含义。在经验法则进入我国司法研究相对较早的时间段内，学者们注重研究经验法则的经验性和实践性，未能对它的规范性以及理论性作出科学合理的界定，即便制度设计上最高人民法院的司法解释性文件已有对经验法则类似含义的规范。

二是在不同认知层次及方法上存在分歧。从对既有文献的梳理来看，我国学界对经验法则的研究经历了研究视角由宏观到具体、研究方法由理论推演到实证分析的过程。早期的文献主要从司法规范与事实两分的框架中解释经验法则，但由于经验法则既具有规范属性，又具有事实属性，使得通过二元框架对经验法则作理论推演始终无法避免形而上。

材料分析题
讲解

三是研究结果偏向于事实问题的探索而忽略了法律（法理）问题的整合与反思。单从现有资料来看，理论界对经验法则的事实问题比较重视，对裁判中的法律问题或者说对法理层面的整体性反思却缺乏应有的关注。

请分析上述文献综述存在的主要问题，并予以改正。

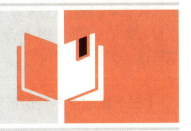

第五章

法学论文的规范引用

知识创造是一个群体协同发展的复杂过程。在此过程中,为了凸显新知与旧识的差别,必然需要将他人既有的学术成果标记出来,于是就有了注释。[1]作为学术论文的重要组成部分,引文注释最能体现研究者的研究态度和研究水平。《高等学校哲学社会科学研究学术规范(试行)》明确提出:"引文应以原始文献和第一手资料为原则。凡引用他人观点、方案、资料、数据等,无论曾否发表,无论是纸质或电子版,均应详加注释。凡转引文献资料,应如实说明。"为此,研究者要高度重视文献引用的目的、方式和规范格式,做到合理引用和合法引用。

一、引用的意义

(一)展示学术发展脉络

首先,从学术历史层面来看,规范引用所提供的信息展现了学术发展的脉络。许多读者使用研究报告中引用的文献不是为了核查它的可靠性,而是为了继续他们自己的研究。[2]何海波教授指出,找到一篇引注充分的论文,就知道了前人研究的状况,再根据所援引学术文献中的引注,就可以了解更早时期的研究状况。依此追溯,与研究主题相关的整个知识谱系就逐渐浮现,知识积累的阶梯也清晰可辨,观点思路的分歧也容易澄清。[3]

---

① 参见熊浩:《论文写作指南:从观点初现到研究完成》,复旦大学出版社2019年版,第235页。

② 参见[美]凯特·L.杜拉宾:《芝加哥大学论文写作指南》(第8版),雷蕾译,新华出版社2015年版,第140页。

③ 参见何海波:《法学论文写作》,北京大学出版社2014年版,第224页。

（二）彰显论文观点创新

从学术发展的层面来看，规范引用是凸显论文创新价值的需要。规范引用标示了前人研究的进步之处，从而有效显示出今文与旧文的差别，凸显了学术论文的创新发展。

（三）理顺学术评价机制

从学术评价角度来看，规范引用为学术评价机制的建立提供了合理依据。当前学术评价机制建立在规范引用的基础之上，在知识迅速发展的今天，学术竞争十分激烈，如何客观地对学者学术影响力作出评价是非常关键的问题。"一篇论文有多少价值、有多大影响，在一定程度上可以根据这篇论文的被引频次来衡量。在这个基础上，一份刊物的学术水准、一名学者的学术成就、一个教师群体的学术创新能力，也可以根据其所发论文的被引频次来衡量。虽然被引频次作为衡量指标也有一些缺点（例如，不同学科的情况差异很大），但它相对客观，因为被引频次是学术市场自由选择的结果。"[1]这便是当前学术评价机制的由来。因此，规范引用既是研究者学术水平的呈现，也服务于对学者学术影响力的评价机制的构建。

▌ 二、引用的原则

研究者使用的文献要引述其来源，予以拓展的、支持的、反对的、纠正的文献均要引述来源。这些引文不仅可以让读者理解写作者的写作主题，也可以让读者把写作者的写作主题与该领域中的其他研究联系起来。[2]引文的使用对于学术论文的撰写有实质性的推动作用，它可以充实论文的内容，增强论证的力度，强化论文的理论色彩。[3]但是，论文写作毕竟是表达自己的观点，而不是拼凑各种材料，因而需要遵循必要性原则、准确性原则和权威性原则等基本原则。

（一）必要性原则

学术论文要创新，就不能过度地引用他人观点，因而以必要为限是规范引用的首要原则。虽然是否引用以及引用谁的著述是研究者的自由，但是引用数量的多少还须

---

① 何海波：《法学论文写作》，北京大学出版社2014年版，第224—225页。
② 参见［美］凯特·L.杜拉宾：《芝加哥大学论文写作指南》（第8版），雷蕾译，新华出版社2015年版，第140页。
③ 参见刘国涛、余晓龙等编著：《法学论文写作指南》（第2版），中国法制出版社2018年版，第15页。

秉持必要性原则。必要性原则主要有三个方面的要求：

第一，从引用的数量来看，以适当为宜。引文是论证的辅助性手段，如果连篇累牍地引用，不仅使论文有抄袭之嫌，还会影响论文主题内容的连贯性和完整性，造成喧宾夺主的印象。[①]那种一句一注的方式是必要性原则所反对的，但是全文写完也就不超过十个注释也是必要性原则所不提倡的。当然，也有例外，马克斯·韦伯的著作《新教伦理与资本主义精神》引文注释非常多，且引文的知名度不逊于正文，该书成为世界上以"注释"闻名的著作。

第二，从引文的内容来看，以相关为要。一方面，引文必须与研究主题密切相关，充分反映所在领域的研究成果；另一方面，引文应与研究主题所反映的思想相关，不能脱节，不能离题，不能"引"不对题。否则，不仅会使论文的流畅性丧失，也会大大降低论文的说理性。当然，引文并非要求学科相关，只需与研究者所研究的内容相关。如果能够从其他学科来看待同一个问题，也是可以的。

（二）准确性原则

引文要实事求是，要准确、全面、无误，要尊重他人的学说。

第一，要准确理解所引文献的含义。具体要求有三：一是要认真读原文，避免错误引用。引用是为了强化自己的观点，或是树立一个批驳的靶子，无论哪种情况，引用都必须忠于原文，切不可为了自己的需要而故意歪曲、篡改原文的本意，以免引起读者的误解。歪曲、篡改原文的本意是一种学术不端行为，反映出作者对他人成果的不尊重，是学术论文写作中所严厉禁止的。[②]二是引注必须真实，即不能有伪注、假注。三是来源必须真实，因此最好引用公开出版或者发表的文献资料（部分出土文献、档案等除外）。未发表的论文最好不引用，确需引用，应征得作者的同意。

第二，要全面理解所引文献的含义。唯有全面，方能准确。引文一般是从他人文献中剥离或者抽取出来的一句话（一段话），甚至可能是对他人学术观点的概括，因而很容易出现断章取义的现象。有时候，脱离语境来谈他人的观点或者没有注意到他人的观点所使用的前提条件，就很容易产生误解。所以，要全面审视他人学术观点提出的背景、限定条件、应用场景。如果是直引，则必须要一字不漏；如果是意引，则必须真实全面概括。

第三，要核查他人所引文献。引文中基于他人的文献而需要引用文献（此时已是二手文献）的，必须核对原文，并理解原文。如果原文实在无法找到，比如一些私人收藏的文献、绝版的文献以及其他不能复制的文献，需要注明"转引自"。

---

①② 参见刘国涛、余晓龙等编著：《法学论文写作指南》（第2版），中国法制出版社2018年版，第15页。

（三）权威性原则

规范引用要求研究者认真对待研究领域的进展和相关学者的学术成就，因而必须引用权威观点和权威文献。

第一，从学术观点来看，权威观点是研究者首先应当引注的观点。如果某个领域只有某个学者有相应的学术造诣，那么他的观点应当被作为唯一观点而被引用；但是，如果相关领域有多个学者的观点，那么研究者就应当选择其中较为权威的进行引用。所以，要关注学术领域的流行观点、普遍观点、主流观点，酌情进行肯定性引用或者批判性引用。

第二，从学术文献来看，权威文献是研究者首先应当引注的文献。学术文献历来是研究者应当特别看重的信息来源。引用文献时，核查原始文献是研究者的重要工作。此外，如果存在多种文献可以支持研究者的论点，或者可以作为批判的对象，也应当以权威文献为目标，增强论文批判的针对性、学术性和科学性。

总之，引用的目的在于使论文更有说服力或者事实阐述更清晰。在引用过程中，必须区分"注"和"释"。"注"指的是引注，即援引他人的观点，对自己的观点进行引证。但是，如果文章中出现一些可能会引起误会的词语，或者是作者觉得有必要交代更多的信息，然而又不方便在正文中体现出来，此时可以采用"释"。比如，在法学论文写作中，为了降低查重率，可以将法条的具体内容作为"释"置入脚注或者尾注，在正文中只要写出具体条款即可。

三、引用的方式

写作者要注意在不同的场合使用不同的引用方式，从而达到高质量写作论文的目的。大体来看，引用可以分为直接引用和间接引用两种方式。

（一）直接引用

在学术论文写作中，如果直接原封不动地引用他人话语，即为直接引用，一般用引号引出、标注，以示与自己的话语区别。直接引用时要注意引文字数的限制，毕竟，当前的学位论文和期刊论文都会进行查重，且如果一篇学术论文存在大量连续引用，说明研究者对论文没有有效深入思考。此外，直接引用一般以引用经典话语为宜，且引文应观点明确、哲理丰富、概念清晰，如例5-1所示：

例5-1：从《民法典意义的法理诠释》[1]一文看直接引用规范

法律渊源是在长期的司法实践中形成的，属于承认规范的范畴。法律渊源拓展了法律的范围，"在广义上，所有的理由都是法源"[2]。习惯、政策、判例、学说等都会被纳入法源的视域……

上例中，陈金钊教授引用了佩策尼克的话语，以引号的形式标注，并指明了出处，就属于直接引用。

（二）间接引用

凡是没有原封不动地引用他人话语的都属于间接引用，包括话语转述和观点概括两种方式。

1. 话语转述

转述他人话语的基本原则是要能够把握原作者的话语精髓，但又不能改变其本来意思。话语转述既可以降低重复率，也可以做到简洁明快，提升文章的个人话语表达效果。但是，要注意不能够对原文的一些特定概念和词汇进行随意更改，否则容易改变原文的意思。如不能把法律用语中的"适格"改为"合格"，不能把"家长制"改为"长辈制度"等。所以，间接引用既要尊重原文作者的原意，又要用研究者自己的话语表达出来，否则也属于学术不规范，正确转述的例子如例5-2所示：

例5-2：从《法律论证：一个关于司法过程的理论神话》[3]一文看观点转述规范

在阿列克西看来，尽管在法律辩论（尤其是法庭诉讼）中，当事人的最终目的仅仅是争取一个对自己有利的判决，[4]但由于当事人总需要提出一些正当的理由来支持他的主张，并且判决的正确性归根到底要取决于诉讼程序对理性辩论规则的满足程度，所以阿列克西把法律辩论看作是道德辩论（普遍实践辩论）的一种特殊

---

① 参见陈金钊：《民法典意义的法理诠释》，载《中国法学》2021年第3期。

② ［瑞典］佩策尼克：《论法律与理性》，陈曦译，中国政法大学出版社2015年版，第297页。

③ 参见桑本谦：《法律论证：一个关于司法过程的理论神话——以王斌余案检验阿列克西法律论证理论》，载《中国法学》2007年第3期。

④ 参见前引①，阿列克西书，第263页。（前引①是指：［德］罗伯特·阿列克西：《法律论证理论》，舒国滢译，中国法制出版社2002年版，第223页——本书作者注）

情形。①阿列克西认为,法律辩论主要涉及法律决策的证成。这一任务可以分为两个层面:即"内部证成"和"外部证成"。前者的目的是保证从大小前提到判决结果的推理过程合乎逻辑;后者——作为法律论证理论的主题——的目的是给前提本身提供正当性依据。②

在上例中,桑本谦教授引用了3句阿列克西的话,但是都没有直接引用,而是对其进行了改写、缩写,从而为后文的分析和批判作准备。

2. 观点概括

观点概括就是将他人著述的核心内容用简短的语言概括出来,甚至是给其贴上一个"标签",如贴上"肯定说""否定说""折中说"之类的标签,或者贴上理性主义、经验主义、自由主义的学术标签。当然,一般不能随意给学者们的学术观点贴标签,概括学术观点也必须精准,否则容易引起他人反感,更不能强行无中生有地贴"标签",正确做法如例5-3所示:

例5-3:从《基本权利冲突及其解决思路》[3]一文看观点概括规范

权利冲突与基本权利冲突的关系,是以往研究的争议焦点。该问题至今悬而未决,阻碍了基本权利冲突研究的深入。在该问题上,目前存在三种学说,即泛化说、虚无说和介入说。泛化说认为,任何权利冲突本质上都是基本权利冲突。虚无说认为,不存在基本权利冲突,甚至连权利冲突也是个伪问题。介入说认为,基本权利冲突是权利冲突的子类型,从民事权利冲突上升到基本权利冲突,需要有一个转化过程。④

上例中,王锴教授概括了权利冲突与基本权利冲突关系的三种学说,并以泛化说、虚无说和介入说来标示三种学说的特点,然后分别指出观点的具体内容。这种观点概括既揭示了文章的问题意识,也树立了论文的批判目标,为论文写作的深入展开奠定了基础。

---

① 参见前引①,阿列克西书,第263—264页。(前引①是指:[德]罗伯特·阿列克西:《法律论证理论》,舒国滢译,中国法制出版社2002年版,第223页——本书作者注)
② 参见前引①,阿列克西书,第273页。(前引①是指:[德]罗伯特·阿列克西:《法律论证理论》,舒国滢译,中国法制出版社2002年版,第223页——本书作者注)
③ 参见王锴:《基本权利冲突及其解决思路》,载《法学研究》2021年第6期。
④ 参见李样举:《从"泛化与虚无"看基本权利冲突存在的空间》,载《甘肃理论学刊》2009年第4期。

❶ 各找一本法学类期刊和社科类学报,比较观察其引文格式的特色,并仔细揣摩熟记。

❷ 在《中国社会科学》《法学研究》《中国法学》等学术期刊上阅读一篇你最感兴趣的学术论文,仔细分析该文的文献引用(主要分析引用了什么、为什么引用、引用是否合适、有没有可以改进的地方等)。

❸ 材料分析题:

《自由贸易数据产权研究——以海南自贸港为例》①(节选)

"产权"一词通常指财产权(property rights),产生于经济学理论,在法学领域得到广泛使用。它实际是对民事权利的泛指,既包含所有权等物权,还包括债权、股权、知识产权及其他新型财产权。② "产权是一种社会工具,其重要性就在于事实上他们能帮助一个人形成与其他人进行交易的合理预期……界定人们怎样受益和受损,因而谁必须向谁提供补偿以修正人们行动的规定。"③ 数据的价值不是天然存在的,而是被生产出来的。④ 对于个人而言,数据要素是获得更好的智能化服务的经济基础。⑤ 对于企业而言,数据是重要的无形资产,企业可以通过许可使用、转让、抵押等手段盘活数据资产。不过,数据产权的权能强度远不及所有权,其目的不在于赋予权利主体对数据的绝对控制与支配,而是为了向各参与方提供合理预期,并作为界定何方受损或受益的依据。此时,政府主要充当"守夜人"角色,即界定数据产权、制定交易规则、维持交易秩序和处置交易纠纷。⑥

我们的立法关注的是如何保护消费者利益,构建公平有序的市场竞争秩序,并为我国企业开拓海外市场创造必要环境。⑦ 由此,既有研究发展出四类观点:一是承认个人信息和衍生数据的财产权;二是主张个人信息适用人格权保护,数据产品适用财产法保护路径;三是不承认个人信息和数据产品

---

① 作者张誉文,中南大学法学院本科生。材料节选时没有进行任何更改,所用引文格式均为原文引文格式,仅供练习使用。

② 田洪鋆. 科斯定理中产权概念的法学解析[J]. 东北师大学报(哲学社会科学版),2011(2):211.

③ Harold Demsetz, "Towarda Theory of Property Rights," *American Economic Review*, Vol.57, No.2(May1967), p.347.

④ 高富平. 数据生产理论——数据资源权利配置的基础理论[J]. 交大法学,2019(4):5;崔国斌. 大数据有限排他权的基础理论[J]. 法学研究,2019(5):12.

⑤ 申卫星. 论数据用益权[J]. 中国社会科学,2020(11):123.

⑥ 包晓丽. 数据产权保护的法律路径[J]. 中国政法大学学报,2021,(03)117—127.

⑦ 张金平. 欧盟个人数据权的演进及其启示[J]. 法商研究,2019(5):189.

材料分析题
讲解

的财产权，统一适用侵权法保护；四是采取行为规制的路径，认为数据利用和保护的关键不在于赋权，而在于国家、公司内部对数据开发和隐私保护的代码权限管理。①

  请分析该段文字中引文存在的问题。

---

① （1）自然人个人信息权（兼具人格权和财产权属性）与企业数据财产权，龙卫球．数据新型财产权构建及其体系研究［J］．政法论坛，2017（4）；许可．数据保护的三重进路——评新浪微博诉脉脉不正当竞争案［J］．上海大学学报（社会科学版）》，2017（6）．（2）自然人数据防御权与企业数据财产权，程啸．论大数据时代的个人数据权利［J］．中国社会科学，2018（3）．（3）侵权救济论，梅夏英．数据的法律属性及其民法定位［J］．中国社会科学，2016（9）．（4）公法保护论，高富平．个人信息保护：从个人控制到社会控制［J］．法学研究，2018（3）；吴伟光．大数据技术下个人数据信息私权保护论批判［J］．政治与法律，2016（7）．

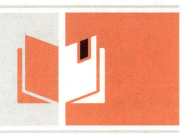

第六章
法学论文的逻辑结构

　　如果说文献是论文的基础,那么结构和框架就是论文的骨架。在论文题目的统领下,有逻辑地呈现论文主旨,是论文成功的关键。可以说,好的论文逻辑框架就代表了论文的"颜值",是学术论文获得认可的关键。一般来说,在文献准备充分以后,研究者必须能够形成比较具体的学术观点,从而进入写作阶段,同时构思论文的基本逻辑结构,为论文的正式写作打好基础。

一、以标题统领全文结构

　　标题是学术论文的重要组成部分。郑板桥曾说:"题高则诗高,题矮则诗矮。"所以,从标题既可以看出作者的研究目标,也可以看出作者的视野与格局。"好的标题尤其是好的篇名,往往是论文的灵魂、眼目,甚至会成为一面旗帜。"[1]

(一)论文标题的价值与类型

1. 论文标题的主要价值
　　论文标题是对论文内容准确而恰当的概括,是论文内容的窗口,应能起到窥一斑而见全豹的作用。[2]一篇学术论文,最先展现在读者面前的是其标题。标题的好坏往往决定着读者是否有兴趣阅读乃至引用。好的标题,不仅能起到点睛的作用,还能促进知识和观点的交流与传播。论文标题的规范性可以通过其作用及其选定原则表现出来,故论文标题的作用及选定原则极具研究价值。[3]具体而言,论文标题的价值功

---

① 张积玉:《社科期刊撰稿与编辑规范十二讲》,陕西师范大学出版社1994年版,第30页。
② 参见马东震:《简论学术期刊的论文标题》,载《宁夏大学学报(社会科学版)》1997年第1期。
③ 参见张品:《论学术论文标题的作用及选定原则》,载《改革与开放》2017年第13期。

用表现在以下几个方面:(1)形式上,好的标题能够吸引读者。此外,标题语词选取得当,有助于论文辑目、索引和检索,进而促进文献传播。(2)从内容来看,论文标题统领全文的核心观点、论证主题和逻辑结构。

2. 论文标题的主要类型

（1）叙述型标题

对于叙述型标题,若是立论,则作肯定论述,若是驳论,则作否定论述,或"立""驳"兼而有之。题头题尾常采用"论""谈""评""说""探""议""考""研究"等辨体性标题用词。这是学术期刊论文中的一种常用题式。[①] 例如,《论人权的主体与主体的人权》[②]《当代中国的规范体系:理论与制度结构》[③]《民法典意义的法理诠释》[④]《论民事法律事实的类型区分》[⑤]《论法律学说的司法运用》[⑥]《过失危险犯研究》[⑦]《民权词义考论》[⑧]《法律渊源词义考》[⑨]《法哲学解说》[⑩]等论文的标题。不过,需要指出的是,"浅议""刍议""小议"这些过谦的词语不宜出现在标题中。一篇洋洋洒洒上万字的学术论文,还是"浅""小""刍",要么就是不自信的骄傲,要么就是自卑的谦虚。

（2）疑问型标题

这类标题一般以问题的形式出现,这类标题中常常出现疑问词或以疑问句式提出要论述的问题,容易引起读者注意。[⑪] 例如,《为什么未老先衰? ——"法律与文学"在当代中国》[⑫]《审判管理与社会管理——法院如何有效回应"案多人少"? 》[⑬]《自然法、家庭伦理和女权主义? ——〈安提戈涅〉重新解读及其方法论意义》[⑭]等论文的标题。

（3）范围型标题

此类标题划定了论文的研究范围,较为宽泛,易失之于笼统和模糊。因此,使用时必须考虑有助于选定关键词和为编制题录、索引等二次文献提供检索的特定实用信

---

① ⑪　参见马东震:《简论学术期刊的论文标题》,载《宁夏大学学报(社会科学版)》1997年第1期。

②　参见张文显:《论人权的主体与主体的人权》,载《中国法学》1991年第5期。

③　参见刘作翔:《当代中国的规范体系:理论与制度结构》,载《中国社会科学》2019年第7期。

④　参见陈金钊:《民法典意义的法理诠释》,载《中国法学》2021年第1期。

⑤　参见王轶:《论民事法律事实的类型区分》,载《中国法学》2013年第1期。

⑥　参见彭中礼:《论法律学说的司法运用》,载《中国社会科学》2020年第4期。

⑦　参见刘仁文:《过失危险犯研究》,载《法学研究》1998年第3期。

⑧　参见王人博:《民权词义考论》,载《政法论坛》2003年第1期。

⑨　参见彭中礼:《法律渊源词义考》,载《法学研究》2012年第6期。

⑩　参见黄文艺:《法哲学解说》,载《法学研究》2000年第5期。

⑫　参见苏力:《为什么未老先衰? ——"法律与文学"在当代中国》,载《法律科学(西北政法大学学报)》2021年第5期。

⑬　参见苏力:《审判管理与社会管理——法院如何有效回应"案多人少"? 》,载《中国法学》2010年第6期。

⑭　参见苏力:《自然法、家庭伦理和女权主义? ——〈安提戈涅〉重新解读及其方法论意义》,载《法制与社会发展》2005年第6期。

息。[①]例如,《关于能动司法与大调解》[②]《新时代中国法治建设的基本问题》[③]《法条主义、民意与难办案件》[④]《事实、证据与事实认定》[⑤]《司法公正与同理心正义》[⑥]《文本、结构与立法原意——"人大释法"的法律技艺》[⑦]《中国宪法改革的几个基本理论问题》[⑧]等论文的标题。范围型标题如果是"A+B"型,那么在写作中一定要注意A与B的联系,如果没有将二者联系起来,论文写作就算是失败了;诸如"关于……的几个基本问题"等标题,由于写作难度过大,学位论文写作还是避开为好。

(4)观点型标题

此类标题直接指明了作者对某一学科领域专业问题研究的结论,多为肯定句式,旗帜鲜明、一语破的,在学术论文标题中较为常见,颇受读者欢迎。[⑨]例如,《人性民法与物性刑法的融合发展》[⑩]《以"生态恢复论"重构环境侵权救济体系》[⑪]等论文的标题。观点型标题要注意两点:一是观点要简洁清晰;二是论文的论证过程要围绕观点展开。

(5)对比型标题

即把两种或两种以上研究对象放在一起进行比较,或异中求同,或同中求异,形成反差,引起读者注意。[⑫]例如,《昔日"琼花",今日"秋菊"——关于芭蕾舞剧〈红色娘子军〉产权争议的一个法理分析》[⑬]《国际关系中的区域治理:理论建构与比较分析》[⑭]《通向权利的阶梯:产权过程与国家治理——中西方比较视角下的中国经验》[⑮]《产权理论:马克思和科斯的比较》[⑯]《两大法系法律实施系统比较——财产法律的视角》[⑰]等论文的标题。对比型标题与范围型标题有相同之处,但也存在差异:范围型标题是"A+B",强调A和B紧密结合,而对比型标题是"A"与"B",强调从A到B的变化/变迁进程。

———————————

① ⑨ ⑫ 参见马东震:《简论学术期刊的论文标题》,载《宁夏大学学报(社会科学版)》1997年第1期。

② 参见苏力:《关于能动司法与大调解》,载《中国法学》2010年第1期。

③ 参见王利明:《新时代中国法治建设的基本问题》,载《中国社会科学》2018年第1期。

④ 参见苏力:《法条主义、民意与难办案件》,载《中外法学》2009年第1期。

⑤ 参见张保生:《事实、证据与事实认定》,载《中国社会科学》2017年第8期。

⑥ 参见杜宴林:《司法公正与同理心正义》,载《中国社会科学》2017年第6期。

⑦ 参见强世功:《文本、结构与立法原意——"人大释法"的法律技艺》,载《中国社会科学》2007年第5期。

⑧ 参见夏勇:《中国宪法改革的几个基本理论问题》,载《中国社会科学》2003年第2期。

⑩ 参见刘艳红:《人性民法与物性刑法的融合发展》,载《中国社会科学》2020年第4期。

⑪ 参见吕忠梅、窦海阳:《以"生态恢复论"重构环境侵权救济体系》,载《中国社会科学》2020年第2期。

⑬ 参见苏力:《昔日"琼花",今日"秋菊"——关于芭蕾舞剧〈红色娘子军〉产权争议的一个法理分析》,载《学术月刊》2018年第7期。

⑭ 参见张云:《国际关系中的区域治理:理论建构与比较分析》,载《中国社会科学》2019年第7期。

⑮ 参见邓大才:《通向权利的阶梯:产权过程与国家治理——中西方比较视角下的中国经验》,载《中国社会科学》2018年第4期。

⑯ 参见吴易风:《产权理论:马克思和科斯的比较》,载《中国社会科学》2008年第2期。

⑰ 参见冉昊:《两大法系法律实施系统比较——财产法律的视角》,载《中国社会科学》2006年第1期。

当然，论文标题的类型比较多，此处只是对常见的一些论文标题进行概括。研究者应结合自己的研究内容，从便利读者阅读和传播学术观点的角度来审视自己论文的标题。

（二）论文标题的选定

在研究的开始，标题可能仅仅是一种预想，标题在这一阶段的选择是假定性的，但在学术论文最后成文时，其具体成果已被坚实地确定了，标题就只能完全由成果来确定。[①]任何主观性的活动都需要讲究方法，论文标题的制作亦是如此。下文介绍几种常用的论文标题制作方法。

第一，关键词提取方法。关键词是从文献题目、摘要和内容中抽取出来，用以揭示（或表达）文献主题特征，具有实际意义的，未经规范处理的自然语言词汇。[②]通过选取合理的关键词来概括论文的标题，容易实现文题一致。比如张明楷教授经分析认为，受贿犯罪的保护法益是职务行为的公正性和职务行为的不可收买性，其关键词（词组）有四个，即受贿犯罪、保护法益、职务行为的公正性和职务行为的不可收买性，于是将其论文题目定为"受贿犯罪的保护法益"，精准地概括了主题。有学生会问，为什么不将"职务行为的公正性"和"职务行为的不可收买性"写进标题，主要是因为写入标题后字数太多，且这两个关键词组是对受贿犯罪保护法益的具体呈现，完全可以由"保护法益"一词吸收。

第二，要素提炼组合方法。将一篇文章的研究对象、研究范围、研究方法、研究理论等要素提炼出来，有选择地按照一定的逻辑进行排列，再加上论文的性质（论、谈、试论、浅析、综述、探讨、分析、研究、展望等）词语，就构成了一个要素清晰的标题。[③]比如"论权利之功能"这一标题[④]，就是研究对象（权利）和研究范围（功能）的要素综合，充分反映了文章的主题范围。

第三，论点抽取方法。句子型的标题多采用论点抽取法拟定。若想采取论点抽取法对标题进行编辑修改，首先一定要吃透文章的主旨观点，然后用一句话（或陈述句或设问句或反问句）来表达。[⑤]比如"论'数字人权'不构成第四代人权"这一标题[⑥]就是一句完整的话语，也是作者的核心观点。

第四，论题概括法。有些论文，尤其是一些普及性的对某一问题进行思考或作总

---

① 参见徐雪芹：《试论学术论文的标题》，载《大连教育学院学报》2003年第1期。

② 参见杜桑海：《科技情报检索基础》，四川科学技术出版社1986年版，第76页。

③⑤ 参见彭桃英、许宇鹏：《学术论文标题提炼方法探讨》，载《应用写作》2011年第4期。

④ 参见张恒山：《论权利之功能》，载《法学研究》2020年第5期。

⑥ 参见刘志强：《论"数字人权"不构成第四代人权》，载《法学研究》2021年第1期。

结体会的社科类论文,其文章构成要素比较单一,没有采取什么研究理论或研究方法,只是纯粹的论述,但有时又无法用简短的语言穷尽文章的观点,这时标题中可只表明文章研究对象,再加上一些概括性的词语,如"……的思考"等。[①]例如,"共犯人关系的再思考"[②]这一文章标题就只涉及共犯人关系这一论题,至于共犯人关系是什么、如何处罚等问题,虽然在论文中有所涉及,但都只是需要讨论的一部分。

当然,还可以综合运用上述方法来提炼、拟定标题,此处不再赘述。好标题的提炼难度绝对不亚于贾岛对"推、敲"的斟酌。好的文章或专著可以浓缩为一句话,而这句话往往与标题高度相关。文题不符很大程度上是因为文章标题需要进一步深化、提炼与概括。提炼文章思想,并不是用句子概括全文,而是要反映出问题及研究的价值。试想标题就是以结论的方式给出,就会使读者觉得索然无味,这样的标题就其学术意义来说并无多大价值。[③]

(三)论文标题的规范要求

学术论文的标题要从表达层面、文题层面、结构层面和标点层面等进行把握,从而达到学术论文专业性和准确性的要求,为论文增色添彩。

1. 表达规范

学术论文不是为了求新奇、博眼球,而是要精准地表达研究者的意思,尽可能地传播最新研究成果,实现知识的更新进步。所以,学术论文的表达要在语言精准和含义明确两个方面下功夫。

第一,用语要精准。学术论文的读者并非为纯粹地欣赏而接触学术论文,他们需要知道某篇论文对自己的科研、学习等是否有实际指导意义,即他们在阅读时普遍带有实用和功利目的——不得不读,体现出一种社会的现实需要。因此,学术论文的标题,必须注重情报性,也即我们通常所说的专指性,以使读者可以凭标题来判断某篇文章是否值得阅读。[④]正如上文所述,学术论文的标题一定要体现文章的关键词(关键主题)。如果在学术论文的标题中抽不出反映内容的关键词,即便根据标题能了解该文的内容,也不能说这个标题专指性强。[⑤]从语言的角度来看,所谓精准,就是要能够精确地表达文章的意思,充分体现法学的严谨特性。学术论文语言精准有两个方面的要求:

(1)精炼。直截了当、一语中的是标题的鲜明特征,而冗余则是标题的大敌。国内

① 参见彭桃英、许宇鹏:《学术论文标题提炼方法探讨》,载《应用写作》2011年第4期。
② 参见张明楷:《共犯人关系的再思考》,载《法学研究》2020年第1期。
③ 参见张品:《论学术论文标题的作用及选定原则》,载《改革与开放》2013年第13期。
④⑤ 参见徐雪芹:《试论学术论文的标题》,载《大连教育学院学报》2003年第1期。

一些有影响力的学术刊物,也十分重视控制标题的字数。为强化读者的理解和记忆,严格控制标题的字数是非常必要的。一般来说,论文标题要尽可能地压缩在20字以内,如果确实很长,可以考虑主副标题联合使用。

(2)准确。维特根斯坦说:"可以言说的东西都可以清楚地加以言说;而对于不可谈论的东西,人们必须以沉默待之。"[1]论文标题要能够完整地概括论文的主旨,恰如其分地反映研究的范围和深度,不能使用笼统的、泛指性很强的词语。[2]因此,论文标题要尽量不用或少用无关紧要的修饰词,措辞必须严谨、科学,如果用专业术语能概括出文章内容,就不要用别的替代词。[3]比如,当事人"适格"就是"适格",而不是"合格";刑事诉讼中的辩护人一般是律师,但是民事诉讼的代理人不一定是律师。

第二,含义要明确。一般而言,要避免标题含义歧义或者模糊,需要分别从词汇、语法和语境三个角度来反思和验证。例如,有学生在写论文时,观察到农村教育基本建设经费不足,孩子们的读书环境不好,于是准备从法律的角度进行分析,拟的标题是"教育穷孩子苦的法律根源"。我告诉他,这个标题含义不明确,产生了歧义。歧义出在"教育穷孩子苦"这六个字上,可以分别理解为"教育穷、孩子苦"和"教育穷孩子为什么受苦"。于是,他就将论文题目改为"农村教育经费不足的原因及其法律对策研究",算是比较明确地表达了想要表达的意思。标题含义明确要注意两个问题:

(1)实事求是地反映论文的研究内容和研究特色。这要求作者不过分追求某些字眼,或者故意"绕"字,让人不知所云。例如,"大数据时代人工智能法律主体地位及其人格权法律保障机制研究"这个标题就比较"绕",存在多中心的毛病,又是大数据时代,又是人工智能,且字数太多,可改为"人工智能法律主体地位的保障机制研究"。

(2)尽量少用或者不用代表最高等级的词语。标题要避免使用"最高""最好"等含有主观色彩而又绝对的词语,这样的标题不仅不会给文章增色,反而容易成为他人攻击的把柄,会被认为作者将自己的价值观强行普世化,而现实中这样的文章也往往不具有客观性和理论研究的深度。[4]比如,将"人工智能法律主体地位的保障机制研究"这一标题改为"人工智能法律主体地位的最佳保障机制研究"就不妥。

2. 文题一致

论文标题要能够概括文章的主要内容,就必须与论文内容实现逻辑对应。因此,标题要能够依据文章的内容实现观点概括,服从文章的内容,揭示文章的主题,避免题

① [奥]维特根斯坦:《逻辑哲学论》,韩林合译,商务印书馆2013年版,第3页。
② 参见陈如松:《浅议学术论文标题的逻辑审读》,载《中国科技期刊研究》2003年第2期。
③ 参见徐雪芹:《试论学术论文的标题》,载《大连教育学院学报》2003年第1期。
④ 参见张品:《论学术论文标题的作用及选定原则》,载《改革与开放》2013年第13期。

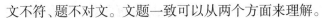

文不符、题不对文。文题一致可以从两个方面来理解。

第一,文章内容与标题要一致。文章内容与标题之间要有强对应关系,且是直接对应而不是间接对应。此外,标题不能失之"过宽"或"过窄"。过宽,题目就会大而不当,把文章未论及的结论也包含进去;过窄,易将文章涉及的某些内容摒弃在论题涵盖的范围之外,出现以偏概全的毛病。①

第二,主标题和副标题要分工合作。学术论文一般只用主标题,特殊情形可以用副标题。将文章的重点用冲击性的词语或句子置于主标题,再通过副标题揭示文章主旨,这种凸显新颖性的题名往往能达到"引人入胜"的效果。②一般来说,主标题表达文章的研究范围,而副标题则是对该研究范围的进一步界定或者明确,起到缩小研究范围、明确研究目的或者明确切入点的作用。所以,采用副标题的情形主要有:

(1)对研究主题涉及的研究内容进行限定,如"网络谣言的刑法治理:从宪法的视角"③这个标题,意在从宪法的视角讨论限制刑法治理的路径;再如"党政联合发文的信息公开困境与规则重塑:基于司法裁判的分析"④意在通过司法裁判文书中对党政联合发文的认定情况来回应信息公开困境以及如何重新建构相关规则以依法推动信息公开。此种副标题比较常见,表达类似含义的副标题还有"破产法的指标化进路及其检讨——以世界银行'办理破产'指标为例"⑤"初查的行政执法化改革及其配套机制——以公安机关'行刑衔接'为视角"⑥"法治化营商环境建设的合规机制——以刑事合规为中心"⑦等。

(2)因研究对象、研究角度或者研究范围难以高度统一于同一标题中,通过副标题与主标题的"分庭抗礼"来实现研究目的的统一。例如,"'社会主义公共财产'的宪法定位:'合理利用'的规范内涵"⑧看似是研究"社会主义公共财产",实则是要对"社会主义公共财产"如何进行"合理利用"展开研讨,因而以副标题来标示研究的真正目的。

(3)主标题不足以完全表达作者的研究目的时,需要进行解释说明或者含义引申。例如,"法律行为内容评判的个案审查比对方法——兼谈民法典格式条款效力规范的

① 参见马东震:《简论学术期刊的论文标题》,载《宁夏大学学报(社会科学版)》1997年第1期。

② 参见陈文静:《学术论文副标题适用情况及审改要点举隅》,载《科技传播》2021年第9期。

③ 参见姜涛:《网络谣言的刑法治理:从宪法的视角》,载《中国法学》2021年第3期。

④ 参见张力:《党政联合发文的信息公开困境与规则重塑:基于司法裁判的分析》,载《中国法学》2020年第1期。

⑤ 参见高丝敏:《破产法的指标化进路及其检讨——以世界银行"办理破产"指标为例》,载《法学研究》2021年第2期。

⑥ 参见张泽涛:《初查的行政执法化改革及其配套机制——以公安机关"行刑衔接"为视角》,载《法学研究》2021年第2期。

⑦ 参见李本灿:《法治化营商环境建设的合规机制——以刑事合规为中心》,载《法学研究》2021年第1期。

⑧ 参见李忠夏:《"社会主义公共财产"的宪法定位:"合理利用"的规范内涵》,载《中国法学》2020年第1期。

解释"①既关注法律行为的内容，也要谈"民法典格式条款效力规范的解释"，而二者不可能统一到一个大标题中，副标题就把写作的另一重目的表达出来。又如，"宪法中的禁止保护不足原则——兼与比例原则对比论证"②亦有多个研究目的，因而通过副标题表达另一个研究目的。

（4）研究主题与先前研究或者他人研究有相同之处，但存在诸如条件、方法、角度、结论等方面的改进和优化，可以以副标题体现本研究与他人研究的差异。如"成文法背景下的判例实践——近代中国最高审判机构判例汇编与实效"③这一标题，研究成文法背景下判例实践的成果并不罕见，所以作者加了一个副标题阐释研究视角和研究思路。

整体来看，虽然主标题和副标题所要表达的含义不同，但是目的一致，应当起到相互补充或者逻辑递进的作用，避免文题不符或主副标题内容重复而造成阅读困扰。从语式来看，大多数副标题是以"以……为例""基于……""……和……的比较""关于……""与……商榷"等方式进行表达，起到限定研究内容的作用。

论文副标题既要与主标题有清晰的区分，也要符合现代汉语语言表达的逻辑规则与修辞手法，避免破坏主标题的完整性。④因此，要注意以下几种情况不宜设置副标题：一是正、副标题表达的内容与意思大致相同，只是表达方式、表达角度有所不同，此种情形下增加副标题未能提供更丰富的信息量，不宜设置副标题。⑤二是当采用正标题即可完整地表达语意，且不存在题名过长、成分复杂等问题时，若人为地将正标题一分为二，甚至导致文题不符，或产生歧义，则不宜设置副标题。⑥三是当题名中正、副标题表达内容的含义差距较大，从字面无法判别二者间的关联性时，不宜设置副标题。四是副标题所包含的是显而易见或无关紧要的内容，可有可无，此种情形下不宜设置副标题。⑦

此外也要注意，标题是读者搜索文献进行关键词筛查，以及情报部门编制题录、索引等二次文献信息的重要信息来源。因此，副标题用词要准确恰当，特别是当以丰富热搜词为目的采用副标题时，应尽可能选择关键有效、易被搜索的主题词，如专业性的热搜词，以增加论文被检索到的机会。需谨防题名本末倒置，避免副标题中使用夸张、空泛、偏离主旨的词汇，确保论文的研究内容得到完整、准确的阐述。恰当的副标题能

---

①　参见李世刚：《法律行为内容评判的个案审查比对方法——兼谈民法典格式条款效力规范的解释》，载《法学研究》2021年第5期。

②　参见陈征：《宪法中的禁止保护不足原则——兼与比例原则对比论证》，载《法学研究》2021年第4期。

③　参见刘昕杰：《成文法背景下的判例实践——近代中国最高审判机构判例汇编与实效》，载《法学研究》2021年第5期。

④⑦　参见陈文静：《学术论文副标题适用情况及审改要点举隅》，载《科技传播》2021年第9期。

⑤　参见王丰年：《学术论文副标题的问题和改善对策》，载《科技与出版》2009年第12期。

⑥　参见徐雪芹：《试论学术论文的标题》，载《大连教育学院学报》2003年第1期。

提供更加丰富、确切、重要的信息，使得论文从海量的文献资源中脱颖而出。

3. 结构合理

论文标题要体现关键词，关键词往往是名词、代词或者短语。但是，仅有关键词不足以构成论文标题，还需要有其他修饰性词语。所以，大多数学术论文的标题采用了偏正结构。论文标题的偏正结构分为两个部分："正"的部分是论文的关键词部分，而"偏"的部分是论文的修饰词部分。比如"论人工智能的法律主体地位"就是典型的偏正结构。

论文标题采用偏正结构有两大优势：首先，这种结构成分简单，而且比较紧凑；其次，修饰成分和被修饰成分共同鲜明地表达、突出文章的主题。

此外，在论文的逻辑结构中，还要注意两点：一是注意"的"的使用。语法规则要求，论文中偏正词组、联合词组、动宾词组、主谓词组、介词词组等作定语时，中心语之前需要用"的"；然而，修辞规则中又要求，多项定语中的"的"字不宜多用。因此，综合语法规则和修辞规则的要求，在论文撰写和编辑过程中，标题中某处需不需要用"的"字普遍采用的原则是：用了"的"字修辞效果反而不好，不用"的"字标题也比较通顺的，就不用"的"，除非不用"的"标题便不通顺，那样才应当用"的"。[①]二是注意省略词的使用。如果是学术共同体内共知的缩略词、英文词，可以使用，否则，一般不建议使用。

4. 标点规范

论文标题一般不出现标点符号。必要使用时，一定要注意其场合和内涵，避免错误使用标点符号。

（1）标题中的冒号

根据《标点符号用法》国家标准，冒号的使用场合分别是：①用在称呼语之后，表示提起下文；②用在总说性话语之后，表示引起下文的分说；③用在需要解释的词语之后，表示引出解释或说明；④用在总括性话语之前，以总结上文。在论文标题中，冒号将主标题和副标题相区分，使副标题起到对主标题的限定、解释等作用。例如，在"法律论证：一个关于司法过程的理论神话——以王斌余案检验阿列克西法律论证理论"[②]这一标题中，冒号之前是"法律论证"这个关键词，而冒号之后是"一个关于司法过程的理论神话"这个判断，这里冒号即"是"的意思，用以解释作者的观点；此外，冒号起到了暂停的作用，以凸显作者对法律论证的关注，强调作者对该问题的不同看法。再如，"基于决定关系的证据客观性：概念、功能与理论定位"[③]这一标题，冒号之前是"基

---

① 参见杨海亮等：《学术期刊论文标题制作的几项基本原则》，载《科教导刊（中旬刊）》2017年第23期。

② 参见桑本谦：《法律论证：一个关于司法过程的理论神话——以王斌余案检验阿列克西法律论证理论》，载《中国法学》2007年第3期。

③ 参见徐舒浩：《基于决定关系的证据客观性：概念、功能与理论定位》，载《法学研究》2021年第5期。

于决定关系的证据客观性"这一偏正结构,而之后是两个名词和一个短语,表明"概念、功能与理论定位"是对"基于决定关系的证据客观性"的范围限定,即只研究"基于决定关系的证据客观性"的三个方面的问题。又如,"网络谣言的刑法治理:从宪法的视角"[1]这一标题,冒号之后的"从宪法的视角"起到了限定研究领域、明确文章切入点的作用。

（2）标题中的破折号

根据《标点符号用法》国家标准,破折号的使用场合分别是:一是行文中解释说明的语句,用破折号标明;二是话题突然转变,用破折号标明;三是声音延长,象声词后用破折号;四是事项列举分承,各项之前用破折号。在学术论文中,破折号也是区分主标题和副标题的主要符号,作用主要是对主标题进行解释和说明。例如,"电子数据在刑事证据体系中的定位与审查判断规则——基于网络假货犯罪案件裁判文书的分析"[2]这一标题,破折号既解释了主标题的材料基础,也表明了研究范围。

在论文标题中运用逗号和问号的情形比较少见,在此不再赘述。

二、基于观点拟订提纲

选题确定后,应根据论文的核心观点凝练一条主线,进而拟定提纲。具体而言,凝练观点并拟定提纲主要包括三个步骤。

（一）确定文章的核心观点

论文的核心观点既体现于标题,也体现于提纲,写作之前,必须观点明确。当然,在写作过程当中,可以对观点作适当修正,但不应有大的变动。

问题意识指出了论文写作的方向,而观点则体现了论文的主要内容。论文观点恰好是判断论文价值的重要方面,值得我们认真对待。实际上,在法学论文写作实践中,如果写作之前论文的观点还不清晰,建议不要急急忙忙开始写作,而是应当不断地熟悉文献,在熟读文献的基础上凝练观点。确定核心观点有以下要求:

第一,核心观点要能够体现论文的主要创新点。第二,观点要直观明确。学术观点一定要能够直观、明确地表达出来,而不是藏在文章深处。当前文献资料庞杂,无法直观体现观点的论文不仅难以发表,也很容易被人们忽视。2021年第4期的《中国法学》杂志刊载的刘作翔教授的论文《论建立分种类、多层级的社会规范备案审查制度》,

---

[1] 参见姜涛:《网络谣言的刑法治理:从宪法的视角》,载《中国法学》2021年第3期。

[2] 参见胡铭:《电子数据在刑事证据体系中的定位与审查判断规则——基于网络假货犯罪案件裁判文书的分析》,载《法学研究》2019年第2期。

标题新颖,观点直观明确:行政法规和规章的备案审查广为学界所知,而该文不仅明确提出社会规范的备案审查制度,而且明确提出了分种类、多层级的社会规范备案审查制度,其观点的直观性、明确性充分体现了出来。第三,观点要准确。严格来说,学术观点并无标准答案,"1+1=2"式的公式在法学研究当中难以存在。但是,这并不意味着法学学术论文不要求观点的准确性。观点的准确性除了我们通常所说的政治意义层面的准确性之外,还需要不违背客观规律和基本的逻辑认知。观点准确并不妨碍研究者们主张"肯定说""否定说"或者"折中说",也不妨碍研究者们曾经主张"肯定说"现在却主张"否定说"。

例6-1:以《论法律学说的司法运用》[1]为例谈如何凝练核心观点

笔者在研读伯尔曼的《法律与革命》时,看到当中介绍了中世纪时期的一些著名法学家的作品往往被一些国家视为法律渊源,又联想到古罗马时期的五大法学家的学术观点只要达成一致也可以被视为法律,于是意识到法律学说在中国司法中的运用应当是一个值得思考的问题。通过查询文献发现,我国目前对法律学说司法运用进行考察的文章比较缺乏,而且有些文章的写作缺乏质量,于是确定了"论法律学说的司法运用"这一标题,核心观点是:法律学说应当在司法裁判中得到合理运用。基于上述思考,笔者确定了该文写作的几个分论点(当然,中间还需要有数据调查,此处省略):

(1)法律学说是运行中的法律

(2)法律学说在司法裁判中有重要的运用价值

(3)司法案例表明司法裁判运用法律学说存在问题

(4)构造法律学说的司法运用制度

从例6-1可以看到,在凝练观点拟定大纲阶段,可以先确定论文的核心观点,再基于核心观点确定分论点,从而为推进论文写作奠定思维基础。当然,论文中的观点有可能会随着写作进程的不断推进而不断修改,这是十分常见的现象,但如若全盘否定,可能就需要重新设计了。

(二)确定写作的主要内容

论文的主要内容是核心观点的具体化。论文写作一定要围绕核心观点展开,主要内容要充分体现核心观点,否则就很容易出现写作的范围大于主题,造成文不对题。

---

① 参见彭中礼:《论法律学说的司法运用》,载《中国社会科学》2020年第4期。

确定写作的主要内容有几个基本原则：

一是要有中心。即紧密围绕核心观点进行写作，不能过度超出中心论题。比如，以"网络交易平台纠纷解决规则研究"为题进行论文写作。如果一开篇就写什么是网络平台、什么是网络交易平台、什么是纠纷解决规则等内容是没必要的，主要原因在于虽然这些内容看似与该文有关，但实际上只是这篇论文的"边角料"，不属于该文核心观点能够覆盖的范围。当然，从该文的标题来看，也不需要写这些东西，只需要写为什么要制定网络交易平台纠纷解决规则、网络交易平台纠纷解决规则在实践中是如何适用的等问题。学术论文"中心突出"，就是详略要得当，该省略的一定要省略，不该写的一定不写，不能为了凑字数而写论文。

二是要有层次。论文写作好比是讲述一个故事，有开始，有论证，有结尾。有学者将此概括为"四部研究法"，即分为经部、史部、子部和集部。[①]这意味着，论文写作的各个部分都是有目的和要求的。论文写作必须按照特定的思维方式展开，保持"故事"讲述的前后连贯、过程衔接紧密。有层次地推进论文"故事"，是实现论文写作有机展开的前提和基础。论文观点的层次，体现在几个方面：第一，论文各具体观点之间要有层次；第二，论文各部分的展开要有层次；第三，论文的每一个段落都要有层次。

论文观点之间的层次衔接，包括平行衔接和递进衔接。一方面，所谓平行衔接，就是主要观点是核心观点的平行展开，比如笔者在写作《论法律学说的司法运用》时，决定从四个方面来展开，其内在运行层次是：第一部分"法律学说是运行中的法律"是从概念层面来看的；第二部分"法律学说在司法裁判中有重要的运用价值"是从价值层面来看的；第三部分"司法案例表明司法裁判运用法律学说存在问题"是从实践层面来看的；第四部分"构造法律学说的司法运用制度"是从应然层面来看的。[②]由此可见，该文的四个层次就是通过平行关系体现出来的，保证行文过程既凸显主题，又能够使各具体论点之间有充分的内在关联性。另一方面，所谓递进衔接，即主要观点是递进展开的，前一个研究结论是后一个研究结论的基础。如果删去前一个研究结论，后一个研究结论就难以成立。例如，笔者在《人工智能法律主体地位新论》[③]一文中，在确定所探讨的主题是"人工智能是否具有法律地位"之后，围绕这一问题确定了四部分内容：第一部分梳理人工智能主体地位的既有研究成果；第二部分从技术语境到能力语境视角对既有研究进行学理考察；第三部分对人工智能法律主体地位设计进行类型化思考；第四部分在前文思考的基础上得出全文核心观点，提出当前需要"有限度的人工智能主体拟制"。四部分内容层层递进展开，直至得出所欲追求的结论。

---

① 参见凌斌：《法科学生必修课：论文写作与资源检索》，北京大学出版社2013年版，第66—71页。

② 参见彭中礼：《论法律学说的司法运用》，载《中国社会科学》2020年第4期。

③ 参见彭中礼：《人工智能法律主体地位新论》，载《甘肃社会科学》2019年第4期。

（三）主要内容的合理细化

确定了核心观点和主要内容以后，就要进一步将主要内容细化。主要内容细化是对核心观点的具体执行。从核心观点到具体内容，是写作思路从抽象到具体的演化过程，也是论证思路的具体执行过程。对主要内容进行合理细化，主要应注意以下几点：

第一，细化主要内容要做到"纲目并举"。论文写作，核心观点是"纲"，具体内容是"目"。"纲"是方向，"目"是不可或缺的细节。从核心观点到主要内容再到具体内容，是思维不断演进的过程，也是论文的展开过程。比如，笔者在确定了《论法律学说的司法运用》的标题、四个主要观点后，再将内容细化为：（1）从概念层面来看，法律学说是运行中的法律。法官对法条的援引本质上就是对学说的运用，而法律学说的司法运用又促进了学说的推陈出新。所以，要在考察法律学说概念的基础上，运用唯物主义史观，对法律学说的概念进行重新考证。此外，在人类社会的司法史上，法律学说的司法运用源远流长，要对法律学说在人类历史中的地位进行梳理。（2）从价值层面来看，法律学说是裁判说理的理由来源，是司法论证的权威资源，更是规范适用的理论渊源。（3）从实践层面来看，实证研究发现我国存在较多运用法律学说裁判的案例（包括指导性案例，其功能为何因尚未进行案例分析，暂时未知，需要具体考察），要通过这些案例发现问题。（4）从应然层面来看，要构造法律学说的司法运用制度，明确法律学说的实然地位，并确定法律学说司法运用的基本原则和前提条件、程序和方法。[①]

第二，细化主要内容就是理清论证思路。具体内容既是对主要观点的细化，也是对主要观点的支持。从正面来看，主要内容要能够覆盖具体内容；从反面来看，具体内容又要能够完全支撑主要内容。比如，如果研究者准备对"法律学说在司法裁判中有重要作用"这一主要观点进行观点细化，那么可以从法律学说是裁判说理的理由来源、司法论证的权威资源、规范适用的理论渊源三个层面来展开论述；从反面来看，裁判说理、司法论证和规范适用又恰好是司法裁判的三个重要阶段，能够体现司法裁判过程。于是，围绕司法裁判过程，分别阐述法律学说在裁判说理、司法论证和规范适用中的价值，就可以达到论证法律学说在司法中有重要作用的目的。将论证思路与具体观点结合，是论文写作较为关键的步骤。

▌三、确定论文的逻辑结构

如果说学术观点是论文的灵魂，那么逻辑结构就是论文的骨架。一篇好的学术论文，不仅需要有学术观点的创新，也需要有较为合理的逻辑结构来彰显创新的学术观

---

① 参见彭中礼：《论法律学说的司法运用》，载《中国社会科学》2020年第4期。

点，从而把道理讲清楚，做到事理清晰、条理分明。

（一）确定论文逻辑结构的原则

学术论文总体上由三个部分组成，即引言部分、主体部分和结论部分。很多学术论文虽然没有明确引言和结论，但实际上也会有所体现。一般来说，引言部分主要交代问题，有时还会阐述文献综述，总结已有研究成果的得失，从而指明论文的写作思路；而结论部分是对全文的总结、提炼和升华，表明论文写作已经进入尾声。论文的核心部分即主体部分。目前，正规刊物刊出的学术论文普遍在1万字以上，比较好的刊物一般要求2万字左右；而学位论文一般也有字数要求，如博士学位论文8万字以上、硕士学位论文3万字以上、学士学位论文1.5万字以上。论文字数多了，不可能不讲逻辑、没有结构地写到底。论文有了逻辑结构，而且每个部分都有小标题，容易让读者更清晰地了解思路、获取观点。

第一，坚持以紧密团结主题为原则。主题是论文的中心，是论文的统帅和灵魂。结构要服从于表现论文主题的需要。衡量一篇论文结构优劣的标准，就是看结构能否围绕主题、突出论点。写好一篇学术论文，要抓住中心，在结构安排上做到循序渐进、层层深入剖析；同时还要首尾呼应，开头提出问题后结尾要有回答。[①]所以，文章的逻辑结构是保证文章在写作过程中不走题、不偏题的逻辑主线，就好比公路上划出的白线，告诉汽车沿着线走才是正确的。坚持以紧密团结主题为原则最有效的方法就是在作文时对主题关键词进行重复。

> **例6-2：《虚开增值税专用发票罪：罪名沿革与规范构造》[②]的逻辑结构**
>
> 一、罪名形成的演变过程
> （一）1994年：司法解释入罪
> （二）1995年：单行刑法入刑
> （三）1997年：刑法典入法
> 二、保护法益的类型归属
> 三、构成要件的行为结构

例6-2中的这篇论文采用了省略了主题关键词的逻辑结构，紧密围绕主题展开，可以给其逻辑结构加上主题关键词，如例6-3所示：

[①] 参见刘国涛、余晓龙等编著：《法学论文写作指南》（第2版），中国法制出版社2018年版，第50页。
[②] 参见陈兴良：《虚开增值税专用发票罪：罪名沿革与规范构造》，载《清华法学》2021年第1期。

例6-3：《虚开增值税专用发票罪：罪名沿革与规范构造》加了主题关键词之后的逻辑结构

一、虚开增值税专用发票罪罪名形成的演变过程

（一）1994年：司法解释入罪

（二）1995年：单行刑法入刑

（三）1997年：刑法典入法

二、虚开增值税专用发票罪保护法益的类型归属

三、虚开增值税专用发票罪构成要件的行为结构

然而，有时论文的篇名可能会有较多定语，这就要求研究者必须找准核心词，然后才能够对文章的逻辑结构进行准确的罗列，见例6-4。

例6-4：《习惯在警察调解中的运用问题研究——〈民法典〉第10条之法律适用》的逻辑结构

引言

一、《民法典》第10条所规定"习惯"作为正式法源之法律适用应作广义的理解

二、《民法典》第10条内容之解读

三、《民法典》第10条对警察调解之影响

四、习惯在警察调解中的运用方法

例6-4就存在一个定语（副标题）该如何融入逻辑结构的问题。该文作者希望通过《民法典》第10条来理解和认识习惯在警察调解中的运用，核心是"习惯在警察调解中的运用"，至于其副标题"《民法典》第10条之法律适用"显得有些突兀，导致作者在设计逻辑结构时，不知道中心在哪里：第一部分和第二部分紧密结合《民法典》第10条来设计小标题，而第三部分和第四部分才讲到了习惯与警察调解的关系。因而总体来看，这篇论文的逻辑结构没有紧密围绕主题来设计，是失败的。

第二，坚持小标题明确原则。所谓小标题明确，就是小标题要能够明确、清晰、简洁地体现主题。在论文写作中，需要将论文题目分层次解释或者论证，并在小标题中体现出来。可以把基于论文题目的小标题分为一级标题和二级标题，甚至还可以有三级标题。比如，例6-2中，陈兴良教授列了三个一级标题，分别是"一、罪名形成的演变过程""二、保护法益的类型归属""三、构成要件的行为结构"，而第一个一级标题下又分了三个二级标题，即"（一）1994年：司法解释入罪""（二）1995年：单行刑法入刑""（三）1997年：刑法典入法"。

　　小标题明确原则主要有三层含义:(1)小标题的内容不能超过大标题,即一级标题只能从某些方面体现论文题目,二级标题也只能从某些方面体现一级标题。比如,研究者的论文题目是"习惯在警察调解中的运用问题研究",一级标题中如果有"习惯的司法运用方法",那么就属于一级标题的内容大于论文题目,属于不合适的一级标题,因为论文主题讨论的是警察调解如何运用习惯的问题,不属于司法运用问题。(2)小标题不能重复论文题目,二级标题不能重复一级标题,三级标题不能重复二级标题。(3)小标题层级和数量均应遵循适当原则。论文的小标题不宜过多,层级也不宜过多,这是论文写作的基本要求。一般地,一篇1—3万字的论文以出现3—5个一级标题为宜,而一级标题下的层级一般也不超过2个。在法学论文写作中,论文的逻辑结构形式一般如例6-5所示:

👤 例6-5:《我国成文法体制下不同属性判例的功能定位》的逻辑结构

引言

一、作为约束性法源的指导性案例:完善司法规范体系

(一)提升司法规范供给的充分性

(二)保持司法规范体系的周延性

(三)实现司法规范体系的融通性

二、作为引导性法源的示范性案例:促进法律统一适用

(一)示范性案例与司法见解控制机制的重构

1.统一法律适用之"痛":同案异判

2.司法见解一致性与司法责任整体性伦理

3.司法见解控制机制的重构

(二)示范性案例运用的机理

1.示范性案例的运用以省级司法辖域为基础

2.示范性案例的"标杆原理"

3.示范性案例的权威基础

(三)示范性案例运用面临的实践性问题

1.如何把握"同案"或"类案"的实质涵义

2.如何确定示范性案例的效力

3.如何开展示范性案例库的建设

三、作为智识性法源的一般性判例:推动司法经验与智慧的共享

(一)一般性判例的特征

---

①　参见顾培东:《我国成文法体制下不同属性判例的功能定位》,载《中国法学》2021年第4期。

（二）一般性判例的智识性法源属性

（三）一般性判例的运用机理

（四）一般性判例运用的保障性条件

当然，如果论文字数够多，比如写作的是博士学位论文，则可以采用章节形式，如例6-6所示。

例6-6:《司法裁判中的修辞论证研究》① **的章节形式**

第一章　法律修辞学的源流与旨趣

一、法律修辞学的源与流

二、法律修辞学的理论前提

三、法律修辞学的思维方式

四、法律修辞学的知识属性

五、法律修辞的功能和意义

第二章　法律修辞学中的修辞论证

一、作为方法的修辞论证

二、修辞论证的基本属性

三、修辞论证的价值追求

四、修辞论证的方法限度

第三章　西方古代司法中的修辞论证（以苏格拉底审判为例）

一、修辞学视野中的苏格拉底审判

二、苏格拉底的修辞论证了什么

三、苏格拉底之死的政治修辞

四、苏格拉底之死的学科修辞

第四章　中国古代司法中的修辞论证（以判词为例）

一、作为修辞技术的"文学化"

二、判词的修辞论证近路

三、判官的司法技术选择

四、判词中修辞论证的实践影响

第五章　现代司法裁判中的话语修辞

一、司法裁判中的权力话语修辞

---

①　参见彭中礼:《法律修辞论证研究——以司法为视野》，厦门大学出版社2017年版。本书引用时，省略了节标题。

第三，坚持小标题必须有排列规律原则。论文写作是对观点的论证或者解释，而观点又集中体现于论文的各级标题。所以，无论是一级标题，还是二级标题，一定要能够有规律地为主论点服务。这就是所谓的"以理定形，顺理成章"。所谓"理"就是客观事物的内在联系，是事物发展的逻辑规律；"形"就是文章的结构形式；"章"即指篇章。一般来说，文章的基本内容决定着文章的内在结构形式。[①]因此，我们要根据文章的基本逻辑规律来排列文章逻辑结构。

　　首先，一级标题之间、二级标题之间要能够遵循特定的逻辑规律。一级标题要能够充分体现论文题目的要求，且各一级标题之间必须有某种逻辑关系，如总分关系、并列关系或者递进关系，从而表明研究者是如何将主题观点进行解释或者论证的；二级

---

　　① 参见刘国涛、余晓龙等编著：《法学论文写作指南》（第2版），中国法制出版社2018年版，第50页。

标题既要符合一级标题的要求，又要充分呼应论文题目，因而二级标题之间也必须有某种逻辑关系，如总分关系、并列关系或者递进关系。一级标题以下的标题，如果不能通过平级标题之间的规律对上级标题进行论证或者解释，那么其逻辑结构就是不成立的。很多论文之所以写作失败，是因为逻辑结构出现问题，即小标题的罗列没有规律性，导致论文结构比较混乱。例如，一篇论文如果想探讨某一事物产生的原因，反映在结构上必然是有因果关系的两个部分：或者由结果推断原因，或者由原因推断结果，缺一不可。又如，论述事物一般与个别的关系，或从个别到一般，或从一般到个别，或从个别到个别。反映在结构上，从个别到一般，总是要逐一分析个别事物的特征，然后归纳出一般事物的特性；从一般到个别，也必然是一般结论在先，而后再触及个别事物的特征。如果违背了这一发展逻辑，其结构就会显得不合理。①例6-7之所以是一篇失败的论文，原因就在于一级标题之间、二级标题之间没有任何逻辑和章法可言。该文的六个一级标题之间难以形成递进、平行或者其他逻辑关系，这说明该文作者在组织一级标题的逻辑结构时，思路是混乱的。

👤 例6-7：《大数据"杀熟"的法律规制问题》的逻辑结构

一、问题的提出

二、何为大数据"杀熟"

（一）总结梳理大数据杀熟现象出现的脉络

1. 在我国出现的发展脉络

2. 国际上的导火索

3. 大数据杀熟的三种模式

4. 研究的意义

（二）分析大数据杀熟现象的成因和行为特征

1. 成因

2. 行为特征

（三）剖析大数据杀熟的表现形式和运作模式

三、大数据杀熟下的法律问题分析

（一）大数据杀熟的性质研究

（二）对消费者具体权益的侵害

1. 知情权

2. 公平交易权

（三）具体规定的公私法界定

---

① 参见刘国涛、余晓龙等编著：《法学论文写作指南》（第2版），中国法制出版社2018年版，第50页。

（四）相关法律规范

1.《反垄断法》

2.《价格法》

四、杀熟问题治理大困境

（一）《价格法》《反垄断法》存在大量法律空白

（二）算法技术法律之力不足

五、敢问路在何方

（一）以"技术治理"为核心的数据立法+专门监管新模式

（二）平台加强自我监管

（三）完善消费者诉讼机制

（四）激活现有的相关法律

（五）弥补知情同意相关权益

（六）增加风险/影响评估

（七）实行举证责任倒置

六、可供参考的国际治理

（一）美国：重视行为为非结果的重点审查

（二）欧盟：确立个人、互联网算法等对平台的监控和披露

其次，论文一级标题和二级标题之间、二级标题和三级标题之间也要能够遵循特定的逻辑关系。论文的层次就是行文的次序，它是作者思路的直接反映；它表现出事实发展的阶段性，或客观矛盾的各个侧面，或某一论断所包含的几个方面，或表达的先后步骤。论文的篇、章、节、段都是有形的层次区分，还有种种内在的区分，如开头、中间与结尾之分，提出问题、分析问题与解决问题之分，立论部分与驳论部分之分等。论文的结构只有做到了层次分明、条理清晰，才能鲜明地表达论文主题，使读者一目了然。①因此，要注重一级标题和二级标题之间、二级标题和三级标题之间的逻辑关系。它们的逻辑关系主要是包含与被包含的关系，即一级标题要能够包含二级标题，而二级标题要能够包含三级标题。主标题一定要能够包含次标题，否则就会出现结构混乱问题。例6-7中，第三部分的一级标题"大数据杀熟下的法律问题分析"的核心是"法律问题"，但二级标题分别是"大数据杀熟的性质研究""对消费者具体权益的侵害""具体规定的公私法界定"和"相关法律规范"，这些只是性质、侵害、界定和规范，而不是问题，因而是失败的。

最后，还要注意论文写作过程中的逻辑问题。古人作文讲究起、承、转、合。起、

---

① 参见刘国涛、余晓龙等编著：《法学论文写作指南》（第2版），中国法制出版社2018年版，第51页。

合是总起、总结问题；承、转是过渡、转折问题。要使文章脉络贯通、线索分明、上下前后浑然一体，过渡和转折是不能不注意的问题。一篇文章的结构如果缺乏必要的过渡，就会使文章显得很松散或是很突兀，内容上也缺乏逻辑性。论文的结构层次间的内容都存在着内在的逻辑性，能够从上一层次顺势推出下一层次的内容，上一层次是下一层次的前提，下一层次是上一层次的自然延续，论文中各个层次的内容应当是完整而统一的有机体。要做到这一点，就需要在论文结构上做到承转自然、逻辑严密。[①]所以，要特别注意做好章节之间的过渡，实现内容的逻辑承接。

（二）论文逻辑结构的主要形式

1. 总分式逻辑结构

总分式逻辑结构采用的是总结性表述和分别表述相结合的论说方式，为学术论文写作普遍采用。比如，法学学术论文习惯采用"引言"或者"问题的提出"开篇，然后再用"结语""结束语"结束，中间部分就是对论文核心观点的论证。所以，总分式逻辑结构有三种形式：

第一种形式，"总—分—总"的逻辑结构形式。这种逻辑结构首尾相应，中间论证。在法学论文当中，这种逻辑结构形式一般是开篇提出问题，中间部分对论文主题进行论证，在结语部分进行总结。绝大多数的论文属于"总—分—总"式的论文。然而，由于法学学术论文字数较多，对论证过程的逻辑要求较高，所以会出现中间论证过程较长的现象。后文所说的并列式逻辑结构或者递进式逻辑结构，大多也属于"总—分—总"式。

第二种形式，"先总后分"的逻辑结构形式。这种形式有引言（前言）部分，但是没有结语部分，这在论文写作当中也比较多见。

第三种形式，"先分后总"的逻辑结构形式。这种形式的论文比较少见，在此不再赘述。

2. 并列式逻辑结构

除引言和结语外，论文正文各部分（主要是一级标题）作为分论点共同构成了论文的全部论点，分别包含不同的核心关键词，此谓并列式逻辑结构。并列式逻辑结构意味着正文的一级标题之间相互平行，且各自独立地彰显或者证成论文主题，各一级标题之间没有紧密的联系。如例6-8所示：

---

① 参见刘国涛、余晓龙等编著：《法学论文写作指南》（第2版），中国法制出版社2018年版，第51页。

例6-8:《虚开增值税专用发票罪:性质与界定》[1]之并列式逻辑结构

一、行为犯说以及法理评析

二、目的犯说及其法理评析

三、危险犯说及其法理评析

结语

陈兴良教授的这篇论文从关于虚开增值税专用发票罪的三种学说出发,讨论虚开增值税专用发票罪的性质。三个一级标题相互平行,都从各自的角度阐释了对虚开增值税专用发票罪性质的认识。

论文是否应当采用并列式逻辑结构,既需要研究者对论文主题有深刻的认识,也需要研究者依据论文标题的特色来确定,如例6-9所示:

例6-9:《我国成文法体制下不同属性判例的功能定位》[2]之并列式逻辑结构

引言

一、作为约束性法源的指导性案例:完善司法规范体系

(一)提升司法规范供给的充分性

(二)保持司法规范体系的周延性

(三)实现司法规范体系的融通性

二、作为引导性法源的示范性案例:促进法律统一适用

(一)示范性案例与司法见解控制机制的重构

(二)示范性案例运用的机理

(三)示范性案例运用面临的实践性问题

三、作为智识性法源的一般性判例:推动司法经验与智慧的共享

(一)一般性判例的特征

(二)一般性判例的智识性法源属性

(三)一般性判例的运用机理

(四)一般性判例运用的保障性条件

该文标题的核心要义是对不同属性的判例进行功能定位。既然是不同属性的判例,那么其内容之间必属平等关系。所以,顾培东教授在该文中提出的指导性案例、示范性案例和一般性判例都属于判例的不同种类,能够分别呈现"不同属性判例"之

---

① 参见陈兴良:《虚开增值税专用发票罪:性质与界定》,载《政法论坛》2021年第4期。

② 参见顾培东:《我国成文法体制下不同属性判例的功能定位》,载《中国法学》2021年第4期。

内容。例6-10亦是典型的并列结构。该文作者从司法理念、证据认定标准、法律选择适用以及法律解释适用四个层面论证法律适用统一的判断标准,从而完成了对主题的论证。

例6-10:《论法律适用统一的判断标准》[1]之并列式逻辑结构

一、司法理念统一

(一)司法理念的三个层次

(二)司法理念的表现形式

(三)司法理念对法律适用的影响

二、证据认定标准统一

(一)举证责任标准的统一

(二)证据标准与证明标准的统一

(三)证明方法的统一

三、法律选择适用统一

(一)裁判依据本身的体系化不足

(二)裁判者对于当事人行为的性质认定不同

(三)规范竞合时当事人对法律的选择不同

四、法律解释适用统一

(一)解释依据的统一

(二)解释方法的统一

(三)解释程序的统一

(四)解释结果的统一

结论

3. 递进式逻辑结构

递进式逻辑结构,就是根据论文的主题要求,基于主题演进、发展的规律,寻找有机的内在逻辑关系,不断推进材料安排,有层次地切入论文的主题。在递进式逻辑结构中,任何一部分缺一不可。其特点是环环相扣,层层递进,不断深化,富于逻辑效果,适应读者接受习惯。其具体方式是:一是从现象到本质的渐次深化;二是从因到果的逐层递进;三是从一般到特殊或从部分到整体等发展规律及关系的渐进推演。毛泽东同志的《反对自由主义》一文是从现象到本质渐次深化的典范结构。该文在论证中心论点时,将内容分为两个层次:第一层先列举自由主义的十一种表现,从现象上说明什

---

① 参见李群星、罗昆:《论法律适用统一的判断标准》,载《中国应用法学》2020年第5期。

么是自由主义;第二层论析自由主义的危害及产生根源,从本质上说明反对自由主义的必要性。两个层次递进深入,有力地表现了文章的主题。[①]从现有的一些论文来看,递进式逻辑结构也可以区分为:三段论式的逻辑结构,批判式的逻辑结构,解剖式的逻辑结构。下面分别介绍。

（1）三段论式的逻辑结构

三段论式的逻辑结构,又称问题—对策型逻辑结构,主要通过对问题现状、形成原因及解决对策进行分析,从而形成一篇具有现实价值的学术论文。这种逻辑结构形式在学术论文写作过程中比较常见,特别是在一些学士学位论文和硕士学位论文的写作中比较常见,如例6-11所示:

例6-11:《共享经济下第三方平台个人信息保护义务研究》[②]之三段论式的逻辑结构

引言

一、我国共享经济下第三方平台信息保护的状况及其问题

二、共享经济下第三方平台信息保护义务的合法性论证

三、共享经济下第三方平台信息保护义务的主要内容

四、我国共享经济下第三方平台信息保护义务的重构与完善

结语

这种三段论式的逻辑结构一般形式为:

某某研究（或者论某某）

一、某某的概念（或者学理基础）

二、某某的意义

三、某某的问题

四、某某问题形成的原因

五、完善某某问题的对策

或者是比较直接的对策型论文:

某某问题的产生、成因及其对策（或者是:完善某某问题研究,或者某某问题的完善对策研究）

一、某某问题的现状

二、某某问题的缺陷

三、完善某某问题的对策

---

① 参见尹均生主编:《中国写作学大辞典》(第1卷),中国检察出版社1998年版,第125页。

② 参见张晶宜:《共享经济下第三方平台个人信息保护义务研究》,吉林大学2020年硕士学位论文。

上述逻辑结构是学术论文写作过程中比较常见的思维结构,优点是直接、简单,但是缺点也显而易见,即用得太滥,很容易让人感觉没有深入思考问题。但是,这并不意味着这种逻辑结构形式不可用,也不意味着这种逻辑结构形式缺乏价值。关键是要结合选题选择恰当的结构,并作适当的变化和补充。试举一例(例6-12)说明:

例6-12:《初查的行政执法化改革及其配套机制——以公安机关"行刑衔接"为视角》[1]的论文结构

一、初查程序的运行现状
二、纳入行政执法程序是初查程序改革的应然选择
三、完善初查行政执法化改革的配套机制
结语

张泽涛教授的这篇论文结构简单,但是选题很新颖,内容也有深度。又如例6-13:

例6-13:《遗产限定继承论》[2]之改进型三段论式的逻辑结构

一、遗产无限继承论的现实弊端
(一)危及遗产依血缘下流
(二)加剧亲属之间的矛盾、扭曲人的价值观
(三)破坏民法典继承编体系内规范的正当性与道德性
二、遗产限定继承论及其时代意义
(一)遗产限定继承论的系谱阐释
(二)遗产限定继承论的时代意义
三、遗产限定继承论的价值基础
(一)遗产限定继承论的自由价值
(二)遗产限定继承论的公正、平等价值
(三)遗产限定继承论的和谐、友善价值
(四)配偶遗产限定继承论的文明价值
四、遗产限定继承论体系内的规范梳理
(一)血缘传承性遗产的流向

---

① 参见张泽涛:《初查的行政执法化改革及其配套机制——以公安机关"行刑衔接"为视角》,载《法学研究》2021年第2期。

② 参见马新彦:《遗产限定继承论》,载《中国法学》2021年第1期。

（二）夫妻共有财产分割之否定

（三）遗产限定继承的意定排除

（四）遗产份额均等继承条款的适用

结语

  马新彦教授这篇论文核心观点的展开也是问题—对策型逻辑结构，即通过对遗产继承论的问题现状、形成原因以及解决对策进行分析，最终对遗产继承论提出具体建议。但其在分析形成遗产限定继承的原因时，诉诸遗产继承论的时代意义与价值基础，更能凸显理论深度；且在提出解决对策时采用的行文方式是"规范梳理"，在观点有效性得到强化的同时又令人眼前一亮。所以，采用三段论式的逻辑结构，一定要根据主题进行适当的修正，避免过于"八股"化。

例6-14：《论建立分种类、多层级的社会规范备案审查制度》[1]之"八股化"防范

  一、规范性文件的范围及其分类

  （一）规范性文件的范围

  （二）规范性文件的分类

  二、社会规范的概念、范围界定及其分类

  （一）社会规范的概念和范围界定

  （二）社会规范的分类

  （三）社会规范与规范性文件的关系

  （四）将习惯和道德纳入备案审查范围的必要性论证

  三、为什么要建立社会规范备案审查制度

  （一）对社会规范进行备案审查是实现国家和社会生活法治化的内在要求

  （二）对几种观点和质疑的回应

  四、从典型案例看建立社会规范备案审查制度的必要性

  五、对社会规范进行备案审查可能吗

  六、对社会规范进行备案审查的原则、标准和方法

  （一）对社会规范进行备案审查的原则和标准

  （二）对社会规范进行备案审查的方法

  结语：建立分种类、多层级的社会规范备案审查制度

---

  ① 参见刘作翔：《论建立分种类、多层级的社会规范备案审查制度》，载《中国法学》2021年第5期。

例6-14中,刘作翔教授的这篇论文是社会规范备案审查制度这一话题的开山之作,是对一个新问题的全面解读,因而需要从概念入手,并分析为什么要建立社会规范备案审查制度、建立社会规范备案审查制度的可能性以及如何建立社会规范备案审查制度,既阐述了问题,又提出了方法对策,不仅没有古板、严肃的"八股"味,且标题设置极为"洒脱",彰显了文章的核心观点,从而凸显了该学文的学术价值。

然而,多年来,我们的学士学位论文、硕士学位论文乃至博士学位论文,滥用这种三段论式的逻辑结构的现象比较普遍,甚至无法从论文结构中看到论文的学术价值。试看例6-15:

▲ 例6-15:《直播电商行业流量造假行为的法律规制研究》逻辑结构原文

第一章　绪论

……

第二章　直播电商行业流量造假行为述论

第一节　直播电商行业流量造假行为的界定

第二节　直播电商行业流量造假行为的产生原因

一、人性因素

二、社会因素

第三节　直播电商行业流量造假行为的侵害内容

一、个人法益

二、公共法益

第三章　直播电商参与主体因流量造假问题而产生的权利、义务、责任分析

第一节　直播电商行业涉及的法律关系

一、商家与消费者、物流企业间的法律关系

二、带货主播与商家、消费者间的法律关系

三、直播(电商)平台与商家、带货主播、消费者间的法律关系

第二节　各法律关系主体因流量造假问题而产生的权利义务内容

一、商家与消费者、物流企业间的权利义务内容

二、带货主播与商家、消费者间的权利义务内容

三、直播(电商)平台与商家、带货主播、消费者间的权利义务内容

第三节　各法律关系主体未履行义务时的责任认定

一、商家的法律责任

二、物流企业的法律责任

三、直播(电商)平台的法律责任

第四章　我国直播电商行业流量造假行为法律规制现状及存在的问题

第一节　立法现状及存在的问题

一、立法现状

二、立法规制中存在的问题

第二节　执法现状及存在的问题

一、执法现状

二、执法实践中存在的问题

第三节　司法现状及存在的问题

一、司法现状

二、司法实践中存在的问题

第五章　直播电商行业流量造假行为法律规制的完善建议

第一节　国家层面

一、完善规制流量造假行为的相关立法

二、完善流量造假行为的行政规制

三、完善流量造假行为的司法规制

第二节　社会层面

一、建立第三方监管机构

二、建立第三方信用评价机制

三、健全直播电商行业自律机制

第三节　平台层面

一、建立事前预防机制

二、发挥事中监管作用

三、完善事后补救措施

第四节　个人层面

一、提高商家的诚信经营意识

二、提高带货主播的职业道德

三、提高消费者的维权意识

结语

　　例6-15中的主要问题有：一是从表述来看，语言比较混乱，重点没有突出，比如第三章的标题，写得让人不知所云；二是没有提炼，没有形成观点，比如分析直播电商行业流量造假行为的产生原因时运用到的人性因素和社会因素，都是进行宏观概括，没有体现学术观点；三是对问题的概括过于分散，没有集中主题，所以第四章写得非常不理想；四是法律规制建议也没有形成体系化，既没有与问题对应起来，也没有学术性和对策参考性。类似文章看起来宏大,有一定的体系,但因没有抓住重点和突出问题意识,容易产生质量不过关问题。这篇论文的逻辑结构修改如例6-16所示:

例6-16:《直播电商行业流量造假行为的法律规制研究》修改后的逻辑结构

第一章　绪论
……
第二章　直播电商行业流量造假行为的概念诠释
第一节　直播电商行业流量造假行为的内涵
第二节　直播电商行业流量造假行为的法律特征
第三节　直播电商行业流量造假行为的主要表现
第三章　直播电商行业流量造假行为的主要危害
第一节　扰乱了公民基于事实的消费决策
第二节　破坏了诚实守信的基本原则
第三节　破坏了公平竞争的市场秩序
第四章　直播电商行业流量造假行为的法律性质
第一节　直播电商行业流量造假行为性质的争论及其批驳
第二节　直播电商行业流量造假行为属于法律意义上的欺诈
第五章　我国直播电商行业流量造假行为规制存在的问题及其对策
第一节　我国直播电商行业流量造假行为规制存在的问题
一、从法律体系来看,存在"碎片化"问题
二、从法律关系来看,存在"多主体"问题
三、从法律责任来看,存在"界定难"问题
第二节　直播电商行业流量造假行为法律规制的主要对策
一、通过完善竞争法规制直播电商行业流量造假行为
二、通过厘清法律关系确定直播电商行业流量造假行为主体
三、通过确定责任框定直播电商行业流量造假行为的责任承担
结语

　　修改后的论文结构虽然不能够称得上尽善尽美,但是在问题意识方面、主题集中方面已经有了很大的进步。
　　(2)批判式的逻辑结构
　　批判式的逻辑结构从问题出发,展现对该问题的解决思路,分析已有思路的缺陷和不足,最后提出自己的观点和见解,层层推进,观点交锋,引人入胜。我们可以例6-17来进行分析:

例6-17:《法律解释与法律续造的区分标准》[1] 之批判式逻辑结构规范

一、问题的提出

二、区分法律解释与法律续造的重要性

(一)法律续造须承担额外的论证责任

(二)法律续造有特殊的制度性限制

(三)法律续造需要专门的方法论规范

(四)对反对意见的回应

三、对已有区分标准的反思

(一)文义可能性：规约性意义与预测可能性

(二)立法意图与说话者意义

(三)意义实在论与真实意义

(四)实质性理由与合理意义

四、一个新的复合标准及其证立

(一)价值理想平衡与新标准的提出

(二)规约性意义、说话者意义与真实意义

(三)作为一种应然意义的合理意义

结语

陈坤博士的这篇论文以如何区分法律解释和法律续造为主题，其论文写作遵循的内在理路是：在提出问题之后，先分析区分法律解释和法律续造的重要意义，然后讨论已有的区分标准，并对已有的区分标准进行学理反思，最后提出自己建立的标准。该文所遵循的逻辑主线是：法律解释和法律续造的区分很重要，且已有学者对如何区分法律解释和法律续造作了学术探讨，但是有充足的理由证明这些学术探讨是有问题的，因而应当建立一个全新的区分标准。这种思路是批判式的逻辑进路，从阐述意义到批判观点到学理建构，构成一个严密的逻辑整体。又如例6-18：

例6-18:《重新发现"同案"：构建案件相似性的判断标准》[2] 之批判式逻辑进路

一、问题的提出：是否存在类案判断标准

二、既有观点的类型及评价

(一)常见观点类型爬梳

(二)对既有观点的简要评价

---

① 参见陈坤：《法律解释与法律续造的区分标准》，载《法学研究》2021年第4期。

② 参见孙海波：《重新发现"同案"：构建案件相似性的判断标准》，载《中国法学》2020年第6期。

孙海波博士的这篇论文从问题入手，回顾了相关学术观点并进行学术评判，从而为进一步论证自己的学术观点奠定基础。作者在证成自己的学术观点时，对构建"案件相似性"的核心问题"案件事实"进行了层次化论证，最后指出需要通过实质论证来判断"案件相似性"。批判式的逻辑结构看似很简单，实质上却需要研究者对研究课题有十分深入的认识，且能够作出独立的学术判断。所以，批判的本质是建构，即需要在否定他人研究成果的基础上拿出属于自己的东西，这样才算是完成学术论文的创作。

（3）解剖式的逻辑结构

解剖式的逻辑结构与批判式的逻辑结构有相同之处，即都是围绕问题本身有层次地深入推进。但是，从结构设计难易角度来看，批判式的逻辑结构相对比较简单，而解剖式的逻辑结构比较复杂，需要研究者能够深入分析问题本身，且对问题有多维认识。解剖式的逻辑结构的特点是从事物本身的特征和性质出发，一圈一圈地展开逻辑分析，像剥笋一样层层推进，最后直接深入最核心的问题，得出核心结论，如例6-19：

例6-19：《制度变迁中的行动者——从梁祝的悲剧说起》[1] 之解剖式逻辑结构

一、悲剧何在？

二、梁祝二人的年龄

三、早婚与包办婚姻

四、包办婚姻中的财富问题

五、悲剧因素之一：自然与社会

六、悲剧因素之二：常规与例外

七、悲剧之三：何时改变制度

八、结语

---

① 参见苏力：《制度变迁中的行动者——从梁祝的悲剧说起》，载《比较法研究》2003年第2期。

苏力教授从传统的梁祝故事出发,以法理学人的视角,探讨梁祝故事是否是一个悲剧,以及在何种意义上是一个悲剧。苏力教授的思路是:先通过梁祝故事提出问题,即梁祝故事到底是不是悲剧以及在何种意义上是悲剧。于是,他从梁祝故事本身出发,从梁祝二人的年龄分析到早婚和包办婚姻,并谈及婚姻中的财富问题,从而讨论"父母之命,媒妁之言"的制度是否就必然是坏制度,得出的结论是该制度符合当时的需要,也符合法理。然后又进一步追问梁祝故事的悲剧是什么? 他从自然与社会、常规与例外两个层面分析了梁祝故事之所以是悲剧的原因,进而上升到制度层面分析制度变迁的动因是什么。苏力教授的这篇论文是典型的围绕梁祝故事"剥笋"的论文,从梁祝二人的年龄开始,分析古代婚姻的真实样态和制度样态,然后又从梁祝故事的实际情况分析古代婚姻的制度样态是否压迫了梁祝二人,并分析这些制度的合法性与合理性问题。这种"庖丁解牛"的技术逐步地深化了人们对梁祝故事的认识,让人眼前一亮,感受到了分析和论证的魅力。

（三）论文逻辑结构中的语言特色

　　论文的逻辑结构是通过语言表达的,其特点是精准且简练。因此,在论文写作过程中应特别注意论文逻辑结构中一级标题、二级标题的拟定。整体而言,论文结构中的层次标题以精准为主,有时也可以强调对称美或者辞藻美。正如一些学者所言,一篇文章如果层次标题准确、恰当、简洁并且结构层次清楚,不仅可以直接反映文章的特定内容,让读者能窥一斑而见全豹,而且能使文章在整体上具有结构性的美感。[①]下文从形式和辞藻两个方面对文章层级结构的美学特征进行介绍。

　　第一,文章的层次结构可以通过对称展现形式美。能引起审美快感的主要形式有整齐、对称、比例、节奏、韵律、调和、对比、和谐、统一等。整齐、对称是形式美的主要表现形式。一般认为,学术论文中同一层次标题在形式上应尽量讲究排比,即结构相似,意义相关,语气一致。层次标题语言应尽量做到简练、整齐、对称。对称性的层次标题由于格式一致、句式整齐、措辞严谨,不仅能强化标题的功能,而且可以给读者阅读时带来视觉和节奏上的美感,从而提高读者阅读的兴趣。[②]例6-20中,洪汉鼎先生的这篇论文的逻辑结构非常讲究对称美,除了第一个一级标题外,其他四个一级标题都以相同或者相近的字数来引出阐释的内容(本质、指向、标准和方法),基本实现了结构相似、意义相关和语气一致。

---

①② 参见高时阔等:《学术论文层次标题的美学特征》,载《中国科技期刊研究》2006年第3期。

例6-20:《论哲学诠释学的阐释概念》[1] 层次结构之对称形式

一、"阐释"的概念史探究

二、阐释与事件——阐释的本质

三、阐释与意义——阐释的指向

四、阐释与真理——阐释的标准

五、问答结构与对话——阐释的方法

第二，文章的层次结构可以通过修辞展现辞藻美。学术论文层次标题属于学术论文内容的一部分，其遣词用语应和学术论文一样属于科学语体，具有科学语体的风格特征，讲究文辞的准确规范、通顺明了、简洁凝练，一般不刻意追求语言的夸张、渲染、形象、变异等艺术特征。但这只是就常规而言，由于学术论文层次标题一般都比较精短，为了更好地提领层次、段落内容，吸引读者，应当有选择地适当使用修辞方法。[2] 文章标题的修辞之美主要可以通过形式上的逻辑起点、价值归依、终极关怀等对称式的优美辞藻体现出来。我们可以通过例6-21窥见这种修辞之美。周飞舟教授的这篇论文的层次标题中明明可以去掉"从实求知""社会底蕴""将心比心"这四个词语，但是他没有去掉。通读全文可以发现，这三个词语确实可以概括其所在部分的含义，恰如其分地表达了作者想要表达的意思。这既说明作者语言驾驭能力强大，也体现了作者思考的深度与广度，展现了作者对所思考问题的超强把握。

例6-21:《将心比心:论中国社会学的田野调查》[3] 层次结构之修辞形式

一、从实求知:田野调查的发展历程

二、社会底蕴:田野调查的深度"挖掘"

三、将心比心:田野调查的方法挑战

余论:迈向人民的社会学

课后思考与练习

❶ 阅读《中国社会科学》《法学研究》《中国法学》等期刊上的任意一篇学术论文，并分析论文的逻辑结构（采用什么逻辑结构，为什么要采用该形式的结构，是否存在问题，有什么启示，能否有更好的改进措施等）。

---

① 参见洪汉鼎:《论哲学诠释学的阐释概念》，载《中国社会科学》2021年第7期。

② 参见高时阔等:《学术论文层次标题的美学特征》，载《中国科技期刊研究》2006年第3期。

③ 参见周飞舟:《将心比心:论中国社会学的田野调查》，载《中国社会科学》2021年第12期。

❷ 请根据自己感兴趣的问题，自拟选题标题，罗列出论文的逻辑结构（具体至三级标题）。

❸ 材料分析题：

硕士学位论文《死亡赔偿金分配制度研究》① 初稿结构

引言

一、研究背景及意义

二、文献综述

三、研究方法

四、研究的内容

第一章　死亡赔偿金分配的基础理论阐述

1.1　死亡赔偿金性质的学术论争

　　1.1.1　述评关于赔偿内容的分歧学说

　　1.1.2　述评关于赔偿对象的分歧学说

　　1.1.3　学说选择及评析

1.2　死亡赔偿金的法律综述

　　1.2.1　死亡赔偿金的立法概况

　　1.2.2　死亡赔偿金分配的司法解读

1.3　死亡赔偿金分配的理论分歧

　　1.3.1　死亡赔偿金的分配理念冲突

第二章　死亡赔偿金分配案件的司法适用现状

2.1　死亡赔偿金分配案件类型化分析

　　2.1.1　案件来源介绍

　　2.1.2　死亡赔偿金分配案件的主要分配原则

2.2　典型案例适用的分配原则

　　2.2.1　尊重分配权利主体意思自治

　　2.2.2　以遗产方式分配

　　2.2.3　参照继承编综合多种因素的考量

第三章　死亡赔偿金分配制度的构建困境

3.1　分配立法缺位

　　3.1.1　立案案由不一

　　3.1.2　死亡精神损害赔偿标准悬殊

---

① 该材料为某大学硕士学位论文《死亡赔偿金分配制度研究》初稿，终稿有大改。

材料分析题
讲解

请根据论文标题修改上述逻辑结构。

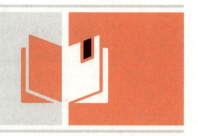

第七章
法学论文的开头结尾

开头和结尾是论文的重要组成部分,研究者应当细细揣摩,把好"开头关",以防惨不忍睹;收好"尾巴关",以防草草了事。

一、法学论文的摘要和关键词

凡论文必有摘要和关键词,这是论文区别于其他文体的形式特征。

(一)论文的摘要

论文的摘要是为了通过简单概括学术观点,让读者对论文有大致的了解。论文的摘要要十分精炼地介绍论文写作的重要背景、主要观点(关注的问题是什么、运用了什么研究方法、对问题的理论分析结果等)以及研究结论。

我们可以先看两篇论文的摘要,如例7-1、例7-2所示:

例7-1:《中国诉讼分流的数据分析》[1] 摘要

改革开放以来,中国诉讼数量迅速增长,但1997年以后诉讼增长率明显降低。对于社会转型期诉讼增长率不升反降的原因,可以从非诉讼纠纷解决机制、司法政策和法院公信力三个方面来分析纠纷的走向。关于诉讼与非诉讼纠纷解决机制的年均增长率、相关系数和比重的数据分析表明,中国诉讼增长率的下降也伴随着人民调解和经济仲裁作用的下降,行政解决机制的增强、不受理的司法政策、诉讼费用改革以及针对司法腐败的一系列制度性建设,遏制了诉讼量的快速增长。

---

① 参见朱景文:《中国诉讼分流的数据分析》,载《中国社会科学》2008年第3期。

例7-2:《中国法院院长角色的实证研究》[1]摘要

实证研究发现:在当代中国司法实践中,法院院长具有多元角色。总体上看,法院院长首先扮演着管理家与政治家角色,法律家角色则处于相对次要地位,大致形成"管理家→政治家→法律家"这样一种角色体系。当然,不同级别法院院长的角色扮演会有所差异,一般来说,级别越高的法院(中院、高院)可能更为看重管理家与政治家角色。形成这一格局的主要原因在于法院在既定政治架构中的地位、法院组织规模的迅速扩张和中国式法院管理模式等。无论是中国法院院长角色的实际扮演顺序,还是形成这种顺序的内在原因,都体现出中国司法相比于西方法治发达国家司法的独特性。未来究竟院长角色的定位会是法律家还是政治家、管理家,取决于诸多背景因素的变化。

这两篇论文的摘要不仅字数精炼,而且观点突出,充分体现了论文摘要的基本要求。从理论上说,论文摘要的主要特征和要求如下:

第一,论文摘要要体现"摘"。"摘"即选取,因此,论文摘要要进行有目的的概括。论文摘要的字数不宜过长,要充分体现精要性。从字数来看,发表在学术期刊上的摘要以200—400字为宜;学位论文的摘要,各个学校均有相应的学术规范,比如硕士学位论文的摘要是800字左右,博士学位论文的摘要是1 500字左右。例7-1的字数是200余字,而例7-2的字数是约300字,均符合"摘"的要求。

第二,论文摘要要体现"要"。"要"即突出要点、体现论文的核心思想。这需要作者对全文的意思进行浓缩和概括,充分展示论文的创新点和突出点。例7-1当中,第一句话指出了现象,然后指出了产生这种现象的原因。如何分析和论证产生现象的原因即该文的核心观点,作者既分析了非诉讼纠纷解决机制、司法政策和法院公信力三个因素,又用数据分析了相关系数,并得出了结论。例7-2的第一句话指出了实证研究的结果,对该文的实证研究结论作了简短总结,然后分析了司法实践当中法院院长的具体角色,并对角色形成的原因作了分析,最后预测了法院院长角色的未来走向。整体来看,例7-1和例7-2都充分体现了论文的核心思想,作者要表达的意思、得出的结论一目了然。

第三,论文摘要要体现"精"。"精"即精确、精炼。从精确的角度来看,主要是准确表达全文的含义,无模糊、冲突之处;从精炼的角度来看,一般的论文摘要不宜出现"本书认为""笔者认为"字样,也不需要有图表、公式符号,更不需要进行论证;从用语来说,不宜在论文摘要中用字词或者名称的简写或者缩写。我们可以通过例7-3来反思:

---

① 参见左卫民:《中国法院院长角色的实证研究》,载《中国法学》2014年第1期。

例7-3：

①数字弱势群体是指在互联网—大数据—人工智能三重浪潮的冲击下，由于经济、文化、知识水平、理解能力等因素，难以获取数据信息，以及获取数据信息不准确、获取之后难以应用，从而获得的数字红利与他人不对等的群体。②数字弱势群体的权利生成基础是多方面的，具有现实基础、价值基础、法益基础，对于显性数字弱势群体和隐形数字弱势群体而言，都要遵循这样的权利生成基础。③保护数字弱势群体的权利，需要多方的共同努力。④"数字人权"的理念、针对性立法、社会支持体系和新技术研发都至关重要。⑤本文将围绕如何正确理解数字弱势群体含义、如何保障数字弱势群体的权利、如何给予数字弱势群体法律层面的支持与保障，以及在当下疫情环境中如何能用最简便快捷和人性化的方式让数字弱势群体也能够乐享智慧生活而展开。

例7-3是一篇本科毕业论文的摘要修改稿（序号为笔者所加）。该摘要还是有可取之处的，但是也未能完全体现作者所写论文的意图和观点。①是数字弱势群体的概念，不需要完完整整地写进摘要中。②阐述了数字弱势群体的权利生成基础，类似"对于显性数字弱势群体和隐形数字弱势群体而言，都要遵循这样的权利生成基础"之话语也是赘语。③亦未能体现核心思想，没有概括论文所阐述的经济原因、社会原因和制度原因。④的表述是没问题的，但是该论文并没有提及"数字人权"概念，因而超出了论文的表达范围。⑤的表述不恰当，因为只陈述了论文的思路，而未体现观点，更没有指出结论。

此外，还要注意：为了理清论文的写作思路，可以待论文完成以后再来修改论文摘要。当然，最理想的办法是先写完论文，最后再写论文摘要，这样就不会使论文摘要偏离主题。摘要主要是对论文写作思路的介绍，特别是要呈现论文观点，因而不需要句子之间有必然的逻辑联系。

（二）论文的关键词

一篇成熟的论文，关键词是必不可少的组成部分。《科学技术报告、学位论文和学术论文的编写格式》（GB7713-87）规定："关键词是为了文献标引工作从报告、论文中选取出来用以表示全文主题内容信息款目的单词或术语。"关键词是充分反映文章主题内容的词汇，其目的是用于检索。即文章公开发表以后，为了方便读者检索文献，而特意从文章当中抽取的指示论文特征、核心观点的词语。

论文关键词有两种提取方式：

第一，基于论文标题提取关键词，如例7-4：

例7-4：从论文题目摘取关键词的实例汇总表

作　者	论文名称（发表刊物、时间）	论文的关键词	从论文题目中摘取的关键词
张文显	习近平法治思想的实践逻辑、理论逻辑和历史逻辑（《中国社会科学》2021年第3期）	习近平法治思想　实践逻辑　理论逻辑　历史逻辑	习近平法治思想　实践逻辑　理论逻辑　历史逻辑
刘作翔	当代中国的规范体系：理论与制度结构（《中国社会科学》2019年第7期）	规范体系　法律规范体系　党内法规及政策体系　国家政策体系　社会规范体系	规范体系
陈金钊	法律人思维中的规范隐退（《中国法学》2012年第1期）	法律修辞　法律解释　法律决断论　主体选择论	法律人思维　规范隐退
谢　晖	论规范分析方法（《中国法学》2009年第2期）	规范分析　价值实证　社会实证　规范实证　制度事实	规范分析
左卫民	中国法院院长角色的实证研究（《中国法学》2014年第1期）	法院院长　法律家　管理家　政治家　实证研究	法院院长　实证研究
苏力	关于能动司法与大调解（《中国法学》2010年第1期）	能动司法　大调解　成本收益　边际分析	能动司法　大调解
王利明	我国证券法中民事责任制度的完善（《法学研究》2001年第4期）	证券法　侵权行为　民事责任	证券法　民事责任
张明楷	实质解释论的再提倡（《中国法学》2010年第4期）	实质解释论　形式解释论　罪刑法定　处罚范围　犯罪构成　解释理念	实质解释论
黄文艺	新时代政法改革论纲（《中国法学》2019年第4期）	政法改革　司法改革　法治中国　平安中国	政法改革
胡玉鸿	人的尊严的法律属性辨析《（中国社会科学》2016年第5期）	人的尊严　法律身份　法律伦理　法律地位　法律权利	人的尊严
马长山	法治中国建设的"共建共享"路径与策略（《中国法学》2016年第6期）	法治中国　国家构建　共建共享	法治中国　共建共享

第二,基于论文主题提取关键词。为了能够尽可能地体现论文的核心思想,还需要作者从论文的主题(主要内容)当中提取关键词,从而全面反映论文的特色。所以,与学术相关的、能够彰显学科特色的词语,如果充分体现了论文的论证方向、依据、假设、结论乃至方法,都可能成为关键词,如例7-5所示:

例7-5:从论文主题摘取关键词的实例汇总表

作 者	论文名称(发表刊物、时间)	论文的关键词	从论文主题中摘取的关键词
张文显	习近平法治思想的实践逻辑、理论逻辑和历史逻辑(《中国社会科学》2021年第3期)	习近平法治思想 实践逻辑 理论逻辑 历史逻辑	习近平法治思想 实践逻辑 理论逻辑 历史逻辑
刘作翔	当代中国的规范体系:理论与制度结构(《中国社会科学》2019年第7期)	规范体系 法律规范体系 党内法规及政策体系 国家政策体系 社会规范体系	法律规范体系 党内法规及政策体系 国家政策体系 社会规范体系
陈金钊	法律人思维中的规范隐退(《中国法学》2012年第1期)	法律修辞 法律解释 法律决断论 主体选择论	法律修辞 法律解释 法律决断论 主体选择论
谢晖	论规范分析方法(《中国法学》2009年第2期)	规范分析 价值实证 社会实证 规范实证 制度事实	价值实证 社会实证 规范实证 制度事实
左卫民	中国法院院长角色的实证研究(《中国法学》2014年第1期)	法院院长 法律家 管理家 政治家 实证研究	法律家 管理家 政治家
苏力	关于能动司法与大调解(《中国法学》2010年第1期)	能动司法 大调解 成本收益 边际分析	成本收益 边际分析
王利明	我国证券法中民事责任制度的完善(《法学研究》2001年第4期)	证券法 侵权行为 民事责任	侵权行为
张明楷	实质解释论的再提倡(《中国法学》2010年第4期)	实质解释论 形式解释论 罪刑法定 处罚范围 犯罪构成 解释理念	形式解释论 罪刑法定 处罚范围 犯罪构成 解释理念
黄文艺	新时代政法改革论纲(《中国法学》2019年第4期)	政法改革 司法改革 法治中国 平安中国	司法改革 法治中国 平安中国
王轶	作为债之独立类型的法定补偿义务(《法学研究》2014年第2期)	适当补偿 给予补偿 分担损失 支付赔偿费用 债的类型	适当补偿 给予补偿 分担损失 支付赔偿费用 债的类型
胡玉鸿	人的尊严的法律属性辨析(《中国社会科学》2016年第5期)	人的尊严 法律身份 法律伦理 法律地位 法律权利	法律身份 法律伦理 法律地位 法律权利

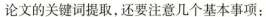
论文的关键词提取,还要注意几个基本事项:

(1)从词语的数量来看,一篇论文的关键词不宜太多,3—8个即可,一般以3—5个为佳。关键词的顺序,要按照重要性程度从高到低排列。

(2)从词语的性质来看,同义词、近义词不宜同时列为关键词;冠词、介词、连词、感叹词、代词、某些动词(连系动词、情感动词、助动词)不宜使用,比如"一种""伟大""和"等都不适合。

(3)从词语的构成来看,一般用词语而不用短语,也不需要给词语加修辞性形容词或者副词,如"全新的法律解释""为人民作贡献的法院院长""残忍的暴力犯罪"等不宜作为关键词。

(4)从学科角度来看,未能体现学科特色的词语不宜作为关键词,如"问题""对策""建议""理论""报告""实验""方法""学习""途径""特点""目的""发展"等应当避免使用。

(5)从词语的通用角度来看,自己创造的一些词语,不宜作为关键词,如"三构造四位阶五逻辑"之类的表述。

(6)从词语的含义来看,一个关键词最好只体现一个比较确定的含义,避免歧义或者多种含义的词语出现。

二、法学论文的开头

一旦开篇,就应当精彩。所以人们常说,好的开头是成功的一半。白居易有云:"首句标其目,卒章显其志。"清人李渔有云,"开卷之初,当以奇句夺目,使之一见而惊,不敢弃去"。决定论文"旅程"是高铁直达,是"卧铺"到达,还是"无座"终站,开头具有相当重要的意义。要将"功夫"花准,就要把开篇写好,使得论文开头既有学术性,又有可读性。

论文开头需要说明三个问题:一是要说明准备研究什么问题,厘清研究的范围和边界。二是要阐释为什么要研究这个问题(如前人没有发现、前人的研究存在缺陷等,可以进行简单的文献综述,通过文献综述来反映和呈现研究的现状和必要性);研究的价值和意义(可从理论和实践方面阐述)。三是如果字数允许,有必要简单地介绍一下论文的行文布局和逻辑结构,理清行文的基本思路。一般而言,常见的法学论文开头格式有两种:问题提出型和宏观入微型。

(一)问题提出型

开篇即引出问题,可以直接抓住读者的眼球,使学术研究的主题充分凸显,强化问题意识。正如前述,学术论文所呈现出来的必须有问题。

1. 基于问题提出问题

试比较下述两个例子。

例7-6:《中国宪法上国家所有的规范含义》[1]的开头

一、引言

如何建立合理的国有自然资源权利体系和收益分配机制,目前仍是一个饱受争议的问题。可以预见,随着民法典编撰工作的启动和推进,这个问题的争论会更加热烈。要解决这个问题,显然需要经济学、财政学、法学、社会学等众多学科一起加以讨论,但从法学(特别是宪法学)研究的角度来看,这些问题的解决依赖于一套完整的关于"国家所有"的宪法教义学知识体系,这套知识体系必须回答或回应如下理论和实践难题。

《宪法》第10条第1款"城市的土地属于国家所有"中的"国家所有",是不是一种私法意义上的财产所有权,抑或只是主权以及藉由主权而衍生的行政管理权?……

例7-7:《论规范分析方法》[2]的开头

法学有没有自身特有的(固有的)方法?如果有,这种方法是什么?直到目前为止,此乃中国法学界没有认真对待、当然也是没有认真解决的问题。在中国,大概每位法学研习者都会有如下感受:法学者们似乎只会借助其他学科的分析方法分析法学问题。例如,要探求法律存在和法律思维的根本问题,似乎只能借助于哲学的思辨分析方法、价值分析方法,甚至语义学分析方法,等等;要探求法律的成本与效益的关系问题,似乎只能在经济学的基本分析工具——成本与效益分析方法中获得灵感;而法学要追寻法律的社会效果问题,则离开社会调查、比较等社会学分析方法,便无所作为。此种情形流传久远,以致一个普遍的印象是:中国法学没有自己的分析方法。为什么会产生这种情形,形成这种印象?这是需要中国法学界深入反思的问题。

问题提出型开头的特点就是直接把研究主题通过问题呈现的方式表达出来,体现了作者发现问题的能力。直接呈现的问题要具有学术性,即必须是为学术界所关注的问题或者存疑的问题。例7-6的第一句话"如何建立合理的国有自然资源权利体系和

---

① 参见程雪阳:《中国宪法上国家所有的规范含义》,载《法学研究》2015年第4期。
② 参见谢晖:《论规范分析方法》,载《中国法学》2009年第2期。

收益分配机制,目前仍是一个饱受争议的问题",点明了选题的宏观问题背景,然后再由法条引出作者所要阐释的问题;例7-7亦从"法学有没有自身特有的(固有的)方法"这一命题出发引出作者为何要写作规范分析方法。可见,善于并能够把问题转化成学术话语表达出来,本身就是重要的思考能力。

2. 基于材料提出问题

如果直接提问可能会让人觉得不知所云,或者无法建立共同的研究基础,此时,往往采用基于材料而开篇的方式,以表明作者的论证基础,进而提出问题。

例7-8:《"海瑞定理"的经济学解读》[1]的开头

窃谓凡讼之可疑者,与其屈兄,宁屈其弟;与其屈叔伯,宁屈其侄;与其屈贫民,宁屈富民;与其屈愚直,宁屈刁顽。事在争产业,与其屈小民,宁屈乡宦,以救弊也。(乡宦计夺小民田产债轴,假契侵界威逼,无所不为。为富不仁,比比有之。故曰救弊。)事在争言貌,与其屈乡宦,宁屈小民,以存体也。(乡宦小民有贵贱之别,故曰存体。弱乡宦擅作威福,打缚小民,又不可以存体论。)

这是明代地方行政官员海瑞对司法裁判经验的概括和追求。1982年黄仁宇在《万历十五年》中以此为证明传统中国"以熟读诗书的文人治理农民",法律的解释和执行都以儒家伦理为圭臬,缺乏数目字的管理传统,因此中国没有发展起来现代的资本主义。此后,这成了法学界有关中国传统司法制度的一个定论;一些经济学家以及其他学科的学者,也都一再引用这段话和黄仁宇,作为中国社会不注意保护私人产权,以道德治国的证据。

在当代法律经济学的理论脉络中,结合海瑞的其他论述,本文追求梳理并展示大约450年前的这段文字中隐含的法律经济学理论逻辑……

例7-9:《自杀的认定及其相关行为的刑法评价》[2]的开头

与自杀相关的刑事案件在我国较少获得关注,但是我国司法实务中经常出现这类案件。譬如近年来媒体报道的案例:

案例1:八旬老太曾某长期瘫痪在床,痛苦万分,又不想拖累家人,只求一死了之,于是多次请求隔壁的七旬老翁宋某帮忙购买毒药。宋某在屡次拒绝后终被曾某的苦苦央求所打动,于是按照其要求购买了5颗俗称"豌豆药"的农药放在曾某身旁的桌子上,然后悄然离开。曾某自行服毒后,经抢救无效身亡。2010年10月,法院判决宋某成立故意杀人罪。

……

---

① 参见苏力:《"海瑞定理"的经济学解读》,载《中国社会科学》2006年第6期。
② 参见王钢:《自杀的认定及其相关行为的刑法评价》,载《法学研究》2012年第4期。

上述四个案件的共同点是，被害人均是在行为人的参与或影响下结束了自己的生命，因此便产生了应当如何在二者之间进行责任划分的问题。譬如，此时是应当认定被害人成立自杀，还是应当认为其是被行为人所杀害（他杀）？与之相关的另一个问题是，这些案件中行为人是否应当负刑事责任？我国学界对于自杀相关行为的讨论由来已久，但迄今为止鲜有学者深入论述究竟什么样的行为才能被认定为自杀……

例7-8首先以海瑞的话语作为分析材料，然后基于其他学者对该材料的分析而展现学术界的观点，进而提出自己的问题；例7-9中，作者通过系列案件进行总结归纳，提炼出问题，而且所提炼的问题本身具有十分重要的理论意义和实践意义。法学研究可以通过案例研究进行，通过案例或者裁判文书发现有意义的选题。

（二）宏观入微型

任何一篇学术论文，其写作均带有时代背景。通过充分展现时代背景，然后以此为基础进行小切口分析，选取大背景当中的一个点进行分析，就属于宏观入微型，或称漏斗型。

例7-10：《在法律的边缘——部分外地来京工商户经营执照中的"法律合谋"》[1]的开头

经过二十多年的法制改革，中国大致上建立了一系列的现代法律规则和机构。然而，规则和机构本身并不能保证法治的建立。实际上，不合法的现象在改革期间普遍存在。为解释这种广泛的不合法现象，有人着眼于妨碍中国人接受现代法律的制度和文化障碍，有人归咎于社会制度转型期间的制度环境导致的腐败、寻租、各种各样的裙带关系和官商合流。虽然这些研究可以对现状勾画出一个大致的轮廓，但基本上没有深入地讨论普通民众对具体法律的看法和反应。对于这方面的缺失，法律社会学可以提供方法上的资源。这个学科的一个基本出发点是：虽然法律可以事先设定一定的目标，但这些目标却不一定能够得到实现，其真正带来的结果常常出人意料。因此有必要在真实世界中去考察具体法律对人们行为的影响，展示现实生活中法律运作的复杂性。这样，要了解为什么不合法现象在中国大行其道，一个可行的方法就是去考察人们为什么不遵守某些具体的法律规定。

---

[1] 参见贺欣：《在法律的边缘——部分外地来京工商户经营执照中的"法律合谋"》，载《中国社会科学》2005年第3期。

从基层社会的角度，本文考察一个受北京市地方法规限制的社会群体——外地工商户——的行为。要得到使他们经营合法的个体户执照，他们面临比本地人多得多的困难。在法律设立的障碍面前，他们中的一些人选择了申办执照，一些人选择无照经营，而相当一部分人则从本地人手中租执照。严格地说，这种租执照的做法是非法的，但它作为一种与本地人和本地官员合谋的方式，得到他们的支持，因而被广泛地采用……

例7-10开篇介绍了中国不断推进法治建设的宏观背景，进而试图通过一个小切口（外地来京工商户经营执照）来展示、呈现和深化研究主题。宏观和微观是相对的，但是一定要具有对象性，且具有确定意义上的包含关系，以使研究者的写作更细腻地呈现研究目标。

最后还要注意的是，要根据论文的长度来决定开头的篇幅。一万字以内的论文，开头以500—800字为宜；两万字以内的论文可以控制在2 000字以内。当然字数并不是绝对的，而是需要研究者根据论文的具体情况统筹安排，但是一定要杜绝头重脚轻的现象。

三、法学论文的结尾

古人云："结句当如撞钟，清音有余。"结语是"学术旅程"的结束，也需要展示"收尾之美"。一个简短而精彩的结尾，既发人深思，又让人觉得意犹未尽而余韵绵长。法学论文一般应当以"结语"收尾。《科学技术报告、学位论文和学术论文的编写格式》（GB7713-87）规定："报告论文的结论是最终的、总体的结论，不是正文中各段的小结的简单重复。结论应该准确、完整、明确、精炼。如果不可能导出应有的结论，也可以没有结论而进行必要的讨论。可以在结论或讨论中提出建议、研究设想、仪器设备改进意见、尚待解决的问题等。"虽然该规定主要适用于科技论文，但是对于法学论文的写作也有启发意义。

（一）结语的语言特色

第一，语言要精炼、字字珠玑。结语一般要阐释论文的最终结论，要斩钉截铁地表达出研究者的观点，升华文章的理论。这就需要研究者细细斟酌结语的字词句的表达，实现对全文的总结和归纳，最大可能提升文章观点的理论意义和实践意义。

第二，不要分析和论证。结语部分只是为了总结和阐述结论，既可以是对上文主要内容的概括性重复，也可以是基于主要观点进行适当的理论提升（俗称"拔高"），还可以是对自身研究的可能贡献进行陈述。如果引经据典再进行说理论证或者分析，则显得喧宾夺主，降低了结语的意义。

（二）结语的主要内容

整体来看，偶有法学论文直接以正文收尾，绝大多数论文都有结语。法学论文的结语可以由凝练核心观点+观点的意义+可能的局限或者可能面临的质疑+可能的研究方向四个部分组成。当然，并非所有的结语都需要写这四个方面的内容，应根据实际情况进行调整。

1. 凝练核心观点

文章的主要观点是什么，应当进行凝练和概括。这里要注意结语所要求概括的观点应当与摘要有所区别。摘要是简明扼要地概括文章观点，可以不呈现逻辑；而结语所概括的观点应当体现逻辑要素。我们可以看下例：

👤 例7-11：《人的尊严的法律属性辨析》[1]的结语

本文诠释、论证了三个问题，主要观点概括如下：第一，人的尊严是由于人作为人类的一个成员所拥有的不言自明的地位，它与人的禀赋、才干、成就、贡献毫不相关，不能因为人的功劳大小、成就高低而给予人不同的尊严。换句话说，人的尊严是在抽去人的一切外在特性与外在表现上的绝对平等的法律预设，它昭示着所有人，无论其年龄、性别、教育程度、宗教信仰、社会贡献如何不同，但均享有平等的尊严。第二，人的尊严并非是由成文法所创造的基本概念，相反，人的尊严超越于实在法上，属于不依据实在法而存在的先在规范，是整合法律体系、调整法律位阶的基础规范，也是一种不可由立法机关根据立法程序随意修正的规范。在将人的尊严作这样的定位之下，人的尊严所具有的现代法律的伦理基础、指导思想、基本原则的品性才可能真正得以体现。第三，人的尊严不是基本权利也不是普通权利，它所代表的是人在法律上的主体、主人地位。法律地位当然可以派生出相关权利，但地位本身与权利并不等同。以此而论，一些观点将人的尊严视同为法律权利，既是对人的尊严的降格处理，也是没有真正厘清法律地位与法律权利的表现。

......

---

① 参见胡玉鸿：《人的尊严的法律属性辨析》，载《中国社会科学》2016年第5期。该文结语共有四段话，此处引用的是第一段话。

例7-11中，胡玉鸿教授的论文结尾比较明晰地体现了结语的第一要求，即先概括核心观点，让读者非常清晰地把握论文内容。当然，也有一些论文并没有明确指明观点，但实际上也呈现了观点，如例7-12所示：

📌 例7-12：《民法典意义的法理诠释》[1] 的结语

①民法典标志着一个伟大时代的立法成就，彰显了自身的时代特性。②民法典的颁行，既是对改革开放以来私权保障成果的法律确认，更是推进中国特色社会主义制度继续发展完善的制度基石。③然而，法典编纂业已结束，"民法典时代"一词作为立法呼吁的修辞意义已然功成身退。④民法典颁行后的意义探究，将成为关键性的理论与实践议题。⑤在有了权威文本的背景下，意义诠释已不再是政治宣告，对民法典的意义诠释便需要话语方式的转换。⑥以创设为目标的立法论，应转向对以文本为依据的解释论。⑦动辄立法、修法的思维方式必须转变，法学家等法律人的任务是根据民法典开展思维，并把法典的意义覆盖到具体的行为和思维过程之中。⑧因而民法典将无可争议地进入解释论时代。⑨规范法学的研究立场与方法必将成为民法典研究的主导。⑩我们必须在认知层面明确：不依据法律规范进行意义诠释，民法典就会因被架空而沦为纸面上的法律；民法典所表达的时代精神不会自动实现，需要根据对法律文本（法律概念、法律规范、法律原则等）的思考，进而准确地完成理解、解释和运用；民法典所蕴含的民族精神、核心价值、人民中心、权利宣言、绿色原则以及法治现代化追求等目标，均须借助法律方法才能实现。

……

陈金钊教授在该文中分别从民法典意义认知的视角、民法典意义的本体论诠释以及民法典意义的方法论建构，主张从"解释时代"来看待民法典。①是从时代层面来看待民法典的意义，②是从制度推行的角度来看待民法典的意义，这恰好体现了作者所持观点，即民法典确实有时代价值，但更需要从法律方法层面来看待民法典的意义（主要体现在⑤和⑩中）。

2. 观点的意义（能够解决的问题、文章有何创新）

这里需要注意的是，结语与论文开篇所呈现的内容有较大区别：论文开篇要凸显选题对理论、实践发展的积极意义，而结语要阐释论文观点在什么层面上是"新"的、对理论和实践的贡献及价值，能在什么层面、什么方面进行理论提升。

---

① 参见陈金钊：《民法典意义的法理诠释》，载《中国法学》2021年第1期。文章中的序号是为了论证方便由笔者所加。该文结语共有两段话，此处引用的是第一段话。

例7-13:《他行为能力问题研究》[1]的结语

……综上,在他行为能力的犯罪论体系性地位的问题上,行为论的立场具有以下三方面的意义:

第一,有利于强化对行为论的研究……

第二,有利于完善出罪事由体系……

第三,有利于解决疑难案件……

陈兴良教授的这篇论文属于比较典型的介绍论文观点意义的案例。他在正文中,对于他行为能力的犯罪论体系性地位问题,主张采用行为论,并进行了论证,所以在结语部分就对采用行为论的理论意义和实践意义进行了介绍,进一步阐述了作者主张的可能贡献。当然,有时候论文作者不需要如此清晰地说明研究的意义和价值,而可以将观点的意义和价值体现在实践的对比当中,也能够凸显论文的学术意义和实践价值,如例7-14所示:

例7-14:《人的尊严的法律属性辨析》[2]的结语

近年来,我国诸多规范性法律文件已直接规定人的整体的尊严,并将尊严的保障确定为国家的重要任务……上述规定,值得指出之处有三:第一,不将尊严简单地视为一种权利……第二,以人的整体上的尊严来描述尊严的内容……第三,从主体上而言……如果弱者的尊严都能够得到国家的维护和社会的尊重,那么正常人的尊严的维护与保护自然也在情理之中……就此而言,通过提供有力的物质帮助和完善的公共服务,使人的尊严可以获致来自国家的经济保障,为尊严的真正实现奠定了必要的物质基础。

3. 可能的局限或者可能面临的质疑

如果作者认为自己的研究还有缺陷,可以在结语部分实事求是地将自己的研究可能在方法、材料等方面的不足指出来,从而避免读者的误读。需要注意的是,在写这部分内容时,一是要恰如其分,二是不要过分谦虚。

---

① 参见陈兴良:《他行为能力问题研究》,载《法学研究》2019年第1期。该文结语共有五段,第一段和第二段的前面部分主要概括文章观点,此处主要引用的是第二段的后面部分和第三、四、五段。

② 参见胡玉鸿:《人的尊严的法律属性辨析》,载《中国社会科学》2016年第5期。该文结语共有四段,此处引用的是第二段。

例7-15:《人的尊严的法律属性辨析》[1]的结语

还必须予以说明的是，人的尊严的概念是一个开放的概念，具体国情不同，历史文化差别，都会导致对人的尊严的理解上的歧异，也影响着对人的尊严法律属性的理解。因此，人的尊严的法律属性所体现的价值应当是各个国家、各种历史文化传统所共同承认的价值，是一种为所有人所共同接受的价值，而非某一个国家或某一种文化所强加给所有人的价值。习近平总书记指出："和平、发展、公平、正义、民主、自由，是全人类的共同价值，也是联合国的崇高目标。目标远未完成，我们仍须努力。当今世界，各国相互依存、休戚与共。我们要继承和弘扬联合国宪章的宗旨和原则，构建以合作共赢为核心的新型国际关系，打造人类命运共同体。"习总书记所强调指出的这些共同价值，为人的尊严的理念在当代中国社会主义核心价值观培育中的基础性地位提供了指引。通过人的尊严，全人类的共同价值与社会主义核心价值观实现了逻辑与历史的统一，为全面推进依法治国奠定了价值基础。

例7-15中，作者在正文中对人的尊严概念进行了理论构建，但有一个隐含的话语环境，即基于中国的制度语境和法律语境，因而他在结语部分特别指出人的尊严概念的"开放性"，从而将可能面临的质疑摆出来讨论，进一步夯实了论文的论证基础。而例7-16中，作者更是采取了防御姿态，指出观点可能面临的质疑并对该质疑进行必要的回应，避免了学术上的误解。

例7-16:《法理学主题的经济学重述》[2]的结语

经过两千多年的发展，法理学积累至今已是流派众多、学说纷呈，庞杂的理论和丰富的词汇令人叹为观止。然而令人遗憾的是，大多数法理学理论繁琐有余而解释力不足，为数不多的真知灼见也常常淹没在大量艰涩难懂的论述之中。对法理学理论进行经济学重述，除了揭示问题背后被隐藏的经济学逻辑并借此澄清某些误识之外，更重要的目的就是简化法理学的理论。两千多年来法理学讨论的主要问题可以被整合进一个简单的经济学框架之下，这一事实展示了经济学理论在法理学领域的解释力。笔者尽管承认，任何理论都不可能囊括经验世界的全部真实性，甚至任何写作策略也难以复制作者的全部思考；同时还承认，本文对于法理学问题进行经济学重述必然会在许多方面产生偏差，并且正义的丰富内涵也不能

---

① 参见胡玉鸿：《人的尊严的法律属性辨析》，载《中国社会科学》2016年第5期。该文结语共有四段，此处引用的是第三段。

② 参见桑本谦：《法理学主题的经济学重述》，载《法商研究》2011年第2期。该文结语有两段，此处所引为结语的第二段。

完全简化为经济学的逻辑；但笔者仍然乐观地相信，与经济学重述所节约的法理学知识的信息费用相比，知识偏差给读者带来的某些误导可以被视为一种合理成本。二者之间的差额也许就是本文创造的价值。

4. 可能的研究方向

任何一篇论文，容量总是有限，因而所要表达的观点也是有限的。为此，研究者可以基于论文的研究内容说明其他可能的研究方向，为其他研究者提供思路。例7-17中，作者先是指出海瑞的司法思想的丰富性，而后指出海瑞定理中还可能存在视野、知识或者其他与司法相关的问题，引导读者们进一步思考。

例7-17：《"海瑞定理"的经济学解读》[1]的结语

最后我还想强调，不仅海瑞的司法思想不仅限于此，而且海瑞定理中还隐含其他一些非常重要的问题。例如，如果海瑞定理I真的如同海瑞解说的那样，更可能达致"息讼"，并因此有利于减轻裁判者的司法负荷，那么为什么海瑞定理I在现实司法中总是很难实现？难道海瑞谴责的那些"和稀泥"的裁判者仅仅是不如海瑞目光犀利？这里面仅仅涉及一个知识多少或聪明与否的问题吗？而这其中的问题，以及其他问题，都只能留待其他论文了。

课后思考与练习

❶ 阅读《中国社会科学》《法学研究》《中国法学》等期刊上的任意一篇学术论文，并分析其摘要、关键词、开头和结尾的写法。

❷ 请确定一个选题，列好标题，分别写出摘要、关键词、开头和结语。

❸ 材料分析题：

论法律学说的司法运用 [2]

摘要：法官对法条的援引本质上就是对学说的运用，而法律学说的司法运用又促进了学说的推陈出新。从实然层面来看，法官引证法律学说，可以从裁判说理、法律适用以及学术传承等视角来分析。从应然层面来看，法院引证法律学说可以从司法过程的性质、裁判文书的功能以及司法论证

---

[1] 参见苏力：《"海瑞定理"的经济学解读》，载《中国社会科学》2006年第6期。该文结语有五段，此处所引为结语的最后一段。

[2] 此处节选自《论法律学说的司法运用》初稿，终稿参见彭中礼：《论法律学说的司法运用》，载《中国社会科学》2020年第4期。

的展开等角度来洞察。最后，法官引证法律学说，必须遵循必要引证原则，按照正当法律程序，讲究基本法律方法。基于此，本文还进一步反思了法律学说是否必须回应司法实践的问题，并指出何为法律学说的独立性。法律学说必须体现时代的法律需要，但是未必体现司法的实践需要。

关键词：法律学说　司法裁判　法律论证

一、问题的由来

2018 年，最高人民法院颁布了《关于加强和规范裁判文书释法说理的指导意见》。该意见规定："十三、除依据法律法规、司法解释的规定外，法官可以运用下列论据论证裁判理由，以提高裁判结论的正当性和可接受性：最高人民法院发布的指导性案例；最高人民法院发布的非司法解释类审判业务规范性文件；公理、情理、经验法则、交易惯例、民间规约、职业伦理；立法说明等立法材料；采取历史、体系、比较等法律解释方法时使用的材料；法理及通行学术观点；与法律、司法解释等规范性法律文件不相冲突的其他论据。"在该意见中，最高人民法院认为"法理及通行学术观点"（即法律学说）① 可以作为裁判理由进行说理。

在司法实践中，我们在裁判文书中也可能会看到如下引证法律学说的现象：

案例一：在"安徽省化皖通信有限公司诉安徽宏图三胞科技发展有限公司买卖合同纠纷案"中，法院指出："对此，南京大学民法学专家叶金强教授在刑民交叉研讨会上认为，刑民交叉案件的处理应当采取分别判断、个案判断……东南大学法学院院长刘艳红教授在刑民交叉案研讨会上认为，刑民交叉案件没有一个简单的处理模式，无论是'先民后刑'还是'先刑后民'都是教条化、简单化的处理方法，最重要的原则还是取决于具体个案中民事关系和刑事关系的关联性和相互影响程度……"②

案例二：在"陕西法门寺纸业有限责任公司与国家工商行政管理总局商标评审委员会因商标无效宣告行政纠纷案"一审判决书中，法院指出："对'不良影响'的解释不得狭隘地理解为不考虑商品或服务，只考虑符号构成（李琛：《论商标禁止注册事由概括性条款的解释冲突》，载《知识产权》2015 年第 8 期）。深圳大学李扬教授认为如果某标志本身具有不良影响，其使用也会产生不良影响，该标志当然不能作为商标申请注册和使用……（李扬：《'公共利益'是否真的下出了

---

① 必须区分法理、法律学说、法理与学说、学者观点等概念。第一，本文所运用的"法律学说"概念，是指学者们通过思想活动形成的有关法律运行及其相关理论问题的学术观点。这个概念的界定与薛波的界定大同小异。薛波认为，法律学说（legal doctrine），意指"由官方和法学家发展和阐述的关于法律原则、规则、概念和标准、案件类型、法律秩序的系统理论，由此可以根据此系统及其逻辑内涵作出推理"。（参见薛波主编：《元照英美法词典》，法律出版社2003年版，第430页）而佩策尼克将对法律的阐释称为"法律学说"，具体是指学者们的思想活动及其产物。（See Pezenik, *On Law and Reason*, Kluwer Academic Publishaers, 1989, p.2）第二，学者观点（本文仅指法学学者的观点）是法律学说的具体化。一般来说，凡学者均有观点，但并非所有学者的观点都能够成为学说；然而，法律学说必须通过具体学者的观点体现出来。所以，本文从法学学者观点的视角来看法律学说。第三，本文认为，凡是在学术刊物上发表过法学学术论文的人，都可以视为法学学者（无论是教授、法官还是其他职业者）。第四，有学者使用的是"法理与学说"的概念，并认为"法理"和"学说"是内容和载体的关系。（参见李敏：《论法理与学说的民法法源地位》，载《法学》2018年第6期）但《瑞士民法典》等直接使用的是"学理"概念，而且其所使用的"法理"本质上是关于法律的基本原理，因而也是法律学说。

② 江苏省南京市玄武区人民法院（2013）玄商初字第580号民事判决书。

'荒谬的蛋'？——评微信商标案一审判决》，载《知识产权》2015年第4期）。"①

案例三：在李×1交通肇事罪二审刑事附带民事裁定书中，法院指出："对于间接故意和过于自信的过失的区分一直是一个难点问题，正如德国刑法学家汉斯·韦尔策尔所总结：'间接故意与有认识过失的分界问题是刑法最困难和最具争议的问题之一，这个问题难在意欲是一种原始的、终极的心理现象，它无法从其他感性或知性的心理流程中探索出来，因而只能描述它，无法定义它。'……这种推定，正如我国刑法学家陈兴良教授所言，'是在被告人的主观意图认定中经常采用的一种司法技术'。……正如我国刑法学家王作富教授所概括：'间接故意是明知危害结果发生的现实可能性，过于自信的过失是预见到危害结果发生的假定可能性。'……对于这一逻辑推理的过程、方法和结论，在刑法学理论界已经取得共识，德国刑法学家克劳斯·罗克辛在其著作《德国刑法学总论》（第1卷）中就曾有过如下总结：'在驾驶员不顾同车人的警告，以危险的方式超车并因此造成了交通事故的情况下，这样的案件在通常情况下都不会是故意的，而仅仅是有意识的过失……'"②

上述三个案件分别是民事案件、有关知识产权的行政案件和刑事案件。它们的共同点是判决文书都引用了学者的观点。案例一引用的是叶金强、刘艳红两位学者的观点，案例二引用的是李琛、李扬两位学者的观点，案例三引用的是汉斯·韦尔策尔、陈兴良、王作富以及克劳斯·罗克辛四位学者的观点。对于这种现象，学术界已经出现了不同的声音。比如，魏再金认为："学者观点对于司法活动无疑具有重要意义，但学者观点属于学理解释，不具有强制力，而且具有多元性。为使庭审程序中控辩双方形成有争议焦点的有效抗辩，而不至于沦为学术之争，因此不宜直接引用于判决书和相关的法律文书。"③ 但是另有学者认为："学说作为审判依据、法律解释的手段或者判决理由，在司法审判中得到不同程度的运用，这可以通过古今中外的历史事实、制度规定以及判决书

材料分析题
讲解

得到证明。"④ 然而，这些学者所讨论的仅仅只是能不能的问题。那些讨论引证可能的学者们也没有考虑到为何能以及如何进行的问题，当然也没有涉及如果能，那么该如何规制。可见，对于在司法判决中引证法律学说，还需要从根本上进行系统的理论反思。

试分析上文的摘要、关键词以及开篇中存在的问题并修改。

---

① 北京知识产权法院（2015）京知行初字第3649号行政判决书。
② 北京市第一中级人民法院（2015）一中刑终字第1797号刑事附带民事裁定书。
③ 魏再金：《学者观点在司法说理中的理性选择》，载《中国检察官》2015年第10期。
④ 王晓烁：《学说在司法审判中的运用》，载《河北经贸大学学报（综合版）》2013年第3期。

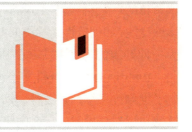

第八章
法学论文的批判性思维

　　有效率的研究者在开始写作前，肯定会检索与研究课题有关的现有研究和理论支撑。但是，他们不是简单接受现有研究和理论的表面信息，而是会仔细研究这些理论的假设，推敲其逻辑过程，寻找研究方法上的不足，以及是否使用了不恰当的统计分析，或者得出了不符合预期的结论。当然，高效率的研究者不仅在分析别人的研究时如此，分析自己的研究时也同样如此。简而言之，优秀的研究者善于运用批判性思维。[①]批判性思维是论文写作的基础，也是实现论文创新的基本方式。研究者在进行论文写作之时，要敢于批判、善于批判，以实现论文写作的目的。

■ 一、批判性思维的概念诠释

　　"批判性思维"已经成为我们这个时代的重要话题。[②]批判性思维是一种普遍的人类现象，人类被描述成能够有效运用他们的批判性思维技能的生物，被描绘为普遍倾向于把批判性思维当作解决围绕我们该相信什么和做什么的问题的一个实践手段。[③]在论文写作中，批判性思维是反思、审视和建构论文结构和观点的思维，是分析论证的逻辑起点。我们可以从基本概念入手，来理解批判性思维的本质属性。

（一）批判性思维的概念界定

　　批判性思维作为一种思维模式，自兴起以来一直受到世界各国的高度重视。20世

---

　　①　参见［美］保罗D.利迪、［美］珍妮·埃利斯·奥姆罗德：《实证研究：计划与设计》（原书第10版），吴瑞林、史晓晨译，机械工业出版社2015年版，第15页。
　　②　参见吴格明：《逻辑与批判性思维》，语文出版社2003年版，第19页。
　　③　参见［美］彼得·费希万、［美］诺琳·费希万、［美］爱格尼丝·蒂瓦里、［美］费利克斯·尤恩：《作为普遍人类现象的批判性思维——中国和美国的视角》，载《北京大学学报（哲学社会科学版）》2009年第1期。

纪70年代末,西方国家特别是美国出现了一场批判性思维运动的"新浪潮",帮助学生养成批判性思维逐渐被许多国家确立为教育特别是高等教育的目标之一。1996年美国颁布的《国家科学教育标准》规定,"学校教育的重点应是帮助学生掌握每天使用的多种技能,如创造性地解决问题,养成批判性思维能力和在工作中具有合作精神"。作为一种健康的思维方式和品质,批判性思维也得到了联合国教科文组织的肯定和赞同。1989年,联合国教科文组织通过的《21世纪的高等教育:展望和行动》中就明确肯定了批判性思维的重要性,要求大学生不仅要有渊博的知识和远大的抱负,而且要能够把知识与分析解决社会问题的能力结合起来,实现知识和能力的统一。2001年联合国教科文组织的报告《教育——财富蕴藏其中》明确指出:教育应该使每个人,能够形成一种独立自主、富有批判精神的思想意识及能力。[1]

从学术源流来看,《礼记·中庸》曾有记载:"博学之,审问之,慎思之,明辨之,笃行之",对批判思维提出了比较明确的要求。但从字面表达看,批判性思维来自英文critical thinking的直译。[2]英语"critical"(批判的)一词源自希腊语"kriticos"(识别、区分、讨论、判断)和"criterion"(标准、准则),意思是根据一定的标准去识别、区分、讨论和判断。[3]汉语中,"批判"一词意即:(1)对错误的思想、言论或行为作系统的分析,加以否定;(2)分析判别,评论好坏。[4]

学术界引用比较多的定义有:批判性思维是指"为了决定信赖什么或者做什么而进行的理性的深入的思考";"批判性思维就是面对相信什么或者做什么而作合理决定的思维能力";"批判性思维是合理的反思性的思维,其目的在于决定我们的信念和行动"。批判性思维是一种有目的的、合乎逻辑的思维。这种思维的目标直接用于解决难题、进行推论、计算可能、作出决定。批判性思维是一种"理性"或"合理性"的思维,突出了理性的思考在批判性思维中的决定作用。[5]

不过,对于批判性思维是什么,学界并没有形成共识。被称为现代批判性思维之父的约翰·戴维认为,批判性思维就是深思,即根据支持某观点的理由,或者该观点倾向的某个结论的理由,对批判性思维指向对象背后的问题进行的持之以恒的、有深度的思考。"[6]

丹尼斯·库恩和约翰·米特认为,批判性思维是一种评估、比较、分析、批判和综合信息的能力。批判性思维者愿意探索艰难的问题,包括向流行的看法发起挑战。批判性思维的核心是主动评估观念的愿望。在某种意义上,它是跳出自我、反思自己

① 参见田华银:《逻辑基础与日常批判性思维》,西南交通大学出版社2016年版,第16页。
②⑤ 参见龙小平主编:《逻辑与批判性思维概论》,电子科技大学出版社2019年版,第13页。
③ 参见田华银:《逻辑基础与日常批判性思维》,西南交通大学出版社2016年版,第9页。
④ 参见中国社会科学院语言研究所词典编辑室编:《现代汉语词典》(第7版),商务印书馆2016年版,第990页。
⑥ 转引自吴格明:《逻辑与批判性思维》,语文出版社2003年版,第19页。

思维的能力。批判性思维者能够分析他们关键证据的质量、考查他们推理的缺陷。①

斯蒂芬·D.布鲁克菲尔德则认为，批判性思维要让学生明确认识到两类假设的过程：一类是让学生查明学者在专业领域内所持有的如何创造和发展正规知识的假设；另一类是让学生查明左右他们自己的思维和行动的假设。批判性思维要求我们查验自己和他人所持有的假设，评估与假设相关的证据的准确性和可靠性，从多个角度审视我们的观点和行动。一个能进行批判性思考的人更有资格采取明智的行动，也就是以证据为基础的更有可能达到预期效果的行动。②

格雷戈里·巴沙姆等学者认为，批判性思维是一种理性思维。广义上的批判性思维是指有效识别、分析和评估观点和事实，认识和克服个人的偏见，形成和阐述可支撑的结论、令人信服的推理，在信念和行动方面作出合理明智的决策所必需的一系列认知技能和思维素质的综合。③

本斯利认为："批判性思维是一种成熟的思考过程，它包括对其观点的相关证据进行评估，并最终从这些证据中得出合理的结论。"④

虽然学者们关于批判性思维的定义有所不同，但是总的来说有几个相同点：一是强调对固有知识和流行观点的质疑；二是强调对自我的反思；三是强调理性思考和分析。所以，在综合他人学术观点的基础上，本书认为，所谓批判性思维是指一种严格的逻辑思维，即思考者本人对所有流行的观点、看法、意见等进行反思、分析和论证的思维，既包括对他人观点的反思，也包括对自己观点的审视。通过批判性思维，人们最终作出符合逻辑要求的决策和判断。

（二）批判性思维的基本特征

批判性思维并非无序思维，也并非难以把握。我们通过总结批判性思维的特征，可以明显发现它与其他思维方式有着显著区别。

第一，从思维本质来看，批判性思维是理性思维。批判性思维是一种基于充分理性和事实而非感性和传闻进行思维和行动的倾向和能力，要求对接触的信息、知识的真实性、准确性、性质与价值进行分析和评估，要求对行为进行合理决策、反思和调控，它关注的核心是知识和能力的关系问题。⑤所以说，批判性思维是一种怀疑的、审

---

① 参见［美］Dennis Coon、［美］John O. Mitterer：《心理学之旅》，郑钢等译，中国轻工业出版社2015年版，第10页。

② 参见［美］斯蒂芬·D.布鲁克菲尔德：《批判性思维教与学——帮助学生质疑假设的方法和工具》，钮跃增译，中国人民大学出版社2017年版，第9—10页。

③ 参见［美］格雷戈里·巴沙姆、［美］威廉·欧文、［美］亨利·纳尔多内、［美］詹姆斯·M.华莱士：《批判性思维》（原书第5版），舒静译，外语教学与研究出版社2019年版，第7页。

④ ［美］D. Alan Bensley：《心理学批判性思维》，李小平等译，中国轻工业出版社2005年版，第4页。

⑤ 参见田华银：《逻辑基础与日常批判性思维》，西南交通大学出版社2016年版，第10—11页。

慎的心态,这种心态不轻信别人的思想言论,不盲从别人的行动,这种心态是批判性思维的基点。[①]但是,怀疑并不是否定,而是要理性思考。所谓理性,就是要能够基于现有理论,充分运用逻辑进行推论,从而得出一个审慎的结论。所以,批判不是钻牛角尖,不是故意刁难,不是无理取闹。通过怀疑建构更加精准的学术观点,是批判思维的核心要求。

第二,从思维态度来看,批判性思维是反思性思维。任何结论并不是理所当然就绝对准确,凡事多问几个为什么,是批判思维的具体展现。从理论上说,批判性思维是一种思维过程和思考行为,是反思和质疑,不仅是对别人的思想言论甚至行为的反思和质疑,也包括对自己思想和行为的反思和质疑。[②]我们要善于反思,追问可能更为精准的答案。犯罪构成为什么是"四要件"? 有没有比"四要件"更简洁、更有实用性的构成要件? 如果有,我们能不能对此进行重构? 再如,我们经常可见微博平台或者微信平台转载他人的作品,这个算不算是侵权,如果不算,为什么? 如果算,又是为什么? 实际上,类似思考和反思的案例比比皆是,只要我们善于做有心人,就能够从中发现意想不到的惊喜。在反思和批判之中,我们可以明确事物的真谛,得出更多有价值和意义的结论。

第三,从价值追求来看,批判性思维是极致性思维。批判性思维本质上是一种探究工具。尽管批判性思维不等同于好思维,但它是无处不在的、自我矫正的人类现象。理想的批判性思维者习惯上是好奇的、见多识广的,相信推理,思想开放、灵活,能合理公正地作出评估,诚实地面对个人偏见,审慎地作出判断,乐于重新思考,对问题有清晰的认识,能够有条理地处理复杂问题,用心寻找相关信息,合理选择评价标准,专注于探究,坚持寻求学科和探究环境所允许的精确结果。[③]批判性思维所追求的极致性,既包括追求真理,也包括追求美德,更包括追求至善。这种价值上的终极状态,要求我们不断追求更好的研究结论/社会进步。如果没有批判性思维,也许人类社会还一直在用树叶做衣服遮盖身体,或者我们还在生吃食物。人类天生的反思批判能力,促使人类不断地去反思过去,从而有了更符合人类社会发展规律的诸多创新与创造。从法学的角度来说,无论是法学理论,还是制度设计,批判性思维都充分调动了人们的积极性,从而把法治文明不断推向新境界,使法治事业不断取得伟大成就。法学论文是法治文明的呈现方式之一,也是推进法学和法治进步的动力之一,唯有不断通过批判性思维进行创新,才能够为法学发展和法治进步提供源头活水。

---

① 参见吴格明:《逻辑与批判性思维》,语文出版社2003年版,第19页。

② 参见吴格明:《逻辑与批判性思维》,语文出版社2003年版,第21页。

③ 参见[美]彼得·费希万、[美]诺琳·费希万、[美]爱格尼丝·蒂瓦里、[美]费利克斯·尤恩著,武宏志译:《作为普遍人类现象的批判性思维——中国和美国的视角》,载《北京大学学报(哲学社会科学版)》2009年第1期。

第四,从基本属性来看,批判性思维是综合性思维。从内容层面而言,批判性思维既需要科学思维,也需要道德思维;既需要逻辑思维,也需要辩证思维,是对多种思维方法和思维方式的综合运用。因为只有这样,在具体的思维过程中才能考虑各种因素、各种条件、各种情况。在法学论文写作过程中,要充分运用批判性思维,提出更多有价值的观点,进而推动法学知识的更新与创新。

(三)批判性思维的现实意义

批判性思维是伴随着现代科研发展而逐渐成熟的一种思维方式,是人类跨越农业社会进入工业社会之后,集中了自然科学、社会科学和人文艺术知识而形成的认知方式,在进入信息社会的今天,这种思维方式对于认识人类自身,尤其是深度认识我们所存在的这个世界至关重要。[①]我们要深刻理解批判性思维的具体意义,并在法学论文写作过程中加以运用。

第一,批判性思维是创新驱动的重要手段。人类文明越是进步,越是需要知识的不断更新;而知识之所以能够更新和进步,批判性思维功不可没。英国学者麦基编写的《思想者》指出:"如果不对假定的前提进行检验,将它们束之高阁,社会就会陷入僵化,信仰就会变成教条,想象就会变得呆滞,智慧就会陷入贫乏。社会如果躺在无人质疑的教条的温床上睡大觉,就有可能渐渐烂掉。要激励想象,运用智慧,防止精神生活陷入贫瘠,要使对真理的追求(或者对正义的追求、对自我实现的追求)持之以恒,就必须对假设质疑,向前题挑战,至少应做到足以推动社会前进的水平。人类和人类思想的进步是反叛的结果,子革父命,至少是革去父辈的信条,而达成新的信仰。这正是发展、进步赖以存在的基础。在这一过程中,那些提出上述恼人问题并对问题的答案抱有强烈好奇心的人,发挥着绝对的核心作用。"所以,批判性思维的意义首先在于认知方面。这种思维品质是获得知识、追求真理的重要条件。因为真知必须经得起质疑和反思,没有质疑和反思,就难免被假知识、伪科学所蒙骗。[②]要消除假知识、伪科学,就要不断反思和批判;缺乏批判能力,知识进步的动力就丧失了。

第二,批判性思维是人格魅力的重要展现。批判性思维是一个理性的、公正的、创造的、和谐民主社会的基础。[③]从德性发展的角度来看,批判性思维可以在个人意义上维持最低的道德水平。欲使批判性思维致力于解决"意志的不反思"问题,必须进行连

---

① 参见俎云霄:《批判思维能力培养的研究与实践》,Proceedings of 2015 2nd International Conference on Creative Education(ICCE 2015 V11).

② 参见吴格明:《逻辑与批判性思维》,语文出版社2003年版,第25页。

③ 参见[美]彼得·费希万、[美]诺琳·费希万、[美]爱格尼丝·蒂瓦里、[美]费利克斯·尤恩著,武宏志译:《作为普遍人类现象的批判性思维——中国和美国的视角》,载《北京大学学报(哲学社会科学版)》2009年第1期。

续性的思考,而思考,则意味着"去审视和询问"。①通过不断地理性思考和反思,最终达致罗尔斯意义上的"反思性平衡"。

从个人发展的角度来看,批判性思维可以保持观点独立。美国鲍灵格林大学M.尼尔·布朗·斯图尔特教授和M.基利教授的一段话很能说明这一点:具有批判性思维品质的人,因其经常质疑和反思而不会盲目地人云亦云,不会迷信权威。他们的价值选择更倾向求真,而不崇拜权力,他们精神独立,而不喜欢人身依附。这是高尚的人格所必不可少的内涵。②我国自改革开放以来,也有过关于法律本质究竟是什么、是权利本位还是义务本位等学术问题的论战,这不仅有助于推进中国法理学的发展,也凸显了这些学者的高尚人格。

第三,批判性思维是科学决策的重要保证。决策是自我意识的重要展现。要做到科学决策,有效维护个人利益或者集体利益,批判性思维就应当参与其中。决策是一个过程,决策行为与信息的提供有关,与决策者的态度、经验和水平有关,与情景的复杂程度有关。③决策者要能够有效利用信息,充分发挥信息的积极价值,就必须时刻进行批判分析,以保证决策的科学性。论文写作的过程也是一个作决策的过程,要整合与主题相关的所有信息,保证得出的结论(决策结果)更加具有合理性。

二、批判性思维的结构要素

关于批判性思维的结构要素,学者们亦有争论。如有学者指出,批判性思维运用的技能包括分析、诠释、推论、解释、评估、元认知的自我监控和自我修正。④美国批判性思维学会会长理查德·保罗认为,思考的发展进化有四个阶段:第一阶段为轻率鲁莽的思考者,第二阶段为面临挑战的思考者,第三阶段为初出茅庐的思考者,第四阶段为实践操练的思考者。为此,理查德·保罗提出批判性思维由观点、目标、问题、信息、概念、假设、结果和结论这8个要素组成。⑤但是,我国有学者认为这8个要素有缺陷,主要理由是:第一,观点和结论两个要素之间有重复,所谓的"结论"就是有证据或理论支持的观点,所以结论本质上就是"观点",观点和结论其实是同一个要素。第二,目标、结果和概念这3个要素之间有归属关系。"概念"是对一类事物的概括,或是一种抽象的观点,如公平、进化、效率等都是常用的一些概念。"目标"是个体期望达到的状

---

① 参见[美]汉娜·阿伦特:《反抗平庸之恶》,陈联营译,上海人民出版社2016年版,第117页。

② 参见吴格明:《逻辑与批判性思维》,语文出版社2003年版,第6页。

③ 参见赵红梅、叶璐:《决策与批判性思维》,载《决策与信息》2017年第1期。

④ 参见[美]彼得·费希万、[美]诺琳·费希万、[美]爱格尼丝·蒂瓦里、[美]费利克斯·尤恩著,武宏志译:《作为普遍人类现象的批判性思维——中国和美国的视角》,载《北京大学学报(哲学社会科学版)》2009年第1期。

⑤ 参见[美]理查德·保罗、[美]琳达·埃尔德:《批判性思维:思维、写作、沟通、应变、解决问题的根本技巧》,乔苗、徐笑春译,新星出版社2006年版,第64页。

态，"结果"是事物实际所达到的状态，目标和结果是我们理解事物时常用的视角和框架。比如我们常说："我的目标是考上大学"或"考试结果很不理想"，可见目标和结果本质上也是概念。第三，"信息"这个要素过于概括，信息可以包含事实、数据和经验等诸多内容。有学者进而提出，批判性思维包括事实、观点、感受、理由、证据、假设、条件、概念和问题等9个要素。①

笔者亦认为，在论文写作过程中，观点和结论不需要作太过于细致的区分，可以合并，此外，结果和结论也不需要进行太过复杂的区分。为此，批判性思维的结构要素主要包括概念、假设、材料、问题、观点、目标、理由和证据等8个。下面结合法学论文写作过程中需要使用到的要素，对这8个要素进行具体阐述。

（一）概念

概念是指解释、分类或汇总信息时所使用的总的范畴或观念。②一般来说，概念要能够准确地解释事物的本质，而不是浮于表面。任何概念的形成，都必须借助其他语言和名词。特别是学科概念，更需要有学科特色。理查德·保罗提出，为了方便思考，每门学科（化学、地理、文学、数学）都有自己的一套概念和专用术语。③但也值得指出，正因为每门学科都有自己的概念，这些概念又是由语言文字组成的，因此可批判性极强。论文写作过程中，既需要借助这些概念，也需要对这些概念进行反思批判。比如笔者在前文中举例《法律渊源词义考》等论文，就是基于概念对概念的反思。

（二）假设

假设是指保证观点成立的隐含前提，比如你和同事约好下午5点见面，但是到点后他没有来，你这时候想："他今天可能要晚来一会儿。"这个判断就隐含了一个前提假设：他今天一定会来。如果没有这个假设，那么你前面的判断就没有意义了。任何一个论证当中都含有前提假设，但是前提假设都隐藏在论证过程中，一般不会清楚地表现出来，所以就需要把论证中隐含的前提假设显现化，进而对其进行分析和检查。④在论文写作过程中，要善于发现前提或者语境中的各种假设，从而进行分析。苏力教授对梁祝故事的分析，就是典型的对假设进行分析。他通过梁祝二人同窗三年，一年以后祝英台被许配他人等细节，推论出梁祝故事发生时，二人的年龄在15岁上下。这种假设是有道理的，也有助于学术发现。

①④　参见霍雨佳：《批判性思维的要素及其关系》，载《重庆理工大学学报（社会科学）》2019年第7期。

②③　参见［美］理查德·保罗、［美］琳达·埃尔德：《批判性思维：思维、写作、沟通、应变、解决问题的根本技巧》，乔苗、徐笑春译，新星出版社2006年版，第60页。

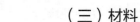

（三）材料

论文写作必需有必要的材料（资料）。在论文这个严密体系中，资料本身常常不足以决定重要的问题，因此要将资料与其他信息结合起来使用。如果你了解资料，但是不了解资料的意义，你可能会被现实严重地误导。如果你了解资料，但是不了解与资料有关的有待解决的问题，那么资料只会像微不足道的琐事一样漂浮在你的记忆中。[①]任何论文的写作，都不可能是无源之水、无本之木，需要有数据、经验或者案例等信息材料作为支撑。比如，要反对死刑，可以运用过去一段时间发生的导致犯罪嫌疑人被冤杀的案例来支撑；而如果要支持死刑，则可以以美国等国家曾经废除死刑后来又恢复了死刑为例，原因是暴力犯罪的比率因死刑废除而大幅增加。在论文写作过程中，运用批判性思维，既要善于发现和寻找材料，也要善于提炼和总结材料，从材料当中发现他人所未能发现的新观点、新想法和其他启示。

（四）问题

问题就是需要解答的题目，生活中我们常把问题看作是一种疑问，但是"疑"和"问"是两种不同的心理状态，"疑"是一种感受，而"问"是一种技能，需要学习和训练，并且需要以大量的知识储备为基础。批判性思维需要质疑，而质疑的本质不是"疑"，而是能提出恰当的问题，并予以解决和回答。中国学生普遍不善于提问，很多人认为这是缺少质疑的精神和氛围所致。其实，这是对质疑本质的误解，质疑不仅仅是一种感受，更是一种提出问题的技能。中国学生缺少提问技能的训练才是其不善于提问的真正原因。问题是批判性思维的动力，当你停止提问，你也就停止了批判性思维。[②]学术论文写作中的问题，是批判性思维的动力。基于问题意识写论文，是我们反复强调的。

（五）目标

论文写作的起点是基于问题，目标一定要解决问题。因而，论文写作的目标一定是论文写作的核心关注点。在学位论文答辩时，经常有老师会向学生提问：你这篇论文的目的是什么？言外之意，这篇论文的意图不清晰，至少在字里行间看不出来。所以，论文写作过程中应经常运用批判性思维思考论文写作的目标，既批判他人，也反躬自问。

---

① 参见［美］Gerald M. Nosich：《学会批判性思维——跨学科批判性思维教学指南》，柳铭心译，中国轻工业出版社2005年版，第59页。

② 参见霍雨佳：《批判性思维的要素及其关系》，载《重庆理工大学学报（社会科学）》2019年第7期。

（六）观点

观点是批判性思维的核心要素，可以从哲学和心理学两个不同的视角来理解。在哲学中，观点就是个体头脑中的主观认识，是与客观事实相对的一个范畴。这也是我们将事实和观点作为批判性思维基本要素的哲学基础。在心理学中，观点被认为是联想记忆网状结构中的结点，它可以是具体的也可以是抽象的，其表达方式也非常多样，可以是名词、形容词或者动词。这些结点相互联结，构成一个庞大的网络结构。联结的类型多种多样，比如，因果关系的联结（病毒→发炎），属性关系的联结（香蕉→黄色），类关系的联结（西红柿→蔬菜）。思维活动在激发起一个观点的同时，也会激发与这个观点相联系的其他观点，而其他观点又会唤起更多的观点，这个激活的过程会一直扩散下去，这就是心理学中的激活扩散模型，它是以大脑的神经网络联结为生物基础的。

在批判性思维视角下，任何观点的成立都是有条件的。比如，我们都知道三角形的内角和是180度，但是这个定理只有在欧式几何空间中才成立。如果是在非欧式几何空间中，三角形的内角和就不一定是180度了。所以，当我们接受一个观点时，应该清楚这个观点成立的前提条件，而不是把其当作无条件的永恒真理。①学术论文必须有核心观点，必须要有观点创新。无论是原创性观点，还是发展性观点，都奠定在批判性思维的基础之上。

（七）理由

理由即对接受一个观点或作出一个行为所作的说明。理由和借口之间是有差异的，但在日常生活中我们常常会把二者混为一谈。借口是为自己不想做的事或做错的事找的"理由"；是已经对一个观点作出了判断，或对一件事作出了决定，然后去寻找支持这个观点或这么做的"理由"，比如"欲加之罪何患无辞"。借口与理由的本质区别体现在思维程序上的差异，借口是在已经接受观点的基础之上，再寻找"理由"，可想而知这样的"理由"肯定都是支持其观点的，不会有反对其观点的"理由"。在正常的批判性思维过程中，理由应该是在还未作出判断之前给出的，其中既包括了支持的理由，也包括了不支持的理由。②学术论文必须讲道理，即讲清楚所列观点的理由，不列明理由的观点无法使读者信服，理由不充分的观点也难以服人。

---

①② 参见霍雨佳：《批判性思维的要素及其关系》，载《重庆理工大学学报（社会科学）》2019年第7期。

（八）证据

证据是用来支持观点的材料，其表征形式可以是数字、文字、图像或视频等，其中可以用数字表示的证据就是数据。感受是不可以作为证据的，比如在法庭上原告只是感到被被告威胁，这并不能作为证据。证据可以分为例证、观察证据、测量证据和实验证据等不同类型。学术论文说理需要有依据，即论据。要能够对论据进行批判性分析，与观点之间形成强逻辑关系，使论文更有说服力。

总之，我们要能够运用批判性思维，将其结构要素在学术论文中紧密地融合在一起，以问题为起点，以目的为动力，以材料为手段，以概念为基础，以假设为前提，以论点为核心，以论据为保障，为一篇论文的成功写作奠定基础。

三、批判性思维的论文展现

论文写作的过程，就是语言和思维相互作用的过程。正如理查德·保罗等人所说："批判性思维的一个重要部分就是学会把思想中潜意识的部分提升到有意识的层面上来，包括确认和重建自己作出的推论，从而明白自己是如何通过推论增加经验的。"[1]在论文写作过程中运用批判性思维，就是要将批判性思维运用到文献综述、观点批判、理由批判、论据批判等多个环节。

（一）文献批判

文献批判是文献阅读的高级形式，是在理解文献基础上根据一定的原则和标准对文献观点真实性、有效性及其价值进行判断并作出评价的一种阅读活动，可以拆分为理解、评价和回应三个步骤。理解，主要是看作者提供了哪些事实和观点，从而了解文献内容；评价，是对这些观点和事实进行价值判断，分析观点是否正确，事实与观点是否相符等，从而对文献作出评价；回应，则是指在评价的基础上通过文字或口头表达来发表自己的观点和态度，是接受还是反对，是全部接受还是部分接受，并说明理由。

在文献批判过程中，常用的思维方式有三种，即分析、推测和评价。分析即将文献的整体部分化、复杂的论题简单化、错综的结构单纯化。分析是批判性成立的基础，只有通过分析，才能了解作者的主要观点、写作意图和阐述的方法，才能在此基础上进行有效的批判。推测是一种从文字表述的意义出发跳跃式地推理作者的实际意图的过程。推测带有主观色彩，跳跃式进行，但不是任意而为的，需要从文本中获取合理的根

---

① ［美］理查德·保罗、［美］琳达·埃尔德：《批判性思维：思维、写作、沟通、应变、解决问题的根本技巧》，乔苗、徐笑春译，新星出版社2006年版，第73页。

据来支持。掌握的根据越多，推理得越仔细，推测出的结论也就越有效。文献批判之所以需要进行推测，是因为常常会出现这样的情况：作者有时为了达到说服读者接受自己观点的目的而有意隐瞒一些真实情况；或者因为专业知识范围的限制，使论述的问题存在一定的局限；或者因为作者形成了含蓄表达的风格，喜欢用委婉的语言表达自己的观点。所有这些都需要我们通过推测来获悉事情的本来面貌、作者的专业权威性和真实意图，从而确定该如何看待文本的文字表述。评价就是在判断文献价值的同时提出优劣高下的评估。评价不仅依赖于对文字的理解和解释，也与读者对文献观点的真实性、有效性、准确性的鉴别密切相关。评价是文献批判的重要环节，因为文献批判的核心是要求我们对文献的价值作出判断。

（二）观点批判

观点批判有两个层面的要求：

一是对他人观点的理性批判。要理性概括他人的观点及论点，并总结他人观点的思维结构，发现他人观点的亮点、缺陷及原因。切忌在没有读懂他人学术论文的前提下，对他人的论文进行指摘。通过观点批判，发现他人研究的局限性，为自我观点的出场作好铺垫。

二是对自我观点的理性批判。观点批判，不仅仅是对他人观点的批判，更重要的是要不断地进行自我观点的批判。可以从学科的角度来反思自己所预设的观点是否合理。诺希克说："至少有一个观点与你所修课程明显有关，那就是学科本身的观点。如果是社会学课程，就要求你从社会学观点去处理大多数问题——一般不是从生物学、宗教、个人、商业或者伦理的观点。它们可能是有关的，并且可能会非常重要，但是它们不同于纯社会学的观点。从伦理观点去考虑社会学观点是很重要的，并且在一些情况下，社会学家认为伦理观点在事实上是优于社会学观点的。然而，两种观点是不同的——你应该能够区分它们。学会从学科观点去思考是学科中的一门课能提供的最有价值的成果之一。一门课的目标不仅仅是提供符合旧观点的新事实；它还要提供给你新观点，使用这些观点可以使你以一种不同于以往的方式来看问题。"[1] 所以，当研究者预设观点时，不仅需要有多学科反思批判的思维，也要有多学科反思批判的能力。自我批判是学术严谨性的重要表现之一，也是学术人格的重要展现。

（三）理由批判

学术论证需要理由，学术批判也需要理由。所以，当研究者们批判他人的学术观

---

① ［美］Gerald M. Nosich：《学会批判性思维——跨学科批判性思维教学指南》，柳铭心译，中国轻工业出版社2005年版，第63页。

点时，不仅观点批判很重要，理由批判也很重要。观点批判是结果性的，而理由批判则是釜底抽薪式的。批判别人需要理由，批判别人的理由也需要理由（依据）。在论文写作中，理由批判包括两个方面：对他人学术观点的理由批判，以及对自我学术观点的理由批判。下文主要从前提、假设等进路的概率、关联性方面来阐释理由批判。

第一，从概率角度看不同理由所支撑的观点是否有确定性。如果一个理由对观点的支撑不充分，或者只存在可能性，就说明理由不充分。笔者曾经写过一篇论文，题目是"论法律论证中的数学方法"，该文引用了一个著名的案例，即1968年在美国发生的一起抢劫案（下文将该案称为"夫妻抢劫案"）。"夫妻抢劫案"的受害者是一位年迈的女士，指控作案人扎着金色的马尾从作案现场逃跑。受害人的一位邻居指控他目击一个穿着暗色衣服扎着金色马尾的白人女子，从作案现场逃跑后上了一辆留着胡须的内格罗男性的黄色摩托车。几天后，警察官逮捕的一对夫妇似乎契合这些特征。在对这对夫妻长达一周的审判中，受害人仍无法确定两被告的身份，邻居也无法有效识别男性被告。此外，有证据表明女被告在抢劫当天穿的是浅色的衣服，而两位目击者指认该作案女性穿的是暗色的衣服。而且，两位被告均否认参与过任何犯罪，提供的不在场证明至少也与另一被告证人的证词是一致的。为了进一步鉴定被告是否为该案件的作案者，公诉人请一位大学数学老师建立概率模型来证明，如果抢劫犯的确是扎着金色马尾的白人女子和骑着黄色摩托车留着胡须的内格罗男性，且被指控的夫妇符合这些详细特征，即可鉴定他们是罪犯。根据相互独立事件同时出现的概率等于每个事件单独出现的概率的乘积，证人首先验证了概率论中的"乘积法则"。利用乘积法则进行计算后，公诉人发现，随机选择的任何夫妇中具有上述特征的概率是一千二百万分之一，由此陪审团推断出仅有一千二百万分之一的概率证明被告是清白的。[①]从确定性角度来说，一千二百万分之一的概率能够证明犯罪行为不是犯罪嫌疑人所为，就不能够肯定地说被告人就是实际的抢劫犯。可能性只意味着有可能，而不能是确定。论文写作的理由也应当注意如何使用概率，避免犯错。

第二，从关联性角度看不同理由与观点之间是否存在强逻辑性。学术论文写作时，要注意所运用的理由是否足以支撑观点，形成内在逻辑一致的"点—论"结合体系。比如，在论文写作时，假设提出的观点是案例指导制度要改革发展，理由是指导性案例没有发挥实际作用。显然，这里的逻辑是：指导性案例应当有实际作用，但事实上，指导性案例没有发挥实际作用，因而需要改革案例指导制度。如果回答为何要改革案例指导制度时用的理由是，指导性案例在实践中发挥了十分重要的作用，法院喜欢适用指导性案例，老百姓也普遍认为指导性案例权威，这样的理由就不合适了。因为，既然指导性案例在实践中已经能够发挥十分重要的作用，那还需要改革吗？所以，

---

① See L.H.Tribe, Trial by Mathematics: Precision and Ritual in the Legal Process, *Harv.L.Rev.*, 1971, 84(6).

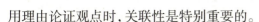

用理由论证观点时,关联性是特别重要的。

第三,从前提预设角度来看,不同理由的语境是否与观点契合需要检验。学术论文写作一般会有前提,比如引证他人的观点支持自己的观点,潜在的前提就是认可他人的学术观点。但是,这个学术观点是否确实准确呢?引用者省略了核实过程,或者说预设了该观点的准确性。比如,"父母之命,媒妁之言"在现代人看来违背了婚姻自由,是封建制度的遗毒,但是在封建社会中,其存在还是有一定合理性的。所以,前提预设的语境是必须考虑的内容。诺希克说,前提这个概念是科学推理中的核心部分。前提是一种假设或是得出的一个结论,它常常是一种情境出现的方式,但是,在等着看这种情境是否按我认为的方式出现、等着看前提是否被实验验证或是驳斥时,我只是暂时坚持这个前提。这是前提这个概念相当正规的使用,但是事实是,在我们的思维中一直在形成前提。我们可能不把它们叫作前提,但是我们先预测问题如何解决,然后才检查是否是按那种方式解决的。如果是,那么我们就会得出正确的结论;如果不是,我们(至少有时候)就会得出错误的结论。①

课后思考与练习

❶ 阅读《中国社会科学》《法学研究》《中国法学》等期刊上的任意一篇学术论文,分析其创新点,重点分析其可能的缺陷,并阐述理由。

❷ 写一篇 1 万字左右的学术论文,并组织一场小型学术研讨会,请老师和同学参与批判。

❸ 材料分析题:

"两头婚"的法理意涵及问题反思 ②

引言

一、何为"两头婚"?

二、"两头婚"的法理意涵

(一)个体权利选择和实现的表达

(二)民间自治的体现

第一,"两头婚"是双方协商的自治……

第二,"两头婚"的婚居习俗是确定家庭内部权利和义务的自治……

第三,"两头婚"是民间自发形成的秩序规则……

---

① 参见［美］Gerald M. Nosich:《学会批判思维——跨学科批判性思维教学指南》,柳铭心译,中国轻工业出版社2005年版,第72页。

② 该文作者为柏馨怡,为笔者指导的2022届硕士毕业生。该文为初稿,修改稿已经发表。

（三）社会稳定和秩序的维系

三、"两头婚"与传统农村嫁娶婚的比较——以婚姻家庭法律为基础

（一）相同之处

（1）从婚姻本质看，两者是婚姻自由下的婚姻模式选择

（2）从婚姻家庭的伦理来看，两者符合婚姻家庭的伦理需求

（3）从婚姻法律与风俗的关系看，两者不与民法典的婚姻家庭规则对立

（二）两者的不同之处

（1）产生的基础不同

（2）实际享有权利义务不同

（3）婚姻家庭关系不同

四、"两头婚"的现实矛盾及反思

（一）"两头婚"的约定如何保证履行——基于伦理道德还是法律

（二）"两头婚"的价值取向——传统与现代的冲突

（三）"两头婚"在司法裁判中的纠纷及反思

　　请指出本论文（初稿）中存在的问题并修改。

材料分析题
讲解

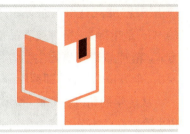

第九章
法学论文的论证方式

　　学术论文写作的过程,应当是一个论证的过程。法律逻辑学知识告诉我们,所谓论证,就是引用一些已知为真(至少是论证者和论证对象已承认其为真)的命题,以确定某个命题的真实性或正当性的思维过程。[1]所有的论证都有赖依据,但是读者更愿意相信这样一个主张,它并非从某个法则推理出来,而是基于依据,因为不论一般规律看上去多么有理,它们都有例外、限制条件。那些将自己的主张建立在他们认为无可辩驳的法则上的人经常会漏掉那些复杂情况,因为他们确信他们的法则是正确的而不顾与之相反的证据,并且,如果他们的法则正确,他们的推理也就正确了。这样的论证,思辨多于事实。所以,一定要用尽可能强大的证据来支持你的主张,即便你认为逻辑推理的力量在你那边。[2]论证就是通过论据来支持观点或者命题的过程,是学术论文写作的核心问题。论文写作正是通过论证呈现论文题目的主要内容和意义。本章所讲的论证,主要是一些常用的论证方式、方法以及论据的选择。值得注意的是,论文写作一般是多种论证方法充分融合的结果。研究者越是娴熟地掌握这些方法,就越能够将论文写好。

一、运用逻辑分析进行论证

　　合理的论证必须同时满足两个条件:一是演绎有效或归纳强;二是所有前提均可接受。[3]有效的逻辑演绎,是运用逻辑分析进行论证的主要方式。

(一)逻辑分析的概念界定

　　逻辑分析,主要是指在论文写作过程中,对于研究主题按照客观规律对命题的正当

---

① 参见雍琦:《法律逻辑学》,法律出版社2004年版,第330页。
② 参见［美］凯特·L.杜拉宾:《芝加哥大学论文写作指南》(第8版),雷蕾译,新华出版社2015年版,第66页。
③ 参见熊浩:《论文写作指南:从观点初现到研究完成》,复旦大学出版社2019年版,第146页。

性和合理性进行的证成。好的论证方式可以让人们深信不疑,而差的论证方式则可能加深人们的疑虑。比如,如果研究者的论文题目是"张三是一个好人",那么研究者就应当围绕"张三这个人如何好,体现在哪些方面"进行论证。首先应当分析的是,"好人"的"好"是指行为、精神或者品德方面的"好",而不是"身体好"。所以,我们可以从行为方式、精神品德和道德生活等层面来分层次、全方位透视张三这个人的"好"。这种分层次、全方位的论证,即逻辑分析,按照这种分析思路,可以有效证成论文主题。

从法学的角度,试举一例说明。如果研究者的论文研究主题是"醉酒驾驶应当构成以危险方法危害公共安全罪",那么论文写作就应当围绕"醉酒驾驶为什么构成以危险方法危害公共安全罪"这一核心论题进行论证。在论证这一核心论题时,需要寻找到能够凸显论题客观规律的理由,以确保论证成功。"醉酒驾驶应当构成以危险方法危害公共安全罪"的核心论题在哪里?从刑法学上说,其核心论题就是醉酒驾驶符合以危险方法危害公共安全罪的构成要件,然后基于该罪名构成要件的特殊要求,着重论证醉酒驾驶具有"严重危害公共安全"的性质。在论证"醉酒驾驶严重危害公共安全"这一论题时,又可以基于"如何严重危害公共安全"这一论题,从"严重危害公共安全"的行为方式和重大后果两个层面入手,从而实现证成。换言之,从逻辑层面来说,某种行为是否"严重危害公共安全",应当从行为方式和行为后果两个层面来透视,这符合概念的规律性呈现。

从上例中可以总结出逻辑分析方法运用的几个特点:一是通过逻辑分析方法得出的结论要么应当符合推理原则,要么应符合论证规律;二是合理运用纵向论证与逆向论证,可以起到较好的论证效果,如上文所分析的"张三是一个好人"之"好"可以从行为、精神和道德等层面展现出来,通过行为、精神和道德等层面的整合能够说明"张三是一个好人"。

(二)逻辑分析的基本原则

第一,寻找规律原则。学术论文的论证,一定要能够找到所论主题的规律性。无论是论文的核心观点,还是一级标题、二级标题的核心观点,都可以有规律地呈现。可以通过不同的视角、层次等来呈现,可以通过时间、空间等来呈现,也可以通过上下左右、东西南北等带有方位性质的规律来呈现,等等。比如,在论证某个罪名是否成立时,最常用的就是从犯罪的构成要件来分析;再如,讲到"司法裁判需要运用法律学说"时,可以通过证据审查、事实认定、法律适用、裁判说理这一司法裁判过程论证运用法律学说的可能性及价值,有层次、更充分地体现作者的思路和论证主题。

第二,全面分析原则。学术论文的论证,需要对主题进行全方位、多角度的论证。换言之,要完整地阐释和论证,而不是只讲某个侧面或者某个层次。从形式上看,有了"(第)一"就一定有"(第)二",甚至"(第)三";从内容上看,要能够将论证过程中的递进关系、并列关系等全方位地落实。比如,顾培东教授在《当代中国法治共识的形成及法治再启蒙》一文中论证理想主义法治观形成的历史原因和社会基础时,从四个方面概括了成因:一是社会成员角度,二是主导政治力量角度,三是法治启蒙角度,四是知识来源角度。①这四个方面的成因分别站在理想主义法治形成的受众、推动者、传播者和创造者这四个角度,较为全面地分析了理想主义法治的成因。

第三,论证合理原则。论证的目的是加强说服力,进一步强化主题。所以,研究者在进行学术论证时,要不断反思论据是否符合论证的形式和内容要求,特别是要考虑论证的依据与一般社会原理、道德观念或者现实生活是否相违背。

例9-1:

老师:A同学,今天你穿了新裙子,很漂亮啊!

A同学:老师,你这话不对,我每天都很漂亮,不只是穿了新裙子才漂亮。

B同学:老师,你这话也不对,不只是A同学漂亮,我也很漂亮。

C同学:老师,你这是什么意思?公开赞美女生漂亮,这是性别歧视。

例9-1中就存在逻辑错位的问题,论证合理既要论证过程合理,论证结果也应合理。从逻辑上说,不能因为别人怎么样,我们就应当怎么样;也不能因为别人没有怎么样,我们就不能怎么样,这都是逻辑过程推演错误的表现。

(三)逻辑分析的主要方法

1. 按照三段论逻辑进行论证

该方法遵循由大前提、小前提到结论的论证方式,分析支撑一级标题、二级标题的论点及其在整个论证过程中的地位,然后按照三段论逻辑进行论证,以例9-2说明。

例9-2:

尽管剧作中没有告知梁山伯的家庭成分,但我们没有理由推定其出身贫下中农,相反,如果一定要推论的话,也许更有理由认为其是某个员外的公子。如果不是梁山伯误解了祝英台的暗示,因此未能如期赴约,至少从故事的前后背景来看,祝家未必会拒绝梁山伯的提亲,未必会仅仅为了马家的富贵而违背了女儿的心意。他们曾允许好强的女儿孤身远赴杭州求学,如果以当时的社会标准来看,祝员外父母实际上是相当开明,非常迁就女儿的,他们并不接受"女子无才便是德"的古训。②

---

① 参见顾培东:《当代中国法治共识的形成及法治再启蒙》,载《法学研究》2017年第1期。

② 参见苏力:《制度变迁中的行动者——从梁祝的悲剧说起》,载《比较法研究》2003年第2期。

例9-2中,从逻辑过程来看,对梁祝故事的传统解读方法是,因为祝家把祝英台许配给了富裕人家,所以祝家有攀附权贵的嫌疑。但是,苏力教授对这一论点进行了批判,其逻辑分析思路是:首先,从祝英台能够从小出去读书这一特定行为开始,推论出祝英台家庭条件肯定不差(当时家庭不富裕的人去学堂读书的可能性很小),而且祝父祝母很开明。其次,当时人们生活艰难,且父母都希望子女过得好,因而将子女嫁给富裕人家这一观念本身并非一定错误;且祝英台出身富裕人家,嫁入家庭条件好的人家也无可厚非,并不能说明"父母之命,媒妁之言"就是坏制度。整个分析过程遵循的逻辑思路连环相扣:

逻辑1:

大前提:在古代社会,富裕人家的小孩才有可能出去读书

小前提:祝英台能够去读书

结　论:祝英台家庭条件比较富裕

逻辑2:

大前提:为了子女生活着想,可以将女儿嫁给富裕人家

小前提:祝英台的父母希望子女过得好

结　论:祝英台的父母可以将子女嫁给富裕人家

逻辑3:

大前提:"父母之命,媒妁之言"有为子女生活着想之意

小前提:祝英台的父母希望子女过得好

结　论:祝英台的父母做主将祝英台嫁给富裕人家马家

上述逻辑分析,既层层推进揭示清楚了问题,也推翻了一些看似正确但实际上不正确的结论,实现了学术批判的目的。逻辑分析一定要注意大前提是否能够成立,因而大前提不能过于绝对化,结论也不能过于绝对化。

2. 按照"是什么—为什么—怎么样"的思路进行论证

论文的写作过程中,"是什么—为什么—怎么样"的思路一般会隐含在文章当中。

👤 例9-3:《新时代全面依法治国的思想、方略和实践》[1] 之论证思路

①定力,乃指人们在改造客观世界和主观世界过程中,所表现出来的一种坚定立场、坚强意志和执著信念。②党的十八大以来,习近平总书记在一系列重要会议上强调保持战略定力、政治定力、改革定力、文化定力等。③在党的十九大报告中,习近平总书记多次使用"定力"这个概念,用以表达对中国特色社会主义的高度自信和推进"四个伟大"的坚强意志。④法治定力是中国特色社会主义现代化的核心定力之一,体现为党和人民对中国特色社会主义法治道路的自信和厉行法治、

---

① 参见张文显:《新时代全面依法治国的思想、方略和实践》,载《中国法学》2017年第6期。

奉法强国的坚定信念。⑤在党的十九大报告中，"法治"一词出现 34 次，"依法治国"出现19次，"法治国家""法治政府""法治社会""依法执政""依法行政""公正司法"以及公平正义、人权保障、财产权益等相关法学概念也是多次出现，可以说党的十九大报告通篇贯穿法治精神，彰显法治定力。

例9-3为张文显教授在这篇文章"一、保持法治定力"的第一段（其中的序号为笔者所加，以便后文论述）。该文开篇就对"定力"是什么进行了解释，为后文聚焦法治定力展开论述。这也启示我们，当面对一个可能需要解释但又不是文章核心内容的概念时，不需要过多铺垫，可以直接界定并展开论述。②和③是通过党中央领导人在各个场合使用"定力"这个词语，说明"定力"这个词语的积极意义，进一步对这个词语的重要意义和价值进行了解释和说明。在此基础上，④又进一步解释了法治定力的价值功能，从而通过①②和③的论述为④的出场奠定概念基础。最后该段话又以⑤这种说明形式出现，用党的十九大报告中与"法治"有关的词汇来论证党的十九大报告彰显法治定力这一核心观点。整体来看，这一段话就是"是什么——为什么——怎么样"思路的具体展开。①解释了"定力是什么"，②和③指出了"法治定力"的具体表现，④论述了法治定力的价值和功能，暗含了为什么要运用法治定力，⑤则说明了"法治定力"在党的十九大报告中是如何体现的。

再如下面的例子：

例9-4：《中国宪法上基本权利限制的形式要件》[1] 之论证思路

①法律保留原理并不必然导致基本权利保障的空转。②宪法上的法律保留乃是一种授权立法机关对权利设定限制的能力规范，它本身并不限制基本权利，只是设定了限制权利在法律上的可能性。③对基本权利设定限制的国家权力本身又是受限制的，因为此种权力来自宪法授权，故而法律保留并不意味着基本权利可任由立法机关处置。④之所以会存在基本权利被法律限制所虚化的现象，与其说是由于宪法规定了法律保留，毋宁说是由于宪法未要求基本权利的限制须具备其他要件，未规定基本权利的"限制之限制"，从而使"有法律依据"变为合宪地限制基本权利的充分条件。⑤法律保留原理本身确实仅将行政权作为防范的对象，但并未排斥以其他规范原理限制立法权，完全可以与以防范立法权为面向的其他公法原理相结合。⑥例如，在"二战"后的德国，法律保留在实质层面上即被认为受控于"特别法律保留条款中的特定条件""不可剥夺的权利核心""比例原则和法益平衡"以及"民主立法机关的决定能力"。⑦将基本权利限制的形式要件与实质要件相结合，可较妥善地保障基本权利，防止制宪者所担忧的"宪法一手承认人民的基本权利，法律另一手剥夺人民的基本权利"现象出现。

----

① 参见陈楚风：《中国宪法上基本权利限制的形式要件》，载《法学研究》2021年第5期。

例9-4引用的文段是对"法律保留原理并不必然导致基本权利保障的空转"这一观点的论证(序号为笔者所加)。①属于主题句,此后所有论证都必须围绕此句展开论证;②指出法律保留"是什么",指明"法律保留设定的限制权利在法律上的可能性";③是对法律保留"是什么"的再阐释;④回答了"基本权利被法律限制所虚化的现象"的原因,本质上属于"为什么"的问题;⑤以实例的方式指出了法律保留原理与其他公法原理相结合的成果,属于"怎么样"的范畴;⑥是总结性语言。总的来看,该段的论证过程在点出核心观点的基础上,充分运用"是什么—为什么—怎么样"的思路进行论证,契合文章主题。

在论证过程中,一定要注意将论证主题和论证目的结合起来,因而无须将"是什么—为什么—怎么样"这个思路全部贯彻,省略其中一点或者两点也是可行的,只是要特别注意论证过程的融贯性。

■ 二、运用具体事例进行论证

(一)以具体事实进行论证

人类行为变化莫测,会留下很多痕迹,我们可以把人类行为留下的痕迹用"事实"一词来概括。具体事实每天都在上演,只是有一些有具体记载,而有一些没有具体记载。有具体记载的事实,是论证的有效材料之一。

具体事实有多种类型。从时间层面,可划分为历史事实与当前事实;从记录层面,可划分为有记载的事实和无记载的事实;从真实性层面,可划分为可靠事实和不可靠事实。

1. 用历史事实进行论证

在论文写作过程中,用可靠的历史事实进行论证,是比较常见的现象,常见的场景是在历史梳理部分,如例9-5所示:

▲ 例9-5:《"最高国家权力机关"的权力边界》[1] 之历史事实论证

一个特定的、具体的国家机关在事实上适合于履行何种职能,从而有资格要求获授予某种相应的"法定权力",是一个必须基于对该机构之行动能力的客观评估之上的判断。有时,这种判断会与宪法、法律的"文本表述"不尽一致,因为制宪者或立法者完全有可能基于各种原因——意识形态的、权宜妥协的或偶然的因素——而授予某个机关一种与其并不匹配的权力……近现代法律史上最经典的案例之一,就是《法国民法典》曾明确规定禁止法官对条文作解释,而将该"解释权"

---

① 参见黄明涛:《"最高国家权力机关"的权力边界》,载《中国法学》2019年第1期。

交由立法机关保有——这在很大程度上迎合了当时"欧陆式三权分立""立法实证主义"和对旧制度下司法机关的强烈不信任等流行的甚至意识形态化的法律思潮，却并不符合司法过程的固有规律与需要，以至于后来的法律实践令这一构设于法律文本上的"立法解释制度"形同虚设，而法官在事实上对法律条文却进行着大量的、日常性的、无可避免的"司法解释"。

例9-5就讲到了《法国民法典》曾试图禁止法官对法律条文作出解释却不符合司法实践的历史事件，以此说明国家最高权力机关的某些权力来源不能仅靠"法定"，还要符合某种客观规律。

当然，必须要用确定的、有可靠来源的历史事件，最好不用虚假的、没有肯定来源的历史掌故。比如有研究者为了说明女性在法治生活中的地位，以上古时期"女娲造人"为例来论证女性的重要性。从文化层面来看，以这个例子进行论证是合适的。但是，从内容真实性来看，"女娲造人"作为传说、神话故事，用来论证女性在法律生活中的地位需要斟酌。

2. 用当前事实进行论证

在论文写作过程中，用当前事实进行论证，可以比较真实地反映观点的正确性，从而到达深化论证的目的，如例9-6所示。

例9-6：《新农村建设中土地流转的现实问题及其对策》[1] 之当前事实论证

据中国之声《新闻晚高峰》报道，2011年3月9日一大早，十几辆车突然开进吉林省前郭县王府站镇青龙山村，车上跳下来了几十个人，挨家挨户往农民家里送钱。可奇怪的是，农民们却锁起了大门，拒绝送钱的人进屋，好不容易被送到农民手里的钱又被扔到了马路上。事情的背景是，2010年的11月，前郭县与甘肃农垦集团签订协议，在王府站镇建立现代化农业示范区。按照规划，王府站镇下辖5个村的农民要把承包的1 500公顷、合计2万多亩的基本农田转让给王府站镇农业生产合作社，再由合作社把土地转给甘肃农垦集团经营。当地绝大多数农民不愿出让土地，这才上演了干部上门送钱的一幕。3月9日的送钱行动因为村民们的抵制而草草收场。

这篇论文用的是一则新闻报道来说明当前部分地区存在"强制农户流转承包地"的观点。新闻报道是由独立的第三方作出的，基于当前事实且面向公众，只要能够与观点建立直接的因果联系，就能够作为论据有力地论证观点。研究者在写作过程中要多关注新闻，关注社会现实。这些社会现实有可能是从正面揭示某些正能量的现象，

---

① 参见韩松：《新农村建设中土地流转的现实问题及其对策》，载《中国法学》2012年第1期。

也可能暴露出制度建设方面存在的一些问题，当然从论证的角度来看，也可以作为说明某个论点的依据。比如，众所周知的"许霆案"，不仅是一个法律问题和法律案件（该案的裁判文书也很值得研究），而且反映了社会现实。研究者可以用"许霆案"来论证一些观点，如用其论证当前我国社会是否在某些方面出现了法律观念的对立，或者可以用来论证我国社会对法律适用的认识是否出现了分化，抑或用来论证精英法律阶层和普通大众对法律的认知是否产生了冲突。

用事实来论证观点，一定要注意概括事实的中心思想和核心内容，注意观点与内容之间的契合度、关联性，不能使二者之间断了联系，也即通常所说的"文不对题"。笔者的一个学生曾经写过一篇论文，主题是"基因数据垄断的法律风险及其防范"，其中第二部分标题是"基因数据垄断对社会平等的危害"，其开篇就写了一段话，如例9-7所示。

例9-7：《基因数据垄断的法律风险及其防范》修改前的表述

早在1945年，作为美国前总统富兰克林·罗斯福的顾问、麻省理工学院工程师万尼瓦尔·布什（Vannevar Bush）在其撰写的报告《无尽的前沿》（The Endless Frontier）中，道出了自己和国家科学基金的建设者们设计出来的一个简单交易：政府为研究者们提供金钱和议程设置的特权；作为回报，科学家们将为推动国家的繁荣、富强和福利进步，向国家提供稳定的技术人才来源和科学发现。在众多获得国家大力扶持和资助的科研计划中，基因技术和信息技术尤为引人注目，因为21世纪不仅是生物的世纪，同时也是信息的世纪。而与此同时，在现代国际竞争日益激烈的背景下，国家日益迫切地需要从自己所投资的基因技术和信息技术中获取竞争优势，有必要快速把科研尤其是基础研究的结果商业化。但是这样做的代价就是使基因技术和信息技术变得更加商业化的同时，科学所必要的并且理所当然的自主性、中立性被大幅削弱，进而导致科学界乃至与之已经形成密切联系的公共决策和工商业系统的公信力也随之一落千丈。

笔者在批阅该文时的题注是"这一段话要表明一个什么观点？这个观点和主题有联系吗？"他思考了很久，答道："国家投资基因技术以获取竞争优势，代价就是使基因技术和信息技术变得更加商业化，这就是对社会的危害。"笔者回答："这是对社会的危害不错，但你的主题是基因编辑技术对社会平等的危害，而这里所表达的是对社会的危害，这是两回事。你的论证重心是要把基因编辑技术对社会平等的危害阐述出来，而不要过于关注对社会的危害。'对社会的危害'所涵盖的内容远远大于'对社会平等的危害'所涵盖内容。"后来，他对这段话的修改如例9-8所示。

例9-8：《基因数据垄断的法律风险及其防范》修改后的表述

> 早在1945年，作为美国前总统富兰克林·罗斯福的顾问、麻省理工学院工程师万尼瓦尔·布什（Vannevar Bush）在其撰写的报告《无尽的前沿》（The Endless Frontier）中，道出了自己和国家科学基金的建设者们设计出来的一个简单交易：政府为研究者们提供金钱和议程设置的特权；作为回报，科学家们将为推动国家的繁荣、富强和福利进步，向国家提供稳定的技术人才来源和科学发现。在众多获得国家大力扶持和资助的科研计划中，基因技术尤为引人注目。在现代国际竞争日益激烈的背景下，国家迫切需要从自己所投资的基因技术中获取竞争优势。但是这样做也是有代价的，主要是使基因技术变得更具有商业化，且科学所必要的并且理所当然的自主性、中立性被大幅削弱，进而加剧了社会的不平等现象，主要表现在……

修改后的这段话通过美国政府对基因技术的投资加剧了社会不平等的表现的论述，就比较切合题意，能够很好地论证主题要义。

（二）以法律条文进行论证

法律条文是对社会生活的总结，也是对行为进行规范的具体阐述。用法律条文论证，其要点有：一是实例确切；二是表明经验到位，具有可信度。在法学论文写作中，运用法律条文进行论证，可以增强所述观点的可信度，从而达到证成的目的。当然，有时候也可以运用一些过时的法律条文来表明法律的演进过程，反思其历史扬弃性。如例9-9所示：

例9-9：《主观权利概念之理论检讨——以胎儿的民事权利能力问题为中心》[1]之法律条文论证

> 从比较法上看，受胎前的利益也受法律保护。例如，德国法、意大利法、葡萄牙法允许对未受胎的将出生者作有效的遗赠、赠与，而瑞士法在剥夺亲权（瑞士民法典第311条第3款）、剥夺支付不能者之继承权（瑞士民法典第480条第1款）以及指定后位继承人（瑞士民法典第545条第1款）等场合，都对尚未受胎的情形加以考虑。

该例是以胎儿的民事权利能力为中心，探讨主观权利概念。作者以具体的法条来表明胎儿的权利是受到法律保护的，多个国家都在保护胎儿权利。运用法律条文对论点进行阐述，要注意法律条文所阐述的核心思想与观点的直接关联性，如例9-10所示（序号为笔者所加）。

---

[1]　参见陈帮锋：《主观权利概念之理论检讨——以胎儿的民事权利能力问题为中心》，载《法学研究》2021年第5期。

例9-10：《"最高国家权力机关"的权力边界》[1]之法律条文论证

①既然审判权已作完整、完全的授予，则国家权力机关对审判机关进行监督的方式和效果必须不剥夺、不架空后者的独立审判权，不能损及这一权力的核心部分。②最直观的一点就是，不能以监督的名义代替审判机关就具体的法律争议作出影响相关当事人权利义务的决定。例如，③《美国联邦宪法》第1条第9款第3句规定，国会不得通过褫夺公民权利的法案。④原因很简单，涉及具体当事人的个人权利的减损、剥夺，必须由司法机关经由必要的正当程序而作出决定（判决），而不是由代议机关越俎代庖。

该段话的核心观点是"不能以监督的名义代替审判机关就具体的法律争议作出影响相关当事人权利义务的决定"，而作者所引用的《美国联邦宪法》第1条第9款第3句是关于褫夺公民权利的法案应不应当由国会作出，作者解释其原因是涉及具体当事人的个人权利的减损、剥夺应当由司法机关作出。然而，也要注意，此处的论证是有问题的，原因在于：作者引用的法律条文③与作者的解释④之间未能形成自洽的逻辑关系，因为④加上了"涉及具体当事人的个人权利的减损、剥夺"这一前提，而③是没有这一前提的。④这一表述如果是单独论述的话，肯定是成立的，但是如果与③结合起来看，就有逻辑衔接不紧密之嫌。

（三）以裁判文书内容进行论证

裁判文书是法官以国家的名义作出的正式法律文书，不仅承载法官的个人意见，而且体现了国家权威和意志。在法学论文写作过程中，运用裁判文书肯定的相关内容来论证，是有积极意义的，主要体现在：一是表明了国家对案件（事实）的态度；二是指明了裁判说理的方向。

例9-11：《"最高国家权力机关"的权力边界》[2]之裁判文书内容论证

美国联邦最高法院在"合众国诉布朗案"中曾指出，"禁止褫夺公权条款"不止是作为一种狭义的、技术性的（对国会权力的）禁止，而毋宁是在践行分权原则，是防止立法机关行使司法职能——即大会审判——的安全阀。基于同样的道理，我国的宪法体制与权力分工安排不会允许最高国家权力机关僭越行使审判职能或干扰到审判权的独立行使。

---

①② 参见黄明涛：《"最高国家权力机关"的权力边界》，载《中国法学》2019年第1期。

该段话用"合众国诉布朗案"中的观点论证"最高国家权力机关不能僭越行使审判职能或干扰到审判权的独立行使"。

此外,要注意所运用的司法裁判文书背后故事的真实性。比如,有研究者在写作以"司法裁判要维护主流价值观"为主题的论文时,运用"彭宇案"来论证法官在裁判案件时应当重视司法案件对社会主流价值观念的引导作用。但是,从现在来看,该案是存疑的。原因在于,多年以后,据当事人说,他自己是撞了人的。所以,以这个案例作论据就不是很合适了。然而,如果研究者写作的论文主题是"司法推理过程中的合理性原则","彭宇案"的一审裁判文书就可以作为例证。因为该案的一审法官运用了较多的推理方法,试图还原案件的真实过程,以说明其裁判结果的合理性。

(四)以实证调查材料进行论证

实证调查是学术研究的常用方法(后文有专门介绍)。实证研究可以获得大量的一手材料,掌握一些他人所未能掌握的数据。因而,实证调查的材料或者结论在法学研究中比较受欢迎。实证调查可以是访谈调查,也可以是问卷调查(分析结果),甚至可以是文献综合。

1. 访谈调查材料论证

研究者通过口头交谈等方式形成与被访问者的互动,从而获取、了解社会事实情况。访谈调查是研究者无限接近社会的一种方式,也是获取经验、材料的主要途径。通过访谈取得的材料,形成具体观点,再凝练成理论成果,是学术研究的重要方法。试举一例可以说明。

例9-12:《新农村建设中土地流转的现实问题及其对策》[1]之访谈调查材料论证

笔者2011年8月曾到某县马道口村调研,问村民承包地的经营情况,村民告知承包地由公司经营了,每年给租金每亩800元。笔者问:由哪个公司经营,订立合同没有?村民回答:是村委会租出去的,没有与村民协商、没有订合同。笔者问:你们同意不?村民回答:不同意也没有办法。

例9-12中,韩松教授通过访谈村民,获取了村民不得不出租承包地的材料,从而论证其观点"村民被迫出租承包地",进而引出农村土地承包过程中存在的社会问题,为后文的制度建构作准备。在实证调查中,访谈是常用的论证方法,再如例9-13所示。

---

[1] 参见韩松:《新农村建设中土地流转的现实问题及其对策》,载《中国法学》2012年第1期。

例9-13:《中国法院院长角色的实证研究》[1] 之访谈调查材料论证

　　司法政务管理与协调涵盖的范围非常广泛……对此，一位中级法院的老庭长告诉笔者：院长要管人、管钱、管物、管事。当然业务上的事有分管副院长把关，正院长的工作主要就是把行政事务安排好、统筹好。比如，搞竞争上岗，方案怎么定，需要院长下决心……尤其是用人，要知人善任。协调内部关系也是院长管理家角色扮演的重要工作，这位老庭长说道：内部很多关系也需要院长来协调处理。法院内部也是"一个萝卜一个坑"，你动一个位置的人，相应的几个位置可能就都要动才行，不然就搞不好。法院里的同事还是有个相互处关系的问题，也是院长的重要工作，比如"竞争上岗"后被淘汰的人，"双选"后落选的人，原部门他自己也不好意思回去，但各个部门都不要，你把这些人往哪里放？有些部门都不愿意去，但工作还是必须有人做，你又把谁安排去？这些都需要院长出面做工作……把事情摆平但又不能做得太绝，否则要影响内部的稳定。这些都考验院长的"拿捏"手艺。

　　法院院长的角色该如何定位，既体现于外部形象之中，也体现在具体的行政管理当中。该文通过"一位中级法院的老庭长"的话语表达出了其对理想中法院院长角色的要求，可以说是真实反映了法院工作人员对法院院长的角色期待。这种访谈资料强化了论文的观点，达到了论证效果，不仅体现了作者的学术水准，也能提升论文的质量。

　　2. 问卷调查材料论证

　　问卷调查是预先设计好结构化、标准化的调查问卷，让被访谈人填写从而收集资料的调查方法。问卷调查能够比较客观地体现被访谈人对问题的态度，因而所获得的资料也比较权威可靠。

例9-14:《监察案件提前介入：基于356份调查问卷的实证研究》[2] 之问卷调查材料论证

　　356名实际参与者中，42人（占比11.8%）提前介入的案件均属"重大、疑难、复杂案件"，62人（占比17.42%）提前介入的案件中有70%—100%的案件属于"重大、疑难、复杂案件"，51人（占比14.33%）提前介入的案件中有50%—70%的案件属于"重大、疑难、复杂案件"，87人（占比24.44%）提前介入的案件中有30%—50%的案件属于"重大、疑难、复杂案件"，114人（占比32.02%）提前介入的案件中只有不到30%的案件属于"重大、疑难、复杂案件"。将最后两项数据相加可知，超过一半的受访者认为其提前介入的案件中属于"重大、疑难、复杂案件"的比例不到50%。换言之，实践中有相当比例的非重大、疑难、复杂的职务犯罪案件开展了提前介入工作。

---

　　① 参见左卫民：《中国法院院长角色的实证研究》，载《中国法学》2014年第1期。
　　② 参见左卫民、刘帅：《监察案件提前介入：基于356份调查问卷的实证研究》，载《法学评论》2021年第5期。

例9-14中,作者主要用来说明"开展提前介入的案件范围"。作者首先发放了356份调查问卷,请356位被调查者填写问卷,然后运用一些特殊的统计工具(如SPSS等)对数据进行统计,进而得出统计结果。当然,通过调查问卷所探讨的问题,不仅要看过程(数据),更要看结论。讨论的问题没有意义,结论没有升华,论文的价值也就难以完全体现出来。

3. 基于公开数据调查材料论证

有时,调查问卷可能范围比较小,数据统计比较复杂,此时研究者可以运用官方或者其他组织机构公布的数据作为论据进行论证。用权威数据进行论证,可以更加清晰有效地说明事实情况,从而提升观点的准确度。统计的数字来源越是权威,就越能说明研究者所要呈现的问题,越能达到论证的效果。

👤 例9-15:《中国诉讼分流的数据分析》[1]之公开数据调查材料论证

中国基层的村民委员会和居民委员会的人民调解在解决民事纠纷中一直起重要作用。1981—2006年人民调解总数为16 783万件[1981—2004年数字参见朱景文主编:《中国法律发展报告——数据库和指标体系》,第20页;2005年数字参见《中国法律年鉴》(2006),北京:中国法律年鉴出版社,2007年,第1002页;2006年数字参见《中国法律年鉴》(2007),北京:中国法律年鉴出版社,2008年,第1081页]。而同期人民法院一审民事案件的收案数量为8 004万件,只相当于前者的一半[1981—2004年数字参见朱景文主编:《中国法律发展报告——数据库和指标体系》,第8—9页;2005年数字参见《中国法律年鉴》(2006),第1066页;2006年数字参见《中国法律年鉴》(2007),第989页]。

例9-15中,作者在论述"中国基层的村民委员会和居民委员会的人民调解在解决民事纠纷中一直起重要作用"时,运用了1981—2006年人民调解的数据,其来源主要是工具书,如《中国法律年鉴》等。充分运用工具书上的数据或者官方数据,是进行学术论证的重要依据。当然,运用工具书上的数据或者官方数据,可以进行再加工,根据自己的研究需要进行综合整理,如例9-16所示。

👤 例9-16:《员额法官遴选机制改革实证研究:以A省为样板》[2]之公开数据调查材料论证

改革之初,有人担心法院的院级、中层领导会大量入额。表1统计了员额法官遴选前的行政(法律)职务情况,数据显示,在入额的5 357名法官当中,有3 647名

---

① 参见朱景文:《中国诉讼分流的数据分析》,载《中国社会科学》2008年第3期。
② 参见左卫民:《员额法官遴选机制改革实证研究:以A省为样板》,载《中国法学》2020年第4期。

员额法官遴选前具有行政（法律）职务，占比68.1%，不具有行政（法律）职务的法官（以下简称"普通法官"）为1 710名，占比31.9%。在担任行政（法律）职务的干部中，有院级干部858名，占比16.1%；中层干部有2 789名，占比52%。在院级干部中，副院长、院长、专委数量最多，分别有460人、119人和95人，比重分别为8.6%，2.2%和1.8%。而在中层干部中，庭长、副庭长出现的频率最高，分别占比24.9%、18.9%……主任占比4.2%。通过数据我们可以看到，员额法官中有超过一半的候选人为法院的中层干部，所以，中层干部是员额法官遴选的重要主体，院级领导干部也有一定比例。

例9-16中，作者首先找到了样本省份的入额法官整体数量，然后根据研究需要分类型进行统计，从而反映当前法官入额的现状。先分析入额法官是否有行政职务，然后再对担任行政职务的职务类型进行统计，从而指明入额法官的来源。对原始数据进行加工是运用公开数据进行论证的必要过程，也是保证数据与论点之间具有关联性的重要举措。具体来说，要根据研究的目的、欲得出的结论以及数据的多寡、来源等进行类型化分析，如从数据的种类、性质、来源方式等进行类型化分析，从而实现论证效果。

除了上述事例之外，还可以用实验结果、照片、图表等进行论证，此处不再赘述。

三、运用学术观点进行论证

（一）以学者的观点来支持论点

学术思想如果缺乏听众，或者缺乏认同者，也会因为难以达成共识而被人忽视。从论证效果来说，找到与自己观点相同的观点，或者能够佐证自己学术思想的表述，对于提升论证说服力具有重要意义。运用学者观点进行论证，主要有三种方式：

1. 注明学者姓名的引证

引证学者观点，是常用的论证方式，如例9-17所示：

例9-17：《自我决定权与刑法家长主义》[1]之注明学者姓名的引证

按照现代刑法理论的表述，这些规范针对的主要是"侵害个人法益"的行为，包括对生命、身体、自由、财产和名誉的犯罪等。这些犯罪及其刑罚在早期社会就已出现。如荀子所说"杀人者死，伤人者刑，此百王之所同，不知其所由来也"。

---

[1] 参见车浩：《自我决定权与刑法家长主义》，载《中国法学》2012年第1期。

例9-17直接运用荀子的话来表达与自己相同的学术观点,达到"嘤其鸣矣,求其友声"的目的。有时为了简化论证,可以直接引证他人关于概念的界定,从而以之为起点,如例9-18所示。

👤 例9-18:《民事裁判援引规章及行政规范性文件的审查义务》[1]之注明学者姓名的引证

正式法源"可以从体现为权威性法律文件的明确文本形式中得到",非正式法源则为正义标准、公共政策、习惯法等未在正式法律文件中得到明文体现的具有法律意义的资料。司法判决应当优先适用正式法源。(参见[美]E.博登海默:《法理学:法律哲学与法律方法》,邓正来译,中国政法大学出版社2017年版,第431页以下)

例9-18中,作者引用了E.博登海默关于正式法源和非正式法源的区分,说明何谓正式法源,从而在E.博登海默关于法源类型划分的基础上进行论证,以求论证的前提获得认可。

2. 省略学者姓名的引证

运用学者观点进行论证有时可以省略作者的姓名,使得自身学术观点与引证的观点浑然一体,如例9-19所示。

👤 例9-19:《法律人思维中的规范隐退》[2]之省略学者姓名的引证

尽管法官判案有很大的自由裁量权,但是还必须证明判决是法律之内的意义。法律解释的独断性只是强化了法官与法律关系的垂直关系,"法律解释是满足法学之实践任务的一种手段。它要说明,在具体案件中,法律所要求、禁止或允许的行为是什么。而关于具体案件中法律所要求、禁止或允许的行为是什么的判断,属于具体的法律应然判断。这也就是说,法律解释是在具体法律应然判断的证立框架内发生的"。([德]罗伯特·阿列克西:《法理性商谈——法哲学研究》,宋光、雷磊译,中国法制出版社2011年版,第71—72页)

例9-19中,作者引用罗伯特·阿列克西的话语,深入阐明了"法律解释强化了法官与法律的关系"这一观点。

3. 进行改写的引证

有时,直接引证不方便,或者需要将原文作者的意思进行抽丝剥茧般分析,需要研究者对他人论文的表达进行概括或者改写,这也是比较常见的论证方式。需要注意的是,直接引用他人的话语需要用引号,改写过的话语则不需要用引号,如例9-20所示。

---

① 参见汪君:《民事裁判援引规章及行政规范性文件的审查义务》,载《法学研究》2021年第5期。
② 参见陈金钊:《法律人思维中的规范隐退》,载《中国法学》2012年第1期。

凯尔森认为，法律问题作为一个科学问题，是社会技术问题，而并非一个道德问题，因此法的理论的主题为法律规范及其要素和相互关系、作为一个整体的法律秩序及其结构、不同法律秩序之间的关系，以及最后法在多数实在法律秩序中的统一。法律的效力就是法律规范的特殊存在。（参见［美］凯尔森：《法与国家的一般理论》，沈宗灵译，中国大百科全书出版社1996年版，作者序第1页，第5、32页）

对引文进行改写，主要目的是更简洁地回顾他人的学术观点，以之作为论据。但是，改写一定要忠实于原文作者的原意，不得有误解或者故意曲解，能够准确地提炼作者的学术观点。改写不应变成剽窃，要注重"改"，且引注规范。

（二）以学者观点为"批判的靶子"

论文写作不仅可以陈述自己的观点，也可以通过批评别人的观点来表达自己的观点。所以，认真阅读文献，总结他人观点，并以此为基础来展开批评，是学术批判性的重要体现，如例9-21所示。

从"裁判文书引用规定"第5条和第6条的规定来看，在行政裁判文书中，规章可以作为裁判依据直接引用。但是，学界对于规章的规范属性一直存在争议。在2000年《立法法》的起草过程中，有观点认为规章不是"法"，不应由立法法调整；也有观点认为，从实证角度说规章是法律，从价值层面看规章不属于法律。与此相对，另有学者提出，如果否认规章的法律属性及诉讼价值，将造成法理概念的矛盾与混淆，导致具体行政行为与司法行为之间出现断层。《立法法》最终将规章纳入调整范围，但在表述调整范围条款时，有意对法律、行政法规等规范性法律文件，同国务院部门规章和地方政府规章进行了区别对待。在中国特色社会主义法律体系形成之后，仍有相关讨论认为，中国特色社会主义法律体系并不包括规章等规范性文件。对规章规范属性的认定，关系到行政裁判依据范围的确定。

主要讨论"规章"的性质问题，有人认为规章是"法"，有人认为规章不是"法"。将该问题抛出之后，就可以进一步引出作者讨论的主题"民事裁判援引规章是否可以进

---

① 参见谢晖：《论规范分析方法》，载《中国法学》2009年第2期。
② 参见汪君：《民事裁判援引规章及行政规范性文件的审查义务》，载《法学研究》2021年第5期。

行审查"。在论文写作过程中,可以总结各种学术观点,然后一一进行批判,引出自己的观点,如例9-22所示。

例9-22:《主观权利概念之理论检讨——以胎儿的民事权利能力问题为中心》[1]之学者观点批判

（一）"胎儿视为具有民事权利能力"的现有解读

《民法典》第16条规定"胎儿视为具有民事权利能力",是否表示胎儿已是民事主体、已具有权利能力? 在这个问题上,总体而言有以下四种学说。

第一种学说认为,这个表述意味着第16条赋予胎儿以一般的权利能力。出于叙述的简便,可将此学说称为一般权利能力说。

第二种学说认为,这个表述意味着《民法典》通过第16条以及其他几个条文"实际上已经确立了部分民事权利能力的概念"（尽管未设明文）……

第三种学说认为,第16条规定的"民事权利能力"仅是一种"预备性资格或能力",而不是《民法典》第13条意义上的权利能力或主体资格……

第四种学说可以称为权利能力拟制说……

但是,前述四种学说都仍存破绽……

在这里,作者概括了四种学术观点,但认为这些学术观点都有破绽,因而需要进行重构。为此,作者就在分析的基础上,提出了新观点,从而让读者眼前一亮。

课后思考与练习

❶ 阅读《中国社会科学》《法学研究》《中国法学》等期刊上的任意一篇学术论文,揣摩其论证方式,重点分析论证过程中的可能缺陷,并阐述理由。

❷ 写一篇2000字左右的议论文,运用本章介绍的方法进行论证。

❸ 材料分析题:

数字时代已经到来,对人类社会生活产生了巨大影响。数字时代使我们"由传统社会走向了信息社会,单一的物理空间向物理/电子（现实/虚拟）的双重空间转换"[2]。所以,在现实法律生活领域,一旦产生数据错误,将会对个人、社会和国家造成诸多危害。

……

---

① 参见陈帮锋:《主观权利概念之理论检讨——以胎儿的民事权利能力问题为中心》,载《法学研究》2021年第5期。

② 马长山:《智慧社会背景下的"第四代人权"及其保障》,载《中国法学》2019年第5期。

第九章　法学论文的论证方式

（二）数据错误破坏社会的运行秩序

数字秩序是现代社会的重要特征。从数据市场活力与绿色数字生活两个层面来看，数据错误可能破坏社会的运行秩序，从而导致数字生活的无序与混乱。

1. 数据错误抑制数据市场活力

近年来，数据在商业领域占据相当重要的地位，而数据市场恰是满足数据商业化流通与使用的最适当平台，其"允许经过处理的、匿名的原始形式的数据的分发，以及基于自己数据传输的商业模式的开发"[1]，提升了数据市场活力，但也给数据错误留下了可乘之机，抑制了交易契约的正当履行，限制了数据正常的商业化利用与价值流通。

首先，数据错误会抑制数据交易契约。每一个法律行为本质上都取决于意志的表达，除非法律暗示虚假的承诺，否则合同便是有效的。数据作为数字经济时代的重要元素，其作用关键在于数据的利用与价值流通。正如学者提出数据是我们数据驱动型经济中的关键资产，推动了新的数据交易行业的出现。例如，《深圳经济特区数据条例》《上海市数据条例》以及《关于构建更加完善的要素市场化配置体制机制的意见》中均提出，激励数据最大化的流通与利用，并以数据安全合规为前件，以"精准性"为重要指标。"数据交易所"与"数据条例"的促进与规制，实现了数据的要素式流动，会在数据交易主体间形成一系列不同于民商事合同的"隐性数据契约"。但数据错误加剧了数据资产的不确定性与不对称性，再加上数据交易以"促进"为主，极易造成数据交易过程中的"不完全契约"困境，即正常数据完全履行，而错误数据无法履行或因重大误解而过失履行。具言之，数据错误会破坏相关法律的效力，进而影响交易的完整性和交易的真实性，阻止交易权利的正常行使，使交易效力被质疑。对于数据交易方来说，数据错误是一种不可抗力因素，而"不可抗力条件的处理从来没有被否认为法律错误，或仅限于事实错误，而是始终被归因于错误"[2]，如此，正常的数据交易权利则因数据错误的性质而被迫中止行使，给交易双方造成极大困扰：一方面，这会导致交易中获得收益的一方（卖售方）在无意中违反了数据交易中的诚信原则，降低交易信赖；另一方面，这会让交易中利益受损的一方（买受方）很难得到类似于民商事的法律救济，如可撤销权、追偿权、平等抗辩等。所以，"数据交易的规制方式是什么"[3]，如何破解此"不完全契约"窘境，保障交易方的正当权利，是我国数据交易面临的一个艰巨挑战。

其次，数据错误会抑制数据财产收益。当下，在保证数据安全、精确的前提下促进数据流通、释放数据价值已成为数字经济稳健运行的重要因素。数据错误容易导致数据权益陷入困局：其一，助攻不正当竞争，侵害数据企业发展。目前，数字经济领域尚无"数据权"的明确法律规定，他人极易利用数据错误的瑕疵，破坏正常的经营模式，扰乱市场竞争秩序，损害经营者合法权益，阻碍市场创新。根据《反不正当竞争法》的规定，数据企业只有在特定侵害情形下才可获得法律救济，数据错误无法为数据经营行为提供确切指引，亦无法为数据产业营造良好的规范秩序。其二，损坏

① Kieseberg Peter,Schrittwieser Sebastian,Weippl Edgar,Secure Internal Data Markets,Future Internet,2021.

② ［美］斯塔登、［美］科里·蒙塔古：《法律错误》，载《哥伦比亚法律评论》1907年第7期。

③ 杨力：《论数据交易的立法倾斜性》，载《政治与法律》2021年第12期。

市场激励机制。如果说正常数据是重要的数字资产，那么数据错误无疑让数据丧失了财产的属性。"人们的生活之所以如此丰富多彩，得益于企业不断地为人们创造出各式各样的生活产品，而企业生产产品的积极性来自利润（利益）激励，检验企业数据权益归属的是收益激励。"①数据错误无法为数据企业创造财富，让企业的驱动力大打折扣，抑制数据市场活力。其三，数据错误给《反垄断法》带来巨大的理念、市场与规范挑战，让"平台—数据—算法"的三维联动无法有效融合，无法推动激励条款生效，无法让法律之维的系统性、及时性、科学性监管发挥功用，无法实现对数据要素的直接法益保护。维克托·迈尔-舍恩伯格等学者曾经指出："大数据的核心就是预测。"②数据错误为数据收益创造了极大的不确定性价值，无法有效实现数据的财产转化，无法为企业带来预期收益。

2. 数据错误影响绿色数字生活

大数据时代，数据日益广泛地渗透到我们的生活中，深刻改变着我们的生活方式。《提升全民数字素养与技能行动纲要》提出要"着力拓展全民数字生活"，但是，错误的数据垃圾污染了数据的绿色底色，背离了绿色原则的要义，从而降低了人们的数字生活感知，影响了人们对美好数字生活的追求。

第一，数据错误违背了绿色原则。随着互联网的极速发展，不断积累的海量数据全方位覆盖了我们每个人的几乎全部生活，从摇篮到坟墓，人类一切活动都被数据化，万物互联、一切留痕。即大数据全景式地记录了世间万物及其普遍联系，将海量数据密切联系在一起，构建了一张信息时代的大数据网络。一方面，大数据极大助推着信息通信产业迈入万物互联、万物感知、万物智能的"新摩尔定律"时代，海量的数据资源集聚一堂，数字社会的放大、叠加、倍增效应凸显；另一方面，海量数据使得网络空间逐渐蜕变成一个全域连接的多元、复杂的系统，将数据信息以及衍生的数据产品、数据服务等传输至数据社会的每一个节点，刺激了前所未有的创新，使得人类社会开始触及各种可能性。然而，随着海量数据连接，数据错误成了数据容器中的"错误垃圾"，污染了数据的绿色底色。如何为数据确立绿色原则、防治错误的数据垃圾，是环境法典绿色低碳发展编对民法典"绿色化"的积极调适，亦是数字生态建设的重要课题。

第二，数据错误降低了数字生活感知。数据经过"从现实中获取→虚拟网络中的深层价值挖掘→回归现实"的过程，让人类在数据终端切实感受到数据的真正能量。换言之，大数据将从现实中捕捉的各种可能性予以回炉重造、消化解构、排列重组，让人们通过"数据眼睛"探索并感知增强的现实。一般而言，"数据感知以数据自动清洗、数据质量治理和数据价值挖掘为技术手段"③。数据错误会使这一运行状态异常：一方面，数据错误会扰乱数据整体结构、延长数据检索时间、增大数据预期误差、降低数据矩阵效率；另一方面，数据错误会影响人们对数据的"质量价值、功能

---

① 杨琴：《数字经济时代数据流通利用的数权激励》，载《政治与法律》2021年第12期。

② ［英］维克托·迈尔-舍恩伯格、［英］肯尼思·库克耶：《大数据时代：生活、工作与思维的大变革》，盛杨燕等译，浙江人民出版社2013年版，第16页。

③ 陈广等：《数据感知技术在电力物资供应链数据质量管理中的应用》，载《科技管理研究》2021年第18期。

价值、声望价值、情感价值、认识性价值、体验价值、情境价值、社会价值、象征价值、体验价值、经济价值、利益价值和绿色价值等维度"的认可。[1] 二者均会使人们对数据的感知产生偏离。而且错误的数据造成"'数据过载和数据价值密度低的缺陷，极大地限制了人类理解周遭世界的能力'以及'进行数据交互认知的人文迷思'"[2]。这种错误的数据呈现使得社会感知无法有效转化为数据认知，极大限缩了人们在数字社会的社会感知。而错误的数据则构建了错误的感知场景，让人类无法真正理解、识别、反映、揭示数据动态与规律，感知发生偏离，无法做出正确的时空行为。

材料分析题
讲解

请分析该材料[3]论证过程中的主要问题并修改。

---

① 参见左文进、刘丽君：《基于用户感知价值的大数据资产估价方法研究》，载《情报理论与实践》2021年第1期。
② 丁家友、唐馨雨：《数字人文视角下的数据叙事及其应用研究》，载《情报理论与实践》2022年第2期。
③ 节选自彭中礼、左泽东撰写的《数据错误的法律治理》一文初稿，发表时有大改。

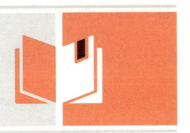

第十章
法学论文的研究方法

　　冯友兰的《三松堂自序》一书中记载了蔡元培的一个关于方法的故事。1923年，蔡元培在纽约中国留学生欢迎会上致辞时讲了一个故事，他说："一个人交了一个朋友，会点石成金……那个朋友对那个人说：'你要多少金子我都可以点给你。'那个人说：'我不要金子，我只要你那个手指头。'你们在这里留学，首先要学的是那个手指头。那个手指头就是方法。"[①]社会科学研究(包括法学研究)需要有科学的方法。所以，社会科学研究方法论的核心是方法选择的价值、规范和标准问题，它涉及什么问题是值得研究的，其理论根据是什么，资料获取的原则是什么，如何进行解释，如何确定众多具体方法的评价体系。[②]

　　研究方法本质上是指用什么来思考问题。因此，研究方法是思维运转的依据。"方法就是指一个人在解决具体问题过程中的思维活动本身。一个特定问题的解决或者一定的意图和目的的实现必定依赖于一定的方法，反过来，方法的选择又往往影响着问题解决的效果，以及意图和目的实现程度，因此，方法选择的正确与否就显得比较重要。""方法是与人类有意识、有目的的活动相联系的，行为人总是选择自己认为正确的方法来达到自己的目的，同时，又会以是否达到目的来评价方法的选择是否正确。"[③]

　　研究方法对于法学论文写作而言十分重要。一般而言，研究方法或明或暗地贯穿整篇论文中。在研究性论文当中，一般不会指出论文的研究方法，但是在学位论文之中，一般会指出论文采用的研究方法。法学论文论证的依据可以多元化，研究的方法也可以多种多样。一篇论文有时可能就只采用了一种研究方法；有时也会采用多种研究方法。这说明，研究方法的运用并非是唯一的，可以根据需要进行综合运用，这需要研究者根据自己的研究实际细细揣摩。质言之，法学研究方法不是刻意运用的，一定

---

　　① 冯友兰：《三松堂自序》，生活·读书·新知三联书店1984年版，第217页。
　　② 参见林聚任、刘玉安主编：《社会科学研究方法》，山东人民出版社2004年版，第25页。
　　③ 夏正林：《论规范分析方法与法学研究方法》，载《法律方法与法律思维》(第7辑)，法律出版社2011年版，第202页。

要结合选题、研究目的和研究内容等来确定。与选题和目的相匹配的研究方法才是最合适的研究方法，刻意模仿或者过于追求某种研究方法很有可能过犹不及。下面列举几种常见的法学研究方法，以丰富论文写作的研究方式。

一、规范分析方法

当今时代是社会大分工的时代。社会分工源于学术分工，又促进了学术分工，"一方面，将一定的研究对象纳入一定的学科框架中，另一方面，根据一定对象来抽取其中所蕴含的方法。法学正是在这种社会分工的推动下所产生的一种学术分工。这种学术分工在其研究对象所框定的范围内，自然要求和这一对象相切应的研究方法。近代西方法学、特别是欧陆法学的发展及其对法学研究方法的特别关注，向我们提供了一条坚实的透过法学研究对象，而寻求并论证法学方法的路径。这……就是规范分析方法"[①]。从法学的规范性层面看，规范分析方法是法学的特有方法，体现了法学研究注重合法与非法、价值与实证等特点。

（一）规范分析方法的内涵

规范分析方法是以法律的规范性存在为前提的一种分析方法，其基本出发点在于通过法律规范和其可能效力之间的关系对照和比较，发现法律对人们的行为之所以能起到规范作用的内在奥秘，并进一步解决法律自身存在的一般机理。[②]所以，规范分析方法主要是指基于现行法律体系和法律规范，揭示其内在运行机理和逻辑范式的思维活动。

规范分析方法主要研究四个方面的内容：

第一，从研究起点来看，规范分析方法注重法律规范本身。法律规范既是规范分析方法的逻辑起点，也是法学研究分析批判的对象。正如卡尔·拉伦茨所言，"作为规范科学的法学"，"它关切的是实证法的规范效力、规范的意义内容，以及法院判决中包含的裁判准则"，关注的是"由关于现行法之陈述所构成的体系"。[③]所以，规范分析方法就是要研究已经生效的法律。通过法律规范来研究法律规范，通过法律规范本身所承载的价值来研究法律规范，是规范分析方法对待法律规范的基本态度。

第二，从价值追求来看，规范分析方法追求客观的法律价值。法律不是不关心人们的价值追求，而是设法把这种价值追求规范化、具体化、可操作化。价值实证的任

---

① 谢晖：《论规范分析方法》，载《中国法学》2009年第2期。

② 参见谢晖：《转型社会的法理面向——纯粹法理学导言》，载《广东社会科学》2003年第2期。

③ 参见［德］卡尔·拉伦茨：《法学方法论》，陈爱娥译，商务印书馆2003年版，第77页。

务,就是要站在法律的立场说明一个规范或者一个判决的正当性与合法性。①基于此种观念,规范分析方法不太关注"应然的法"。如德国学者康拉德·黑塞指出,规范分析方法中的"规范"指向的应是现行有效的、往往以成文形式表现出来的法规范。这种法规范既不同于应然意义上的"正确的法",也不同于实然意义上的"活法""行动中的法",当然更不同于历史意义上的"死法",而是侧重于语言文本意义上的、现行有效的"静态的法",个性化的、具体的法。②

第三,从法律体系来看,规范分析方法注重体系内部的逻辑构造。在成文法国家,无论是对部门法的划分,还是对某一部法律内部结构的划分,都十分讲究体系性和逻辑性。充分利用法律体系的逻辑性和体系性来分析法学问题,是规范分析方法的基本特征。例如,我国《民法典》采用的是隐私与个人信息保护二元并立的模式,《个人信息保护法》和《民法典》均对个人信息进行了界定。《个人信息保护法》第4条规定:"个人信息是以电子或者其他方式记录的与已识别或者可识别的自然人有关的各种信息,不包括匿名化处理后的信息。个人信息的处理包括个人信息的收集、存储、使用、加工、传输、提供、公开、删除等。"《民法典》第1034条第2款规定:"个人信息是以电子或者其他方式记录的能够单独或者与其他信息结合识别特定自然人的各种信息,包括自然人的姓名、出生日期、身份证件号码、生物识别信息、住址、电话号码、电子邮箱、健康信息、行踪信息等。"《民法典》第1034条第3款规定:"个人信息中的私密信息,适用有关隐私权的规定;没有规定的,适用有关个人信息保护的规定。"《个人信息保护法》则没有采取此种区分,只是对敏感信息进行了规定。这表明,个人信息当然包括私密信息,但私密信息属于隐私保护的范畴。③这个实例就是通过法律规范的体系性来分析法律规范,从而得出符合逻辑的结论,这是规范分析方法运用的方式之一。

第四,从具体研究对象来看,规范分析方法的主要研究对象为制度事实。对于制度事实,人们可以从不同的视角进行理解,这里是指以法律规范为前提所带来的主体交往行为的社会事实,即制度事实乃是价值载体、运行效果、规范体系的三位一体,包括法律规范、法律适用、正式法律解释以及法律组织设施,等等。④

(二)规范分析的具体方法

如上所述,规范分析方法是以实在法规范整体为对象,通过揭示规范的内在构成和意义脉络,为法律思维活动提供抽象性规范知识的活动。⑤因此,语义分析方法、法

---

① 参见谢晖:《论规范分析的三种实证方法》,载《江海学刊》2008年第5期。
② 参见[德]康拉德·黑塞:《联邦德国宪法纲要》,李辉译,商务印书馆2007年版,第4页。
③ 参见张婉婷:《个人信息"合理利用"的规范分析》,载《法学评论》2023年第3期。
④ 参见谢晖:《论规范分析方法》,载《中国法学》2009年第2期。
⑤ 参见武腾:《论规范分析方法在交叉性法学中的价值及应用》,载《法律方法》2013年第1期。

律关系分析方法和逻辑分析方法是规范分析方法的三大具体展现。

1. 语义分析方法

语义分析，亦称语言分析，是通过分析语言的要素、结构、语源、语境，而澄清语义混乱，求得真知的一种实证研究方法。这种方法来源于语言学哲学，即语义分析哲学。[①]

法规范是由语言文字构成的。无论是立法、执法和司法，语言文字的运用是基本要件。所以，但凡法学学术研究，语义分析方法皆可取。美国法学家哈特是语义分析方法的先驱。他运用语义分析方法对法律的概念进行了细腻分析，奠定了规范法学研究的新范式。哈特认为，法律的词语、概念没有确定的、一成不变的意义，而是随着被使用的环境、条件和方式的变化而变化，有着多种含义。因此，哈特对传统法学中的定义方法提出了严厉批评。法学家不应在定义的脊背上建立法学理论，而应致力于分析法律、法学语言在实际生活中怎样被使用。在《法律的概念》一书中，哈特从批判早期分析法学的法律定义入手，对法律的概念、规则、权利（力）、义务、法律的效力等，进行了全新的具有初始意义的解析，全面系统地展示了新分析法学的独特视角和无穷的学派魅力。[②]具体而言，语义分析方法有三个方面的内容：

第一，从概念来看，语义分析方法以文字的表达精确为前提。立法者在用文字表达法律时，必然经过了深思熟虑和反复雕琢。所以，从应然层面来看，法律文本中的文字必然精准；从实然层面来看，法律文本中的文字绝大多数是十分严谨的。

第二，从构成来看，语义分析方法以概念的精确定义为核心。任何法律规范的形成都建立在概念的基础之上。法律概念既是构建法律世界的小细胞，也是理解法律世界的切入口。以《民法典》第53条为例，该条规定："被撤销死亡宣告的人有权请求依照本法第六编取得其财产的民事主体返还财产；无法返还的，应当给予适当补偿。利害关系人隐瞒真实情况，致使他人被宣告死亡而取得其财产的，除应当返还财产外，还应当对由此造成的损失承担赔偿责任。"该条文虽然仅有两句话，却有撤销、死亡宣告、财产、民事主体、补偿、利害关系人、赔偿责任等法律概念，如果对这些法律概念不理解，就难以明白该条文的含义。正如哈特所认为的那样，很多误会都是法律概念的含混造成的。而法律概念之所以含混，根源于对概念没有用精准的文字来定义。因而在研究法律概念时，可以通过追溯词源法、词典释义法等方式来探究概念的含义。

第三，从运用来看，语义分析方法以语言的适用语境为要义。如前所述，所有的语言文字一旦成文，就具有特定的语境性。法律概念、法律条文是通过法律文本来呈现的，需要顾及在法律文本中的位置以及与前后文的关系。此外，在法律适用过程中，也要熟知法律规范应当在何种语境下适用。脱离语境来谈法律规范的适用，容易产生一

---

① 参见张文显、于莹：《法学研究中的语义分析方法》，载《法学》1991年第10期。

② 参见贾佳：《语义分析研究法学的先导——阅读哈特的〈法律的概念〉之感想》，载《人民检察》2012年第17期。

些误会甚至错误。法律中的概念与其他学科中的概念可能会有所不同,这需要特别注意,比如"政策"一词,在公共管理学科中,法律是"政策"的重要组成部分;但在原《民法通则》中,"政策"是一个位阶低于法律的规范。

2. 法律关系分析方法

法律是对社会生活的抽象和概括,并非所有的社会关系都是法律关系,只有法律明确规定可以调整的社会关系才是法律关系,因而法律关系是社会关系的法律化。法律通过对某些社会关系进行规范和调整,进而塑造特定的社会秩序,形成法律秩序。在法律关系当中,主体、客体和内容是最基本的要素。对于学术研究而言,通过特定的法律关系来分析问题,是规范分析方法的重要体现,特别是在案例研究当中,法律关系分析方法意义重大。所以,在法学研究当中,法律关系分析方法是最基本的研究方法。

一般认为,法律关系分析方法,是指基于法律关系的基本要素来确定案件性质以及当事人之间权利义务的分析方法。从法律关系分析方法所强调的内容来看,其特别注重权利义务的分析,因而又往往被称为权利义务分析方法。

法律关系分析方法有三个特征:一是基于法律关系的要素来分析基本事实。例如,对主体的把握就需要根据法律的规定严格进行,看其是否有主体资格(是否达到了法定年龄、是否具有完整的认知能力、是否是独立的法人主体等),按照法律规定不享有主体资格的,就难以构成相应的法律关系。二是基于法律关系来确定行为性质。在法律关系当中,当事人应当做什么,不应当做什么,是不是合法,以此来认定其行为性质。这是因为在具体的法律关系当中比较方便寻找法律依据,从而可以基于法律依据作出是不是合法的判断。三是基于权利义务的内容来确定具体的法律责任。在法律关系当中,可以根据约定或者法律规定来分析双方当事人的权利是什么、义务是什么、权利被侵害以及没有履行义务应当承担何种法律责任,等等。

在具体的案件当中,进行法律关系分析一般会有四个步骤:一是从前提来看,是否有法律关系存在。法律关系是社会关系中的一种,但是必须具有法律规定性,因而需要符合法律规定或者属于法律调整的范围。不属于法律调整的范围不能运用法律关系分析方法,比如彩礼纠纷可能难以成为法律关系分析方法分析的对象。二是从性质来看,属于何种性质的法律关系。不同的法律关系对构成要素的要求有所差别。三是从要素来看,确定法律关系的主体、内容和客体。要通过法律关系的主体要素确定主体是否适格;要通过内容要素来确定法律关系主体所享有的权利和承担的义务;要通过客体要素来确定法律关系指向的行为或者其他事务,以确定法律关系的内容,从而指向权利义务。四是从变动来看,确定法律关系的变动情况及其动因。法律关系处于不断的变动发展之中,从而引起其产生、消灭和变更。在进行法律关系分析时,要特别注意法律关系变动的原因——法律事实(行为和事件)。通过分析法律事实就可以确定法律后果的意义和价值,从而对其进行法律评价。比如,张三和李四签订了一份合同,张三拟将自家地上的橡胶卖给李四,约定于特定日期由张三送货,送货当日钱货两清。然而不巧的是,在张三送货前日,某必经大桥因洪水垮塌,导致延迟5日交货。后产生纠纷,诉至法院。法官在审查二者的法律关系时,首先确定二者的纠纷属于合同纠纷,产生了法律关系;其次看主体是否适格,如果发现张三或者李四主体不适格(比如张三年龄为15岁),就可能会导致合同无效,但是如果主体适格,就可以进一步确定法律关系的性质,即本案会按照民事纠纷的法律规范来解决;最后再审法律关系变更的原因,即大雨导致必经大桥垮塌而迟延交货是否属于免责事由。

3. 逻辑分析方法

从宏观层面来看,任何学术论文写作都必须讲究逻辑。可以说,逻辑论证是学术论文的核心,使学术论文更严谨、更具有说服力。当代主要法学理论之一的分析实证主义法学的哲学基础就是强调把认识的任务归结为对知识进行逻辑分析,特别是对陈述知识的语言进行分析,通过对语言的逻辑分析提出可证实性或可检验性、可确认性原则。[①]所以,逻辑分析方法作为规范分析方法中的一种,在近代以来的学术研究史上有着举足轻重的地位。

逻辑分析方法是指运用逻辑学的基本原理和知识对法律问题进行分析,揭示法律规范/法律体系的逻辑构成,解释法律生成的逻辑原理,得出最终判断结论的推理、论证方法。逻辑分析方法有三个特点:一是注重对陈述知识的语言进行逻辑分析,这一点与语义分析方法有相通之处;二是注重对已有法律规范基于逻辑学的知识和原理进行分析;三是注重过程性,本身与价值没有必然联系。比如,刑法明文规定年龄未满18岁,不得被判处死刑。根据逻辑分析方法,张三未满18岁,那么张三就不应当被判处死刑。至于为什么未满18岁不得被判处死刑,则是另一回事。

对于法学研究而言,逻辑分析方法有着十分重要的意义和价值。主要原因在于逻辑分析与法律体系的特性相契合:其一,从法律规范本身来看,构成法律规范的概念本身具有严格的定义,而通过概念组成的法律规范又有着严谨的逻辑结构,因而适合运用逻辑分析方法进行研究。其二,从法律体系来看,无论是一部法律(法典),还是一个法律制度,都经过了严格的逻辑整合,甚至每一个法律条文都应当有基于逻辑确定的顺序。所以,法律的逻辑一致性、整体性也适合运用逻辑分析方法展开研究。其三,从法律适用来看,已有规范的逻辑结构是法律规范适用的前提和基础。一般认为,三段论逻辑是司法适用最常用的方法,即以法律规范为大前提,事实认定为小前提,然后得出一个结论。虽然在疑难案件中,三段论逻辑常常受到挑战,但是大量的案件还是

---

① 参见张传新:《法律中的逻辑分析方法》,载《甘肃社会科学》2008年第5期。

会采用这种逻辑方法。我们在论文写作当中,也可以用这种方法来分析法律问题,从而使论文能够经得起实践考验。

在法学研究中,经常会涉及法律概念、法律规则、法律原则、法律条文,甚至还会涉及具体的法律(如《教育法》《高等教育法》)之间的关系问题,以及它们与法律事实之间的关系,这就需要我们采用逻辑分析方法来处理相关问题。一般而言,我们主要在如下场景当中运用逻辑分析方法。

第一个场景就是法律概念、法律规则、法律原则、法律条文以及具体的法律之间的相互逻辑关系。要将法律概念与法律规则、法律条文等联合起来使用,甚至还要在具体的法律之中来理解法律概念,这是逻辑分析最重要的场域。当然,有时也要考虑法律规则之间的逻辑关系,甚至法律规则与法律原则之间的逻辑关系。比如在刑法当中,就有罪名竞合的问题,其实质就是如何理清法律规则之间的逻辑关系。

第二个场景就是法律概念、法律规则、法律原则、法律条文、具体的法律与案件事实之间的逻辑关系。在法律适用过程中来看待法律的基本要素,是检验法律合法性、合理性的重要路径。比如,在具体案件当中,当事人的行为性质该如何理解,可能既涉及法律概念的理解问题,也涉及法律规则的理解问题。甚至,在具体的案件当中,对当事人行为的评价该适用法律规则还是该适用法律原则,甚至该适用哪一部更具体的法律,可能存在争议,这也需要运用逻辑分析方法来探究。

(三)规范分析方法的运用

在学术刊物中,经常可以看到以"规范分析"为题的学术论文,如《宪法文本中"人权条款"的规范分析》[①]《香港基本法第22条的规范分析》[②]《"一般应当采纳"条款适用中的"检""法"冲突及其化解——基于对〈刑事诉讼法〉第201条的规范分析》[③]《"人民法院的组织由法律规定"之规范分析》[④]《检察权运行体系改革的规范分析》[⑤]《未注册在先使用商标的规范分析》[⑥]《社会管理概念的法规范分析》[⑦]等。我们可以《社会管理概念的法规范分析》一文作为例证来分析并归纳总结规范分析方法的具体运用过程。

① 参见韩大元:《宪法文本中"人权条款"的规范分析》,载《法学家》2004年第4期。
② 参见韩大元:《香港基本法第22条的规范分析》,载《浙江社会科学》2020年第10期。
③ 参见闫召华:《"一般应当采纳"条款适用中的"检""法"冲突及其化解——基于对〈刑事诉讼法〉第201条的规范分析》,载《环球法律评论》2020年第5期。
④ 参见刘练军:《"人民法院的组织由法律规定"之规范分析》,载《吉林大学社会科学学报》2020年第3期。
⑤ 参见江国华、张莺:《检察权运行体系改革的规范分析》,载《湖湘论坛》2021年第3期。
⑥ 参见李雨峰:《未注册在先使用商标的规范分析》,载《法商研究》2020年第1期。
⑦ 参见邓联繁:《社会管理概念的法规范分析》,载《中国法学》2012年第2期。

例10-1:《社会管理概念的法规范分析》之规范分析方法运用

一、认真对待实定法规范中的社会管理概念

二、实定法规范中的社会管理概念之分布

(一)宪法典没有直接使用社会管理概念

(二)直接使用社会管理概念的现行法律与行政法规

三、实定法规范中的社会管理概念之变迁、类型与特点

(一)实定法规范中的社会管理概念之形式变迁

(二)实定法规范中的社会管理概念之类型

(三)实定法规范中的社会管理概念之特点

四、《刑法》与《治安管理处罚法》中的社会管理概念之比较

(一)《刑法》与《治安管理处罚法》中的社会管理概念之共性

(二)《刑法》与《治安管理处罚法》中的社会管理概念之差异

五、结语

该文共5个部分,除了第一部分和结语之外,第二、三部分是直接从法律文本当中来考察社会管理概念。作者在论文摘要中明确指出,"通过检索可知,我国现行法规范中有3部法律及8部行政法规直接使用了社会管理概念,最典型的是《刑法》与《治安管理处罚法》。前者用整整一章规定了'妨害社会管理秩序罪',后者用一节规定了'妨害社会管理的行为和处罚'"。该文使用规范分析方法对"社会管理概念"的几个特征进行研究:一是直接从法律文本当中搜索"社会管理"词语;二是对基于不同语境中的"社会管理"概念进行类型化分析(一般从含义、形式、特点等层面进行);三是根据研究目的对"社会管理"概念进行总结分析。

通过上例,可以总结出规范分析方法的一般步骤。

第一步是基于法律文本进行分析。规范分析的最大特点是根据实定法文本来分析研究对象,如从实定法文本当中去寻找字词句等,进而分析字词句的使用。即在法律文本的基础上进行实证分析,对研究对象在法律文本中的运用情况进行统计或者进行语词分析、概念分析或者逻辑分析。

第二步是结合研究对象在法律文本中的应用,分析其特点是什么、性质是什么、内在表征或者外在形式是什么等。

第三步是进行理论总结和理论提升。任何学术论文,要能够体现深度就必须有足够的理论支撑,规范分析亦是如此。要能够通过对法律文本中的研究对象的分析来展示某种理论,或者得出某个有价值的结论。欠缺理论总结和理论提升的论文没有学术价值。

■ 二、比较研究方法

比较研究方法在学术研究中经常可见,因为它"通常被认为是一种最重要的认识世界的智力工具"[1]。在比较法名著《比较法总论》德文第二版序言中,作者引用了诺瓦里斯的一句名言,"一切认识、知识均可溯源于比较"[2]。通过比较研究,可以十分鲜明地凸显两个事物之间的相同之处或者不同之处,从而洞察问题,发现问题的实质。所以,有学者说:"比较研究方法是最基本的分析工具。比较研究使得我们的描述更准确。在概念形成的过程中,比较研究方法扮演了关键的角色:因为比较使得我们更加关注案例之间隐藏的异同。比较研究往往被用于验证命题,还有助于归纳和发现新命题以及进行理论构建。"[3]从学科发展角度来看,比较研究在各个学科均有体现,比如比较法学、比较人类学、比较经济学、比较教育学、比较政治学,等等。比较研究方法作为一种重要的研究方法,在各个学科均有广泛应用。

(一)比较研究方法的概念

比较研究的思想源远流长。两千多年前,亚里士多德考察古希腊诸多城邦,将其按照统治者的人数和善恶取向划分为六种类型,就是运用了比较的方法——对不同的城邦进行比较,找到相同点并归为一类,从而实现了从比较到分类的变化。[4]到了近代,随着人类的活动视野的扩大,比较分析的思想才开始成熟。18世纪和19世纪的许多西方思想家,如伏尔泰、莱布尼茨等,都开始关注东方人的思想,并作了比较分析。

第一个称得上系统应用比较分析法的人是法国思想家托克维尔。在其成名著作《论美国的民主》一书中,托克维尔把美国的民主政权与法国集中化的国家制度作了比较。从方法论上说,托克维尔使用的是比较分析模型。美国社会学家尼尔·J.斯梅尔塞曾指出,尽管托克维尔并没有提出任何一种像"理想类型"那样的方法论,但是他在整个著作中,明确地对两类不同的社会形式——贵族社会与民主社会——作了概括和比较分析。[5]尼尔·J.斯梅尔塞说:"他的大部分比较论述都集中于这两个国家之间的差别上,而不是类似之处。而且,在进行这些论述的过程中,托克维尔使用了一系列相

---

[1] [瑞士]丹尼尔·卡拉曼尼:《基于布尔代数的比较法导论》,蒋勤译,格致出版社、上海人民出版社2012年版,第120页。

[2] [德]K.茨威格特、[德]H.克茨:《比较法总论》,潘汉典等译,法律出版社2003年版,德文第二版序第1页。

[3] [美]戴维·科利尔:《比较研究方法》,章远译,载《比较政治学前沿》(第1辑),中央编译出版社2013年版,第239页。

[4] 参见刘浩然:《社会科学比较研究方法:发展、类型与争论》,载《国外社会科学》2018年第1期。

[5] 参见林聚任、刘玉安:《社会科学研究方法》,山东人民出版社2004年版,第169—170页。

互有关,但又有区别的战略。"①托克维尔在《论美国的民主》一书中,将美国的制度和法国的制度进行了横向的比较和纵向的比较,对人文精神和制度的运作进行了比较,对生活环境进行了比较,对制度的生成机理进行了比较,从而达到了深入阐述其对美国制度认识的目的。

所谓比较研究方法,是指对两个或两个以上的事物进行对比,从而寻找共性或者个性的一种方法。通过比较研究,可以找出事物潜在的特殊规律或者普遍规律,从而深化理论思考,探索事物的本质。在法学领域,比较法学者们也对比较研究方法在法律领域的应用有过论述。比如,K.茨威格特和H.克茨认为,比较法是指一方面以法律为其对象、另一方面以比较为其内容的一种思维活动。②大木雅夫认为,比较研究是这样一种方法:在最一般的意义上,它在各种法律秩序的精神与样式的联系上,揭示各法律秩序的形态学上的特征以及它们相互间在类型上的亲缘性;作为其特殊性,比较法主要研究各种法律秩序中可比较的各种法律制度和解决问题的方法,以认识和完善法制为课题。③显然,作为一种方法的比较,在法学研究当中是大有可为的。正如K.茨威格特和H.克茨所说:比较研究方法打破那种不加反省的民族偏见;帮助我们明确认识与我们的世界不同的社会、文化制度,改善国家间的相互理解;对于发展中国家的法律改革,比较法研究是极为有用的,通过比较法研究可以刺激对本国法律秩序的不断批判,这种批判对本国法的发展所作的贡献比局限在本国之内的"教条式的议论"要大得多。④

(二)比较研究方法的类型

第一,根据比较的范围不同,可以分为宏观比较和微观比较。任何事物可以从宏观上去把握,也可以从微观上去把握。比如,一个橘子,我们可以从整体上看,这可以视为"宏观"观察,也可以将橘子切开,看其内部构造,这可以视为"微观"观察。只是需要确定,所谓的宏观比较或者微观比较,具有一定程度上的相对性。比如,对两个不同国家的制度进行比较,可以视为宏观比较,而对两个不同国家的某个具体制度进行比较,则可以视为微观比较。我们亦可以说,对两个不同国家的具体制度进行比较属于宏观比较,而对两个不同国家的具体制度构成中的某个机制进行比较属于微观比较。无论是从宏观上进行比较,还是从微观上进行比较,都是为了通过比较确定某种规律,得出某个有意义的结论。

---

① [美]尼尔·J.斯梅尔塞:《社会科学的比较方法》,王宏周、张平平译,社会科学文献出版社1992年版,第24页。
② 参见[德]K.茨威格特、[德]H.克茨:《比较法总论》,潘汉典等译,法律出版社2003年版,第3页。
③ 参见[日]大木雅夫:《比较法》,范愉译,法律出版社1999年版,第12页。
④ 参见[德]K.茨威格特、[德]H.克茨:《比较法总论》,潘汉典等译,法律出版社2003年版,第23页。

第二,根据比较的时空不同,可以分为横向比较和纵向比较。事物发展,要么就是在同一时间段同一空间存在,要么就是在不同时间段不同空间存在。有时基于不同时空对事物进行比较,容易发现事物存在或者发展的相同或者不同的规律。横向比较是对同一空间同时并存的事物进行的比较,而纵向比较则是对不同时间段的事物进行的比较。比如,托克维尔在《论美国的民主》中对同时存在的美国制度和法国制度的比较属于横向比较,而将历史上的契约观念和今人的契约观念进行比较则属于纵向比较。

第三,根据比较的目标不同,可以分为求同比较和求异比较。世间万物,既具有统一性,又具有多样性。所以,求同比较主要是寻找统一性的比较,即通过对不同事物的共同点进行比较,从而寻找或者发现事物发展的共同规律;而求异比较则是比较两个事物的不同点,从而寻找或者发现事物发展的特殊规律。

第四,根据比较的性质不同,可以分为定性比较和定量比较。质与量的变化过程,是事物发展进化的过程。定量比较则是基于事物的数量进行的比较,而定性比较则是基于事物的本质进行的比较。在法学研究当中,对于行为的性质分析往往属于定性分析;但是,有时候定量分析也很重要,如比较刑法中的盗窃罪、受贿罪等需要以一定的金钱数量作为标准。通过定量分析来达到定性分析,是学术研究一条十分重要的路径。

第五,根据比较的数量不同,可以分为单项比较和综合比较。单项比较是基于某个特定标准和内容的比较,而综合比较则是对事物的多种属性或者内容进行的比较。比如,在法学研究中对大陆法系和英美法系的比较属于综合比较,但是对大陆法系和英美法系的诉讼方式的比较可以视为单项比较。

(三)比较研究方法的原则

比较研究方法并非无处不在。比较研究方法的运用必须遵循一定的原则,按照一定的要求进行。这些原则主要有可比性原则、标准统一原则和多种类型比较方法综合应用原则。

1. 可比性原则

可比性原则是指拟进行比较的事务应当能够进行比较,且能够得出符合科学要求的基本结论,反映特定事物发展变化的规律。"对人类进行概括,比较单位的问题是关键性的。它们必须大到足以得出普遍重要的结论,因为人们不会期望从比较市政管理体制中获得对人类整体的有关知识。此外,它们又必须足够具体而能有效地比较。"[1]可比性要求不同的对象能够在统一的标准下进行比较,且所比较的内容符合人们的理

---

[1] [美]C. E. 布莱克:《现代化的动力——一个比较史的研究》,景跃进、张静译,浙江人民出版社1989年版,第35页。

性认知。基于此,可比性原则应当包含以下几个方面的内容^①。

第一,进行比较的事物的共同属性或者有异的属性应当能够得出有价值的结论。显然,任何事物都既有相同之处又有不同之处。比较时应考虑的方面有:比较之后是否能够得出一个有价值的结论? 这个结论又如何反映事物的普遍性或者特殊性规律? 如果不能够回答这些问题,那么所进行的比较就没有意义。

第二,进行比较的事物应契合研究主题。主要是从两个层面来反映:一是从预设的研究理论角度来看,通过比较分析所得出的结论应当与预设的理论相一致;二是从因果联系的角度来看,通过比较分析所得出的结论应当与研究的主题相一致。比如,如果研究者想探讨大陆法系国家判例法制度该如何建构,其中可能涉及英美法系国家判例法制度的比较问题(特别是英国和美国的判例法制度的比较),研究者就应当预设大陆法系国家可以吸收英美法系的判例法制度或者不可以吸收英美法系的判例法制度,此时进行比较的聚焦点应当有所不同。

第三,有充分的材料支撑。要能够得出有价值的结论,且能够对结论进行比较可靠的论证,就需要有充分的材料作为支撑。这些支撑比较点的材料必须来源于可以进行比较的事物,且能够将两个事物之间的异同说清楚。比如,我们分析大陆法系和英美法系的法律渊源时,就可以找到各自国家的法律文本或者案例材料作为依据和支撑,说明大陆法系主要以成文法为法源,而英美法系则主要以判例法为法源。

2. 标准统一原则

进行比较研究时,如何比较研究的对象,涉及比较研究的标准问题,要用同一尺度来看待比较研究的对象。标准统一原则主要包括两个方面的内容。

第一,选取合理的参照标准。对事物进行比较,参照标准必须合理,即既应具有可比性,又应在作者和读者的可接受范围之内。将高个头与矮个头进行简单的身高比较

---

① 美国学者尼尔·J.斯梅尔塞从方法论的角度提出了选择比较分析单位的五条标准:第一,分析单位必须适合于研究者所提出的理论问题。例如,布劳指出,如果研究者希望研究不同环境对规范组织的影响,将用于比较的分析单位就是组织本身,而不是它们的组成部分的作用和内部关系。因为理论问题的重点在前者。第二,分析单位应与被研究的现象有贴切的因果关系。库兹涅茨曾在一系列不同场合指出,民族国家是分析经济发展的恰当单位。他认为,国家对经济生活的命运产生了一系列重要影响。民族国家确立了"经济活动赖以展开的制度条件,市场赖以发挥作用的界限,以及人力资源相对自由处理的范围和索取物质财富的范围"。而且,主权政府是一种"占压倒优势的权力,它能够解决经济发展产生的冲突,能够就制度的革新方案进行选择,认可那些据信是根本性方案,否定其他方案"。第三,考虑到对分析单位进行分类的标准——它们的"社会性"或"文化性"。这些单位从经验上看,实际上应该是不变的,以免掩盖变化的主要根源。第四,分析单位的选择应反映与这个单位有关的资料的可利用程度。例如,从总的方面研究经济史,分析者实际上不能不选择国家作为分析单位,因为统计资料和其他各种证据通常都是以国家的名义收集的。大部分资料都涉及作为分析单位的国家,因为国家就是产生这些资料的因果过程的重要部分。第五,只要可能,选择和分类分析单位的决定,应以标准化的和可以重复的程序为基础,因为这些程序本身不会成为导致错误的重要根源。参见[美]尼尔·J.斯梅尔塞:《社会科学的比较方法》,王宏周、张平平译,社会科学文献出版社1992年版,第190—191页。笔者基于尼尔·J.斯梅尔塞五条标准的启发,建构了法学研究比较研究方法的三条标准,以供参考。

没有意义,将世界短跑冠军与普通民众的短跑速度进行比较也没有意义。合理的参照标准,除了能够让人一目了然地看清事物的表象,更能够让人理所当然地认识两个事物的不同本质。正如托克维尔在《论美国的民主》一书中所进行的研究一样,他虽然比较的是美国的民主制和法国的贵族制之间的差异,但是却深入历史文化、地理环境、生活方式、内在精神、宗教信仰等各个层面进行比较,从而追寻历史成因和制度走向,为描述、分析、研究和解释二者之差异奠定了理论基础。

第二,置入同等的比较环境。有了合理的参照标准,还需要有同等的比较环境。因为历史发展环境不同,研究对象的表现形式和发展趋势不同。比如,大陆法系和英美法系就因为不同的历史发展环境和不同的文化因素影响,形成了成文法传统和判例法传统。我们就不能够说成文法传统或者判例法传统哪个更好,而只能说二者各有优劣。

3. 多种类型比较方法综合应用原则

在学术研究当中,比较研究方法的运用不只是某个类型的比较研究,而是各种比较研究方法的综合运用。换言之,单项比较与综合比较、横向比较与纵向比较、定量比较与定性比较、求同比较与求异比较以及微观比较与宏观比较等方法的综合运用,是学术研究常有的事情。例如,研究不同国家或地区的社会发展水平,既可以进行横向比较,也可以进行纵向比较。以布莱克为代表的一批美国学者做了大量的关于各国现代化问题的比较研究,其代表成果是1975年发表的《日本和俄国的现代化——一份进行比较的研究报告》。该报告从国际环境、政治结构、经济增长、社会结构以及知识和教育等方面对日本和苏联的现代化过程作了比较。日本和苏联在社会文化传统和制度等方面是极不相同的,它们有着不同的宗教、经济和政治制度,但到20世纪70年代,它们都成为现代化国家。因此,布莱克等人对它们进行了比较研究,指出既可以根据它们搞现代化的不同时间进行比较研究,也可以根据它们在政治稳定、经济发展和社会动员等方面取得的成就大小进行比较研究;此外,还可以把一个社会的某一制度单独拿出来同其他社会的制度进行比较。正如有学者所言,布莱克等人不但对这两个国家从不同方面作了横向比较,还把它们与其他国家作了横向比较,他们当然也进行了纵向比较。通过这些比较分析,他们试图探讨进入现代化国家行列较晚的国家的现代化模式。[①]

（四）比较研究方法的运用

在学术研究中运用比较研究方法进行写作,具体而言主要有以下两种应用情形。
第一,在具体学术论文的某一个主题当中,为了展现特定概念、制度的含义,而将

---

① 参见林聚任、刘玉安:《社会科学研究方法》,山东人民出版社2004年版,第177页。

之与相关或者相近概念、制度进行比较,从而彰显特定概念、制度的特殊性。例如,在《主观权利概念之理论检讨——以胎儿的民事权利能力问题为中心》一文中,作者为了阐述约束状态与权利的界分,将客观法与主观权利进行比较。

例10-2:《主观权利概念之理论检讨——以胎儿的民事权利能力问题为中心》[1]之比较研究方法运用

可以说,客观法与主观权利都是规则体系,但客观法的着眼点是秩序、规制,而主观权利的着眼点是人的行为自由度。两者的区别可归纳为以下几点:其一,客观法是抽象的,而主观权利是具体的、现实的。两者的区分是基于这一认知,即法律制定出来时它只是客观存在的法律,只有当主体根据自己的自由意志去主张这个法律的时候,这个法律才变成他的法律,也就是主观的法律,这就是他的权利。所以说,客观法是规定了构成要件与法律后果的实证法规范,而权利是法律事实发生后,主体得以依据法律规则主张其应得利益的行为资格。其二,客观法采法定主义调整模式,而主观权利侧重意定主义调整模式。在私法中,意思自治原则让主体获得了广阔的自主空间,主体不仅可以确立主体间的规则(如合同),还可以决定是否启动规则的适用程序,即可以在义务人不履行义务时主动向其发难。因而,客观法的任意性规范常常被主体通过行使主观权利而架空。其三,客观法较具确定性,规则的行为模式、法律后果都是确定的,而主观权利较具框架性,仅在一定程度上是确定的。正因为主观权利是框架性的,才需要表示享有权利的资格的权利能力与之相配套;正因为主观权利是现实的、具体的,权利主体才仅局限于现世的、确定的人。

第二,将比较研究方法运用于学术论文的全文当中,进而得出一个有价值的结论。例如,《环境法典编纂结构模式之比较研究》[2]《中美残疾人群之康复法律体系比较研究及其启示》[3]《中日社区治理法制化特点比较研究》[4]《中法两国外国人管理制度比较研究》[5]《中外劳动合同立法比较研究》[6]等论文都是以比较研究为题,进而基于比较研究的结果得出一个有意义的结论,为我国立法提供有益的智识支撑。下面以例10-3为例介绍比较研究方法的运用。该文的逻辑结构如下:

① 参见陈帮锋:《主观权利概念之理论检讨——以胎儿的民事权利能力问题为中心》,载《法学研究》2021年第5期。
② 参见竺效:《环境法典编纂结构模式之比较研究》,载《当代法学》2021年第6期。
③ 参见王洪婧等:《中美残疾人群之康复法律体系比较研究及其启示》,载《医学与法学》2021年第6期。
④ 参见张何鑫、张锐智:《中日社区治理法制化特点比较研究》,载《日本研究》2021年第4期。
⑤ 参见陶俊:《中法两国外国人管理制度比较研究》,载《法国研究》2007年第3期。
⑥ 参见石美遐:《中外劳动合同立法比较研究》,载《环球法律评论》2006年第6期。

例10-3:《当代西方两大法系主要法律渊源比较研究》①之比较研究方法运用

　　一、两大法系法律渊源主要区别的历史起源

　　二、资产阶级革命对大陆法和普通法法律渊源的影响

　　三、垄断资本主义时期两大法系法律渊源的演变

　　（一）大陆法系法律渊源中"判例法"的出现

　　（二）普通法系中成文法的增多

　　四、对发展趋势的初步探讨

　　该文开篇就提出问题，即为什么要研究这个主题："当代西方国家两大法系——大陆法系和英美法系是现代资本主义世界居于重要地位的法律制度。人们一般习惯于将大陆法系称为法典法，把英美法系称为判例法，这种概括现在是否能反映两个法系法律渊源的主要特征？两者的主要区别是怎样形成的？现代发生了怎样的演变？两个法系在法律渊源上是否正在走向同一？本书试图用历史的观点、比较的方法，对这些有关两大法系法律渊源的问题作初步探讨。"②所以，该文作者们的一个核心思想是只对两大法系的主要法律渊源进行比较，该文采用的比较研究方法虽然是单项比较，但是又涉及历史问题，而且单项比较的参照标准包括了起源、历史演变、现状和未来发展等具体方面，从而比较清晰地揭示了两大法系法律渊源的过去、现在和未来。

（五）特殊的比较法：历史研究法

　　历史研究法，是指充分运用特定的历史材料，基于历史演变过程对特定事件进行研究的方法。因此，历史研究法主要是根据时间顺序对同一社会内部同一时间的演化过程进行分析、描述或者总结。也有学者将此种方法称为纵向比较法、历史比较法等。

　　历史研究法作为一种重要的社会科学研究方法，有两个主要特点：其一，历史研究法是一种纵向比较法，即以时间为基础分析社会事物或现象的异同点，以说明社会发展的过程和趋势。因此，它适用于解释事物的变迁过程。其二，历史研究法主要是一种定性分析。它强调的是社会结构和过程的本质属性、具体性或者个别性，而非一般性或共同性。历史研究法属于宏观层次的社会科学研究方法。故比较分析的对象多是不同国家或社会中所发生的长时段的社会变迁及相关问题，如工业化、现代化、社会革命、阶级结构变化等。③

　　历史研究法主要有三种类型：一是以理论论证为主的历史比较；二是以说明特定

---

①② 参见潘华仿、高鸿钧、贺卫方：《当代西方两大法系主要法律渊源比较研究》，载《比较法研究》1987年第3期。

③ 参见林聚任、刘玉安：《社会科学研究方法》，山东人民出版社2004年版，第186页。

事物过程为主的历史比较;三是以宏观因果分析为主的历史比较。[①]下面分别对这三种类型进行简单介绍。

第一,以理论论证为主的历史比较。这种方法主要是为了进行理论证明,即通过对处于不同社会历史环境中的不同实例的说明,来证明一种理论或观点的普遍性。艾森斯塔得在其《帝国的政治体系》一书中即应用了这一方法。他所验证的是历史上中央集权官僚帝国的兴起、持续和衰落的结构/功能主义理论。他在书中列举了许多不同国家和地区的历史片断,来揭示政治发展的某种模式或者规律。

第二,以说明特定事物过程为主的历史比较。这种方法是把两个或多个事物放在一起,对比说明它们与某一主题或特定理论之间的关系。故它强调历史事物的特殊性,分析这些独特性如何导致特定的结果。这方面的研究成果如本迪克斯的《国家的建立与公民身份》《国王还是人民》等。比较分析一方面是寻找事物间的相似性,另一方面是寻找事物间的差异性。这种对照性的比较方法,主要就是为了说明差异性,也即通过一种结构与其他结构相对照而增强其"显著度"。

第三,以宏观因果分析为主的历史比较。这种方法主要是通过对某些重大历史过程的比较分析,为社会发展与变迁提供因果性解释。这方面的代表例子如巴林顿·摩尔的《民主与专制的社会起源》、萨达·斯考克波尔的《国家与社会革命》等。[②]

历史研究法在法学研究当中经常被使用。主要原因在于,法学发展历史悠久,从历史中发现这些概念、理念和理论的形成经过,可以更加容易让人们感知历史传承,洞察事物真相。除了专门的法史学著述之外,很多其他论文也经常会涉及历史考察,如例10-4。

👤 例10-4:《法律事实理论视角下的实质性宪法解释》[③]之历史研究法的运用

在我国,制度意义上的"宪法解释"一词,最早见于1978年宪法第25条第3项。该条款把宪法解释的职权赋予了全国人大常委会。学界在考察我国宪法解释制度的起源时,一般主要探讨现行宪法关于宪法解释的制度规定。

该文作者论述的是实质性宪法解释,在阐述宪法解释作为法律事实的认定方式、标准及意义之时,就讲到了制度意义上的"宪法解释"一词的历史渊源,从而增强了论证的历史感。总体而言,运用历史研究法来论证、阐述主题的著述较多,在此不再阐述。

---

① See Skocpol, T. and M. Somers, "The Uses of Comparative History in Macrosocial Inquiry", *Comparative Studies in Society & History*, Vol. 22,No.2, 1980, p.17.

② 以上三种类型均转引自林聚任、刘玉安:《社会科学研究方法》,山东人民出版社2004年版,第183—186页。

③ 参见莫纪宏:《法律事实理论视角下的实质性宪法解释》,载《法学研究》2021年第6期。

三、文献整合研究方法

任何学术论文的写作都会运用到参考文献。人类社会从知识的点滴进步到知识的大生产，文献在知识进步过程中发挥了十分巨大的作用。从人类知识进步的历史来看，文献对于促进知识生产意义重大，文献整合研究方法也是科学研究中最有生命力的方法。

（一）文献整合研究方法的概念

文献整合研究方法，主要是指通过对与研究主题相关的文献进行搜集、整理并鉴别、分析形成对某个主题的科学认识的研究方法。文献整合研究方法是基于文献研读，进而进行整理分析的研究方法，强调对基础文献的依赖，但又注重基于基础文献进行学术创新。

目前，学界有一种声音，认为文献法不是一种独立的社会科学研究方法。比如，在教育学界，就有人认为，撰写传统意义上的文献综述而采用的所谓"文献法"并不是一种真正意义上的研究方法，不具有实证研究的特征，缺少系统规范的、具有操作性的研究方法和工具。[①]但是，笔者以为此种观点并不妥当，原因是：一是文献重要并不等于文献整合研究方法不存在；二是文献综述只是文献整合研究的结果之一，而不是唯一结果；三是文献整合研究方法之所以能够成为独立的研究方法，就在于其坚持通过历史文献来解读、支撑历史事件或者社会现象，形成新的解释或者产生新的知识。

文献整合研究方法与历史研究法有共同之处。文献整合研究方法所运用的"文献"是历史上遗留下来的，而历史研究法的"历史"又必须是依靠文献的历史研究。当然，除了极少数众所周知的事情不需要用文献佐证以外，历史研究法和文献整合研究方法在通过文献来说明历史以及历史需要文献这两个方面是重叠一致的。

（二）文献整合研究方法的评价

文献整合研究方法具有如下优点：

第一，从研究对象来看，具有非接触性。文献整合研究方法所研究的对象，并非必须要接触的对象，因而超越了时空的限制。比如，人们通过历史上的档案、史料等记载来研究某个法制人物或者制度；再如，通过历史档案考察清朝乾隆皇帝时期的极端专

---

① 参见姚计海：《"文献法"是研究方法吗——兼谈研究整合法》，载《国家教育行政学院学报》2017年第7期。

制统治。这些学术研究的特点是研究者都没有直接接触研究对象，不会考虑被调查者的任何反应，而是通过历史档案等文献资料进行研究。

第二，从研究性质来看，具有非实证性。在学术界，实证主义研究和非实证主义研究作为两种研究方式一直存在争议。实证主义研究强调通过实地考察来研究对象的行为和特征，比如法人类学家通过对太平洋岛屿上的原始部落进行研究，推知古代原始人的生活方式。而很多研究对象已经不可能再进行实地考察，比如对历史人物、事件和社会现象的研究，只能在历史的"故纸堆"中去寻找蛛丝马迹。所以，文献整合研究方法本质上属于一种"书面调查"，这也使其避免因口口相传而出现传播错误。

第三，从研究过程来看，具有高效率性。文献整合研究方法建立在前人劳动成果的基础上，除了获取资料需要花费时间和金钱外，剩下的就是阅读和思考。不需要有大型的科研设备，不需要有大量的科研人员，不需要有非常讲究的场地，也不需要发放调查问卷，因而整个研究过程仅与资料及其获取息息相关。可以说，文献整合研究方法省时省力又很有效率。

当然，还要注意，文献整合研究方法还有一些缺陷，比如资料获取的限度、信息获取的难度、不可避免的倾向性以及可能存在的选择性，等等，都在影响文献整合研究方法的运用。这需要研究者克服种种可能的困难，尽可能地全面获取信息、资料，尽可能地保持中立态度展开学术研究。

（三）文献整合研究方法的原则

从某种意义上说，所有的学术论文写作都会运用文献整合研究方法。从目前我国法学期刊所发表的学术论文来看，参考文献普遍比较多。所以，从形式上看，写好一篇学术论文的前提就是要运用好各种参考文献，通过对参考文献的整合，提出自己的新观点、新看法、新解释。

1. 文献收集齐全原则

很多领域的学术研究都有前人的学术成果。哪怕是没有直接相关的学术研究，也会有间接相关的研究成果，帮助研究者们开展学术研究。所以，研究者们一方面要将研究主题相关的学术资料尽可能收集齐全，另一方面要能够对收集齐全的资料进行有效研读，做到基本观点心中有数。在互联网没有兴起之前，学术资料的收集是一件十分繁琐且需要耗费大量时间的事情，但是在互联网时代，学术资料的收集变得简单起来。如此，更好更有效地阅读和理解学术资料，避免挂一漏万，就变得更加重要。

2. 禁止断章取义原则

学术研究经常会引用他人著述，有的学者所撰写的学术论文引用的著述甚至有百余种。这既可以说明研究者在资料收集方面做到了齐备，也说明研究者有严谨的学术态度。但是,有学者在引用他人著述时,存在断章取义、曲解他人学术观点的情况。任何研究者所撰写的学术论文都是在特定的语境或者场景下写就的,如果脱离了特定语境或者场景,就很容易误解或者曲解他人作品。比如,笔者曾经见到过一篇论文批判一位学者肆意降低死刑适用。后来,笔者找到原文来看,发现这个批判并不准确,因为该学者的原话是"要在经济犯罪领域尽可能地少适用甚至不适用死刑"。断章取义不仅会破坏学术研究的平等氛围,也容易形成对话层面的话语失衡,是对学术研究的伤害。所以,在论文写作中,一定要认真阅读原文话语,并准确理解作者所欲表达观点的确切含义。

3. 避免资料堆砌原则

初学写论文者往往容易犯一个毛病,就是大量堆积资料,而忘记了运用资料的目的,这就导致资料堆砌。比如,有初学者在写论文时,为了论证某一个观点,连续运用了5位专家学者的话语,来确证研究者所提出观点的可行性或者正确性。一般来说,运用他人话语来论证自己观点的可信度,是常用的论证方法。但是,运用得太多,则可能滥用学术资料,反而达不到论证的目的。因此,在运用学术资料时,一定要根据自己的目的来引用,既不能故意忽视已有资料,也不能过分滥用资料;既要根据已有资料论证,也要将资料用活。

(四)文献整合研究方法的运用

运用文献整合研究方法撰写学术论文,一般会经历如下四个步骤。当然,这四个步骤只是对运用该方法的概括和归纳,可以根据自己的运用经历仔细体会。

1. 确定研究主题和研究目的

研究主题和目的不同,文献收集、描述的范围必然不同,文献分析的重点也必然不同。所以运用文献整合研究方法的首要工作就是要确定研究的主题和目的。此外,还要明确文献整合研究方法在这项研究中是当作辅助性的研究方法,还是作为一种独立的研究方法来使用,因为这会直接影响文献收集、整理、解读及分析的侧重点和方法。①

2. 进行文献收集和文献整理

文献的收集和整理表面上看是两个不同的程序,实际上却可以同时进行。当然,为了阐述方便,可以作为两个不同的阶段予以说明。

在文献收集阶段,要做好三件事情:首先,要确定文献收集和描述的范围。这里的文献范围是指文献的内容范围、时间范围和文献的类别。其次,做好收集文献和描述文献的准备工作,即与掌握有关文献的单位或个人取得联系,设计文献的收集和描述

---

① 参见林聚任、刘玉安:《社会科学研究方法》,山东人民出版社2004年版,第150—151页。

大纲。最后，根据已拟定的研究方案和目的，进行文献收集。①

文献收集的途径主要有三个：一是网络搜索，特别是运用数据库进行搜索；二是向拥有这些文献的个人索取；三是到特别的收藏地或档案馆取得。无论是哪种途径，都要注意鉴别文献的真伪，深入考察文献的来源和可靠程度；要注意记录文献的来源，以保证引用文献的规范性，避免侵犯他人知识产权的情况出现；要在时间和经费允许的情况下，适当扩大文献收集的范围，以保证能够收集到较为完整和系统的文献。②

经收集获取的文献资料往往非常庞杂，必须经过整理才能为研究所用。资料整理就是为了使收集到的大量、杂乱的原始资料系统化。文献的整理要把握以下原则：一是条理化，即整理文献要有一定的时序，整理后的文献不能是散乱的和无规律可循的；二是系统化，即文献整理要有一定的逻辑，整理后的文献之间要有一定的相关关系，成为一个有机的整体；三是简明化，即要保证整理后的文献是最能够体现出研究要点的，切忌"眉毛胡子一把抓"。③

3. 进行文献解读和文献分析

文献解读主要有两个步骤：第一个步骤就是浏览文献。收集到文献后，要争取在较短的时间内简单了解文献的基本内容和特点，不需要掌握、理解和记忆其具体内容。浏览的目的，一方面是要了解具有阅读价值的文献的全貌，初步确定这些文献对研究的价值和意义；另一方面是分辨出文献哪些部分的研究价值和意义最大，为以后的精读做好准备。第二个步骤是精读，即理解性阅读。通过精读，深入理解和掌握文献中对研究有价值和意义的内容，同时作出正确而客观的评价。这个阶段既是理解的过程，也是概括和再次升华的过程。在这个阶段，既要把文献内容同自己的研究课题结合起来，同时还要有效鉴别文献的真伪和内容的可靠程度。④

文献分析一般通过定量分析和定性分析进行。定量分析主要有统计方法、数理方法和模拟方法；定性分析包括逻辑分析、历史分析、比较分析、系统分析等。当然，研读文献和分析文献，还有如下四项工作要重点把握：一是要考究文献的作者情况，即文献的最初作者是谁？他的研究目的是什么？同自己的研究目的有何异同？文献的作者是通过何种方法和途径获得这些文献中的信息的？为什么这些文献得以保存这么长时间？文献的作者是否希望公开文献的内容？二是对文献的研究立场进行分析：文献写作的具体历史背景是怎样的？文献是否努力做到了价值中立？如果存在偏见，应该怎样去发现和修正？三是对文献的逻辑性进行验证：文献的主题是什么？文献的作者是通过何种概念和范畴传达信息的？通过文献中所使用的资料能概括和推理出文献所给出的结论吗？文献作者是通过何种方法进行研究的？这种研究方法与研究主题是否匹配？四是对文献真实性的复证，即思考从哪里可以找到相关的资料对文献提

---

① ② ③ ④　参见林聚任、刘玉安：《社会科学研究方法》，山东人民出版社2004年版，第151页。

供的信息进行证实或证伪。[①]

4. 基于文献研读实现学术创新

无论是文献的收集，还是整理分析，其目的都是实现学术创新。质疑经典文献中的观点并进行充分的反驳式的论证，是实现学术创新的重要源泉。因而，在法学论文写作中，我们常见如下表述："对于某某学者的某个观点，我是不赞同的，理由是：……"当然，这里所强调的创新一定要实事求是，而不是无病呻吟。还要注意，文献研读一定要充分掌握他人的基本观点，但是不要陷入他人的思路窠臼，否则就有可能受他人影响而被"牵着鼻子走"。

▌ 四、实证研究方法

学术论文写作需要材料，有些材料是从他人文献中借鉴，也有些则是研究者自行寻找得来。"学术并非都是绷着脸讲大道理，研究也不限于泡图书馆。有这样一种学术研究，研究者对一个地方、一群人感兴趣，怀着浪漫的想象跑到那里生活，在与人亲密接触的过程中获得他们生活的故事，最后又回到自己原先的日常生活，开始有条有理地叙述那里的所见所闻。"[②]实证研究方法就是自行寻找材料的一种方法，在法学研究当中运用得非常广泛。研究者们既可以进行法律内部的实证研究，也可以进行法律外部的实证研究。实证研究方法有几个优点：一是材料为一手材料（原始材料）；二是数据比较真实；三是能够真实反映潜在的法律问题。

（一）实证研究方法的概念

在学理上，实证研究（empirical research）是指研究者通过观察（实地调研、访谈等）获取经验（数据），然后进行统计分析，将经验归纳、总结上升为学术理论。实证研究方法又被称为田野调查方法。在方法论上，实证主义法学主要有两个进路，即逻辑和经验。前者是以逻辑为基础的法学研究方法，即规范分析法学或法教义学，主要运用逻辑和语义的方法对法律规范进行分析和注释，很少考虑法律以外的因素对法律的影响，其研究的核心问题是"书本上的法律是什么"。后者是以经验为基础的法学研究方法，即实证研究方法。该方法运用社会学和经济学等社会科学的方法研究现实社会中的法律，关注法律与社会的互动关系，特别是揭示法律的实施情况，其研究的核心问题是"现实中的法律是什么"。因此，规范分析法学和实证法学实际上有着共同的本体论哲学基础，都是研究"法律是什么"，而不是"法律应当是什么"，从而有别于价值分析

---

① 参见林聚任、刘玉安：《社会科学研究方法》，山东人民出版社2004年版，第151—152页。

② ［美］保罗·拉比诺：《摩洛哥田野作业反思》，高丙中、康敏译，商务印书馆2008年版，总序第1页。

法学或法政策学。①在学术研究上，人们通过理性思辨认识世界的结果一般被归结为"理论"，而通过客观现象认识世界的结果一般被认为是经验。实证研究方法就是通过实地获取材料，对这些材料进行理性反思和批判，进而上升为理论。

（二）实证研究方法的特点

第一，从价值立场来看，实证研究方法追求客观性。实证研究方法关注法律是什么，关注法律在现实社会中的运行问题，因而，实证研究方法不以价值为前提来审视研究问题，不以价值为标准来取舍研究材料，也不以价值为标准来影响结论。这是一种只表达实践、只揭示现象的研究方法。

第二，从研究地点来看，实证研究方法是一种走出书斋的研究方法。在学理上，实证研究方法与传统的思辨研究最主要的区别，就是研究者从书斋走向了田野。②比如，费孝通先生于1936年在江苏吴江开弦弓村进行了一个多月的调研，写成了后来的学术名著《江村经济》。托克维尔也是成功运用实证研究方法的典范，他在美国收集了大量资料，向权威人士请教，到访过广大地区，利用他在社会学中首创的"访问法"，依据其明察秋毫的观察力，只在美国逗留了9个月，就写出了至今仍被世人赞誉的名著《论美国的民主》。③

第三，从研究内容来看，实证研究方法是一种重视自行收集数据和材料的方法。一般的研究方法依赖于书本文献，因而在"书斋"收集材料即可。但是，实证研究方法强调研究者在研究对象的运行空间中去寻找材料和数据。马林诺夫斯基在1914年至1918年期间对新几内亚东面的特罗布里恩德群岛土著人进行研究。他长年累月地待在土著人中间，像土著人一样生活，观察他们的日常生活和工作，用他们的语言交谈，并且从最稳妥的渠道搜集资料——亲自观察并且在没有翻译介入的情况下由土著人用他们自己的语言对他讲述。他观察那里的经济活动怎么开展、有了纠纷怎么解决，最后写就了《西太平洋的航海者》《原始人的犯罪与习俗》等经典著作。④有时研究者还可以通过设计、发放调查问卷的方式来收集数据，从而使得数据来源真实又独特。

第四，从研究结论来看，实证研究方法是一种从微观到宏观的研究方法。从学术的立场看，研究者们通过实证研究观察的对象好比是一只麻雀，然后细致地"解剖麻雀"，最后全面分析这只麻雀并得出一个带有普遍性的结论。法人类学家林耀华曾说："这部书包含着我的亲身经验、我的家乡、我的家族的历史。……我本人处于这同一社会，以其参与者的身份，'自观'地对其进行研究，也就是说，既有直接的、从该社会内

---

① 参见黄辉：《法学实证研究方法及其在中国的运用》，载《法学研究》2013年第6期。

②③④ 参见郭云忠：《法律实证研究方法及其地点选择》，载《环球法律评论》2009年第4期。

部进行的观察,又运用了科学的方法,透过大大小小的事件叙述,从微观到宏观,超越一个家族、一个地区的范畴,赋予其社会学上的普遍意义。我希望,这样做,能够得出更为客观、中肯,更加深刻,更切实际的结论。"①研究者欲揭示的一般性结论必须是通过研究对象能够得出的,且符合逻辑的结论,而不是泛泛的结论。

(三)实证研究方法的类型

1. 案例分析法

案例分析法能更立体地反映事实,直面行动中的法律,也更能激起读者的阅读兴趣。②在理论上,有学者将案例分为抽象案例(抽象案例研究实际上是一种建模法,通过围绕一个假想的一般化案例展开剖析,从而便于读者理清思路、集中焦点,其本质上是对无数日常案例的提炼)、日常或典型案例(日常案例的根本属性是情境提取的代表性、典型性和所反映问题的普遍性)、全景式案例(全景式的案例研究是见到了所有的天鹅后才说天鹅都是白的,在事实层面上已经无从证伪,从公信力上说要比日常研究可靠,因为其摆脱了研究者乱找、找错代表性案例的可能性)以及罕见案例(一是这些案例举足轻重,甚至本身构成了趋势、改变了历史,或至少激起了全局的回响;二是很多研究对象只有在出问题时才有意义,如果波澜不兴,则对千百个日常案例进行研究是缺乏意义的)③。在法学研究中,存在大量的案例,它们都是可供研究的对象。

案例分析法是一种重要的法学研究方法,其进路可以大致分为个案研究和案例统计研究。在英美法系中,判例就是法律,奉行遵循先例原则,个案研究是传统的法学教育和法学研究方法,具有以下两个主要功能:一是从判例中提炼具体的法律规则,二是对判例进行批判性分析,为判例的将来修正提供参考。该方法非常注重判例的个体特征,重要判例必须仔细研读,如果后来案件与先例存在重大不同(比如案件事实方面),可以不遵循先例。相比而言,案例统计研究是一种新兴的法学实证研究方法。该方法通过收集很多同类案件,并对其进行数理统计,寻求整体特征。其主要功能有二:一是对法律的实施情况进行评估;二是总结司法中的经验和问题,为法律适用和立法完善提供参考。④大陆法系中,虽然个案不具有先例意义,但是也具有参考价值。通过对个案或者案例群的分析,既可以为法官裁判案件提供参考,也能够为学术研究探讨规则及其法理提供实践依据。

---

① 林耀华:《金翼:中国家族制度的社会学研究》,庄孔韶、林宗成译,生活·读书·新知三联书店2007年版,著者序第5—6页。

②③ 参见缪因知:《计量与案例:法律实证研究方法的细剖析》,载《北方法学》2014年第3期。

④ 参见黄辉:《法学实证研究方法及其在中国的运用》,载《法学研究》2013年第6期。

以中国裁判文书网上的司法案例为例,可以进行两种方式的研究:一是基于个案研究,讨论某个司法裁判文书展现出来的法官的司法方法、司法理念以及是否存在错误或者存在的先进性,等等;二是基于一组司法裁判文书,探讨该组裁判文书中涉及的某个问题,法官们是如何处理的,以及这么处理的理由是什么,反映或者说明了什么问题。笔者曾对司法裁判中运用指导性案例的情形进行过研究,并以此来反映案例指导制度的适用情况,其主要内容简述如例10-5所示。

👤 例10-5:《司法判决中的指导性案例》[1]之案例分析法运用

2012—2016年五年间,我国共有1 405份司法判决涉及运用指导性案例(其中法院适用指导性案例的司法判决有373份)。经研究发现,指导性案例的采纳适用与案件类型、案由、指导性案例的提供主体、律师代理、提供指导性案例的方式、审理程序和法院级别等有显著相关性,但与判决书的制作年份等不存在相关性。从指导性案例的司法适用可以看出,指导性案例进入司法判决既缺乏必要的程序保障,也缺乏有效的法律方法支持。从运作的效果来看,案例指导制度尚未有效解决制度设计与法律理念、制度运行与适用方法之间的深刻鸿沟。实证研究和法理反思均表明,任何制度的设计,不仅需要有制度运作的程序安排,也需要有娴熟的法律方法训练,更需要有成熟的理念沉淀,才能真正实现制度创新的目标和价值。从未来发展的角度看,增强指导性案例的实效,需要从程序、方法和理念等层面着手,实现案例指导制度的中国化和本土化。

2. 调查法

调查法是社会科学研究中比较常见的学术研究方法,法学研究中使用范围较广,是指研究者通过设计一系列自填问卷并向不特定的研究对象发放、回收调查问卷,或者对被调查者进行访谈调查,进而统计分析调查问卷所列问题,形成对社会现象的规律性认识的研究方法。

从调查法的概念可以看出其有四个特点:

(1)从研究工具来看,调查法具有资料收集工具的特定性。调查法主要通过调查问卷或者访谈调查进行。前者需要研究者自行设计调查问卷,后者需要研究者罗列好问题提纲。在进行调查研究时,研究者将已经准备好的问题,请被调查者们填写或者回答,然后整理他们的回答结果,并进行分析。调查法依赖于被调查对象及研究主题,不同的研究主题,需要有不同的调查者。比如,调查失足妇女的权益保护问题,调查对象是失足妇女,但是在我国这个行业群体比较特殊,调查对象并不好找;但是,如果是

---

① 参见彭中礼:《司法判决中的指导性案例》,载《中国法学》2017年第6期。

调查中国农村基层自治的实施状况,则调查对象是农民,就属于比较容易调查的对象。

（2）从研究内容来看,调查法具有适用范围的广泛性。调查法在各个学科的研究中都广泛适用,如法学、社会学、人类学、医学等。主要原因在于调查法主要是了解社会现象,而在社会运行过程中,各种社会现象都可以通过各个学科视角来透视,因而都能够从学科视野获取理性认知。比如我国的农民工问题,法学一般从权益保护的角度来进行研究,社会学一般从自我发展的角度进行研究,心理学又可以从城市融入的角度进行研究。不同的学科角度都可以揭示农民工作为社会现象的问题性,又为如何解决这个问题提供了学理依据。

（3）从研究资料来看,调查法具有资料获取的纪实性。调查法针对特定的社会问题,而且是当时社会上正存在的社会问题,因而研究者通过调查问卷或者进行访谈调查所获取的资料实际上是当时社会情况的真实写照。

（4）从研究结果来看,调查法具有分析结果的定量性。问卷调查的对象较多,因而问卷也比较多,需要研究者运用社会统计学的方法和原理来统计调查问卷。此时,对每个问题有多少人回答需要进行数据上的统计综合,有时可能还需要进行回归分析。回归分析是比较复杂的定量研究,主要用于检测不同变量之间是否存在相关性,需要用到高等数学,建立数理模型。当然,这些数理模型本身也有简单和复杂之分,比如单变量和多变量回归模型、单方程和联立方程回归模型、线性回归模型和非线性回归模型等。[1]

3. 实地研究法

上面实证研究方法均有一个前提,即事先设计好了研究目的。在学术研究中,还有一种研究方法,就是不带有研究目的,直接进入社会生活的研究方法,这就是实地研究法。实地研究法,是指不带有理论假设而直接深入社会生活,采用观察、访问等方法收集基本信息或者原始资料,然后依靠研究者本人的理解和抽象概括,从第一手资料中得出特殊性结论的方法。[2]

作为一种定性研究方法,实地研究法有以下几个特征:

第一,从研究的性质来看,实地研究法是方法论与技术的结合,是特殊的资料收集方法。通过实地研究法收集到的资料是定性资料、原始资料,但这些资料又包含了被观察对象的喜好甚至是对事物的定性。

第二,从研究的前提来看,实地研究法假设同一居住区的人们分享同一种生活理念或者有相同的价值观。所以,研究者运用实地研究法深入研究对象群体时,主要是观察和记录,至于研究目的是什么,研究者本身并没有预设。"在被研究者的生活中,研究者本身就是观察者和参与者。研究者使出浑身解数,在他人生活中扮演参与者和目

---

① 参见黄辉:《法学实证研究方法及其在中国的运用》,载《法学研究》2013年第6期。
② 参见林聚任、刘玉安:《社会科学研究方法》,山东人民出版社2004年版,第188页。

击者的角色。这一点和其他各种研究方法有天壤之别，因为在其他研究方法当中，研究者本身并不会在自然发生的情境或场景中持续在场。他们依靠的资料来源是文件、结构化访谈、实验模拟等，通过这些方法所获得的资料与在持续运作的自然情境中进行直接观察及参与所获得的资料相比，有着层次上的区别。"[①]

第三，从研究的过程来看，实地研究法强调研究者的融入性，即研究者要融入研究对象中去，甚至成为其中的一员，尽可能地做到身份模糊、观念模糊。必要时，最好使研究对象不知道研究者的身份，甚至不知道研究者在研究研究对象。因此，被观察者们的生活就是原汁原味的"表演"。这样可以避免被观察者们因为研究者的加入而美化他们的日常行为，使得研究材料不具有真实性。

第四，从研究的范围来看，实地研究法强调研究范围的有限性。研究者融入研究对象群体中后，研究者的研究范围就局限于研究对象群体生活的区域范围——一个自然村落或者与之相关的生活直径范围之内。相比于问卷调查的广泛性，实地研究的范围和区域均被限定在研究对象的生活范围之内。

美国社会学家约翰·洛夫兰德夫妇等人合著的《分析社会情境：质性观察与分析方法》一书中，列举了一些实地研究法运用过程中适合思考的议题，这些议题对于我们研究法学问题特别是法理学问题也很有启发，列举如下[②]：

（1）实践

社会情境的最小单元是社会或文化实践——谈话或者行动的经常性种类，当具备分析的意义时，观察者便把焦点集中于它们。它们重复发生，具有日常生活的特征，所以从事这些活动的人将它们当作日常事务，认为不值得注意。这些实例如早起穿衣、开车去上班或上学、锻炼、做作业、做研究、祷告、摆桌子、吃饭等。例如，对死刑犯被判处死刑的理由进行研究。

（2）片段

相对于实践而言，片段（episodes，也有学者翻译成行为）被参与者视为是值得注意的、富于戏剧性的，因而分析者也会有同感。最简单的原因就是它们不是完全按照期望或并不是经常或有规律地发生的。片段的具体实例有离婚、急症重病、犯罪的受害者、犯罪、社会与自然灾害、群众闹事（如暴乱、恐慌）等。

（3）相遇

相遇（encounter，也有学者翻译成事件）是两个或更多人在彼此身边出现，并试图维持相互关系的单一焦点（通常是口头的）所形成的微小社会体系。相遇总是有界限

---

① ［美］约翰·洛夫兰德、［美］戴维·A.斯诺、［美］利昂·安德森、［美］林恩·H.洛夫兰德：《分析社会情境：质性观察与分析方法》，林小英译，重庆大学出版社2009年版，第3页。

② 参见［美］约翰·洛夫兰德、［美］戴维·A.斯诺、［美］利昂·安德森、［美］林恩·H.洛夫兰德：《分析社会情境：质性观察与分析方法》，林小英译，重庆大学出版社2009年版，第141—151页。

的社会体系,是在场人士之间的关系维持。比如,鸡尾酒会或学院的交流会、因醉酒引发的打架斗殴事件等。在这样的场合,参与者成群地相遇,每一次相遇持续的时间仅仅和人们待在一起的时间一样长,一般不会延续太长时间。对于这些事件,不太方便进行问卷调查或者进行社会实验。

（4）角色

人类从事日常事务时普遍的取向就是,根据以文化为基础的社会角色或社会类型,对参与者的相遇进行分类。角色最明显的形态是由大量的与关系网或者矩阵中的特别位置相关的行为组成的。母亲、父亲、学生或教授的角色即是如此划分的。没有一个单一的行为能构成一个教授的角色;相反,教授的角色包括依附的其他相关的角色,如学生、教辅人员、管理人员以及研究主体,他们被认为是教授的"角色布置"(role set)。角色作为一种相互影响的定位装置,可以用来确定别人行为的位置、理解与我们互动或我们所观察的人的行为的意义,我们也可以用角色来组织自己与其他人相关的行为。比如,法学研究中对人贩子的研究、对吸毒者的研究,等等。

（5）社会和个人的关系

把通过相互依赖且互动的双方看成是"相互联系的",这简单地形成了社会关系。这种成双成对变化的方式有很多种,包括普遍情绪的特性、资源相互依赖的程度、信任的多寡、双方相对的权利大小、彼此熟识的程度、关系的定位、关系是短暂的还是持久的等。例如,特定关系人的请托关系如何影响权力的运作,就很值得研究。

（6）团体

有些人在一段长时间内与他人进行频繁的互动,自认为他们是一个社会实体(a social entity),对决定成员资格有某种标准或理解,这些人就形成了一个社会团体(a social group,或者可以翻译为"群体"),如农民工群体、教师群体,等等。

（7）组织

组织被认为是刻意形成的集体,通过几乎明确筹划的方式,达成集体的正式目的,如政党、企业等。对组织进行考察的层面主要包括它们形成的环境、如何招揽并控制成员、成员适应组织的约束条件和控制方法、达成目的所采用的策略类型与理由,以及成长、转变或衰落的原因。

（8）群落和居住地

实践、相遇、角色、团体和组织彼此复杂相连,组合在一个社会划定的领域内,发挥各种维持生活的功能,通常被称为群落(settlements)。非常大的群落,如数百万甚至数千万人的城市,远远超过自然主义研究者的能力范围。但较小的群落,如村庄、市镇、贫民窟、邻里、街头,在自然主义实地研究的文献中比比皆是。例如,古典人类学的研究是对整个"较单纯"社会的描述性记录,这些社会虽然是前现代的、相当小的,或者只是社会的某个特征,却可以用来作为理解整体的钥匙。

（四）实证研究方法的应用

实证研究方法作为一种应用比较广泛的方法，在学术研究中具有举足轻重的地位。一般来说，具体应用实证研究方法，有如下几个步骤：

1. 确定选题

选题是能否运用实证研究方法的关键。有些选题，比如，"论企业合规不起诉的正当性"，一看就是理性思辨性质的题目，运用实证研究方法的空间不是很大；而有些选题，如"人民满意的司法公信力指标体系构建研究"最好采用实证研究方法，从而沟通理论与实践，使得最终的研究成果在应用于司法实践时具有可行性。

确定选题以后，就比较容易确定研究对象。而实证研究方法一般是在涉及人的时候，才得以运用。比如，如果选题是"论算法规制的合理性"，研究对象是算法，则很难开展实证研究；但如果选题是"死刑犯罪的社会环境成因研究"，则需要对死刑犯走上犯罪道路的成因进行分析，此时就可以运用实证研究方法。

2. 做好实证研究方法运用的准备工作

当选题能够进行实证研究，且决定进行实证研究之后，就应对如何进行实证研究有充分的计划。如果是采用问卷调查研究，就要开始设计调查问卷，设计好具体的问题。调查问卷的设计是一门大的学问，需要自己查阅相关资料设计。调查问卷制作完毕后，就要选择问卷发放的样本。如果是进行实地调查，则需要选择实地调查的样本区域。运用实地研究法选取"实地"时，要注意两个原则，一是相关性原则，二是便利性原则。即研究者所研究的地点要能够与研究主题密切相关，且容易获得原始资料，不需要花费太大的代价。

3. 提出理论假设

实证研究方法有时还需要预设一定的理论，即研究者可以根据自己的初步观察或者基于某种理论演绎提出某个假设作为暂时结论。这个预设的理论既需要未来进行研究验证，也需要研究者仔细把握相关要件，避免研究假设与研究过程分离。

4. 分析研究材料

即在获取材料的基础上，对收回的调查问卷或者获得的资料进行整理。

5. 验证假设（理论提升）

在分析研究材料的同时，要不断地对预设的理论假设进行检验，与此同时，基于理论假设的验证过程进行理论提升，从而升华实证研究的学术意义。只是就问卷进行分析的实证研究是没有价值的，只是就问题分析问题、阐述问题的研究也难以取得成功。唯有基于实证研究材料，进而进行理论提升的学术研究才能够获得更多认同。

例10-6展示了这一研究过程。

例10-6:《中国法院院长角色的实证研究》①之实证研究方法运用

一、问题、进路与材料

在当代中国司法实践中,法院院长无疑居于法院内部权力金字塔结构顶端,对司法运行颇具影响。因此,关注并研究法院院长尤其是其角色定位具有重要意义……本文拟从实证视角切入,以"角色—功能"为主线,挖掘实践中法院院长究竟扮演何种角色、发挥怎样的功能,进而揭示与之共生的制度语境。

……

这一多元复合的角色界定在很大程度上源自笔者(此处笔者是指左卫民教授,下同)根据文本材料的理论推演。实践中,法院院长的角色扮演是不是完美地与之契合,尤其是为学界所强调的法律家角色是不是如此重要,以至它应该居于首位?这样的问题值得提出并加以研究,因为在笔者的认知中,中国法院存在远较域外法院更多的政治、管理事务,法院院长可能会将更多的精力投入于此,也会更精于这些事务。由此,似乎可以推测,对于中国法院院长而言,管理家和政治家角色强调更多,而法律家角色则较少。(注:这一段提出了理论预设)

为了进一步核实中国法院院长的角色,笔者于2006—2013年带领课题组在S省高级人民法院及A、B、C三个中级人民法院及其下辖的a1、a2、b、c1、c2五个基层人民法院进行了跟踪调研……同时,在研究中,笔者尽量将"点"上实证研究的发现与"面"上其他已公开发表或披露的文献资料与信息进行对照,以增强论证和结论的说服力。(注:指出了问卷调查过程及其地点)

二、当代中国法院院长的多元角色:基于实证的初步考察(注:进行材料分析)

实证考察发现,当代中国法院院长的多元角色中,管理家角色扮演最为充分、重要,政治家角色次之,而法律家角色则强调不多。课题组首先对包括法官、律师及公众……做了整体、宏观性的问卷调查。

(一)管理家:当代中国法院院长的核心角色

……

(二)政治家:变革时代背景下法院院长的重要角色

……

(三)法律家:学界倡导但实践并未特别重视的角色

……

法律家角色主要强调法院院长在法律专业素养上的卓越表现。……最高人民法院亦规定院长必须亲自办理一些疑难、复杂、重大案件或新类型案件等棘手案件,并要求院长办理案件应发挥示范作用……从这一点来看,法院院长不仅应是一

---

① 节选自左卫民:《中国法院院长角色的实证研究》,载《中国法学》2014年第1期。该文有大量图表分析,从略。

名法律人,更应是一名卓越的法律人(法律家)。这也是中国近十年来司法改革的重要诉求。在基层人民法院,越来越多的院长开始出自司法系统内部的职业法官、检察官。

……2013年A、B、C市共39位基层人民法院院长中有31人(占80%)系出自法院及检察院这两个司法系统,而且这31位院长均具有10年以上的司法工作时间。……(注:调查数据的运用)

三、当代中国法院院长的角色定位:基于语境的深度阐释(注:验证假设以及进行理论提升)

考察域外尤其是英美国家不难发现,现代法院对首席法官/院长的角色期待大致呈现为"法律家→管理家→政治家"的体系。首先,作为首席法官/院长,他应是一名卓越的法律人(法律家)。正是此种角色期待,使得首席法官/院长通常从资深法律人中选任……

……究竟是哪些因素塑造了中国法院院长的这一独特的角色? 这一问题需要放在更宏大的政治背景与组织环境中加以观察才能有所得。

(一)法院在政治架构中的从属地位

……

(二)法院组织规模的迅速扩张

……

(三)中国式法院管理模式

……

结语(注:总结与展望)

……

本文无意对中国法院院长多元角色的实际定位进行价值解构,但有一点必须强调,院长的多元角色在互相支撑的同时也可能导致因角色超载而引发角色冲突。……

课后思考与练习

第3题讲解

❶ 阅读《中国社会科学》《法学研究》《中国法学》等期刊上的任意一篇学术论文,仔细揣摩其研究方法,重点分析作者在贯彻其研究方法时可能存在的缺陷,并阐述理由。

❷ 请任选一种研究方法试写一篇3 000字左右的小论文。

❸ 请结合具体案例,谈谈法学论文研究方法运用的必要性及其局限。

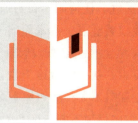

　　陆游曾说:"古人学问无遗力,少壮工夫老始成。纸上得来终觉浅,绝知此事要躬行。"自笔者任教以来,所听学生的抱怨当中,听到最多的就是不会写论文、不想写论文、不敢写论文。甚至还有少数老师也经常说类似的话。想来,陆游所言就是对这些抱怨的一个整体性的回应。关于写作的一些经验性知识已经在本书中作了大致介绍,但是最终,还有三个问题需要再与诸君共勉。

　　第一,要"想"写,就是要有写出文字的想法和行动。论文写作是科研人员的必备技能,也是获取学位的必经阶段。从这个意义上说,论文写作是现代社会生存和发展的重要能力。但是,论文写作的能力从来就不是天生的,需要付出长期的努力,是在不断的论文写作实践中逐步形成的。现实生活中,与此悖反的事实是,很多同学不太愿意写论文。究其原因:一是心理上的,觉得自己不适合写论文,因而也就不太愿意写论文;二是行动上的,体现为懒惰、拖延、散漫,经常以自己不会写论文为借口,于是就越来越不愿意写论文。笔者见过很多优秀的学生,无论是在微信群内的学术论辩,还是在课堂上的观点交锋,经常滔滔不绝且妙语连珠。然而,他们中有一部分人很少有成果产出。其中最根本的原因就是不想写论文、不愿意写论文。上课时,我经常跟学生开玩笑说,老师很怕学生写"垃圾论文"让血压飙升;然而,更让老师血压"高不可攀"的是,学生不愿意写论文,因而迟迟不能毕业。从学术发展的角度来看,写"垃圾论文"很可怕;但是从个人学习的角度来看,最可怕的事情,不是写论文,而是不想写论文。所以,对于研究者而言,一定要先写出论文,然后才能有其他突破。

　　第二,要"敢"写,就是要敢于先写普通论文。也有一些同学总觉得自己写出来的论文太普通,所以"不敢写"。这些同学总想写传世名著,即不写则已,一写必须一鸣惊人。毫无疑问,写有思想、有深度的论文,是学人的职责;写传世名著,是学人的理想。但要写传世名著,必先从普通著作入手。可以说,世界上所有的传世名著在诞生之前,都未曾料到自己的著作会流传百世。一要敢于表达自己的观点。一篇学术论文,能够实现通篇的学术创新,是学人的追求,即便只能够实现一点点创新,也值得鼓励和称赞。二要敢于创新观点。在遵守国家法律法规和有关规章纪律的前提下，严肃的学术讨论百无禁忌。当别人说"一加一等于二"的时候，我们就要有说"一加一等于三"的勇气。任何固步自封或者亦步亦趋的行为，都不可能得出创新的结果。三要敢于挑战权威观点。学术面前人人平等。权威观点并非就是真理，相反，认真揭示规律的学术观点才是真理。所以，在面对权威人士的权威学说时，我们需要做的不是盲从，而是反思。从一定程度上说，善于且敢于挑战学术权威是实现学术创新的重要途径。如果伽利略不去挑战亚里士多德的权威，怎么可能发现自由落体定律？太多的案例表明，对权威学说不断验证、挑战以及反思，是文明进步的重要方式。

第三，要"能"写，就是要能够有效表达自己的观点。表达能力有限有以下几个原因：一是阅读有限，学术积累不够。针对这个问题，笔者一般会要求博士生在入学的第一年认真阅读100篇以上的学术论文，且专注于某个领域；要求学生阅读所喜欢领域的学术著作20部以上，并对这些学术著作的核心观点有十分具体的了解。通过阅读，不仅可以向他人学习如何表达观点、如何谋篇布局，也可以向他人学习如何遣词造句、驾驭文字。二是写得太少，写作经验不够。多写是流畅写作的核心润滑剂，是不断提升写作能力的主要途径。从写作实践来看，有想法是一回事，用文字表达想法是另一回事。论文写得多了，就会知道哪些想法是能够用文字表达出来的，哪些想法是不能够用文字表达出来的。能够用文字表达出来的，一定要精准表达；不能够用文字表达出来的，要做好"绕路"的准备，避免耽误太多时间。三是逻辑松散，上下文联系不够。论文强调逻辑严密，能不能有效表达、能不能达到论证效果，关键看逻辑是否严密。围绕中心主题论证是学术论文的基本要求，而脱离中心主题东扯西扯是学术论文的大忌。所以，论证事物有层次、讲方法，剖析观点看维度、察样态，这样才能够真正使论文的表述更加有效。

从根本上说，法学论文写作是研究者自己的事情，通过自己的意愿和努力是可以不断提升的。"纸上得来终觉浅，绝知此事要躬行"，正是此理。法学论文写作教程只能提供经验性的介绍，最终能否写出像样的法学论文，还需要研究者自己亲身写作、体会和领悟，经过不断锤炼，才能有所成就。没有经历"衣带渐宽终不悔，为伊消得人憔悴"，又如何能深刻体会"蓦然回首，那人却在灯火阑珊处"的美好？

愿每一个研究者都是论文写作的"王者"！

读者意见反馈

为收集对教材的意见建议，进一步完善教材编写并做好服务工作，读者可将对本教材的意见建议通过如下渠道反馈至我社。

咨询电话　400-810-0598

反馈邮箱　gjdzfwb@pub.hep.cn

通信地址　北京市朝阳区惠新东街4号富盛大厦1座　高等教育出版社总编辑办公室

邮政编码　100029